Engineering Economics

工程经济学

金秋　主编

天津大学出版社
TIANJIN UNIVERSITY PRESS

内容提要

本书全面而深入地阐释了工程经济学的基本理论框架和实践方法，致力于实现教学内容与思政教育的有机融合。全书共十章，内容包括：工程经济学概述、工程经济要素、资金的时间价值、工程经济评价指标、多方案的经济评价、不确定性分析、项目可行性研究、价值工程、设备更新的经济分析和商业计划书撰写中的财务预测。各章开篇给出学习要点及目标，明确了学习任务。实际案例的引入不仅丰富了学习内容，也使得读者更容易理解复杂的理论，同时在案例中融入了思政元素，以此培养学生正确的价值观和社会责任感。章节末尾提供的练习题旨在帮助读者巩固和深化理解，能够及时反馈学习效果。书中还提供了实用的数据附录，有利于进行教学和项目分析。

本书配有电子课件和练习题答案，免费提供给本书授课教师，需要者可登录天津大学出版社官网（www.tjupress.com.cn）搜索本书书名下载。这些配套的教学资源，不仅为教师提供了便捷的教学工具，还能作为期末考试和定期测验的题库，可扫码下载并直接将其放在雨课堂平台上使用。

本书可作为工业工程、物流工程、工程管理及其他工科类专业的教材，也可作为投身于创新创业项目的学生在进行财务预测时的参考用书，还可供工程规划、设计、施工、管理以及投资决策咨询领域的专业人员参考，帮助他们在工程经济领域做出更合理的决策。

图书在版编目（CIP）数据

工程经济学 / 金秋主编. -- 天津 ： 天津大学出版社， 2024. 8. -- ISBN 978-7-5618-7757-9

Ⅰ. F062.4

中国国家版本馆CIP数据核字第2024W2C593号

出版发行	天津大学出版社
地　　址	天津市卫津路92号天津大学内（邮编：300072）
电　　话	发行部：022-27403647
网　　址	www.tjupress.com.cn
印　　刷	天津泰宇印务有限公司
经　　销	全国各地新华书店
开　　本	787mm×1092mm　1/16
印　　张	16.5
字　　数	419千
版　　次	2024年8月第1版
印　　次	2024年8月第1次
定　　价	49.00元

前　言

工程经济学作为一门关键学科，在当今这个充满变革与创新的时代，其重要性日益凸显。本书旨在为学生提供坚实的理论基础和实用的实践指南，同时将思政教育与专业知识教学相结合，以培养学生的社会主义核心价值观和职业道德。本书在编写过程中充分体现了基于学习产出的教育理念下"以学生为中心"的课程知识结构，努力做到解学生所惑、答学生所思。最终目的是适应新时代要求，为学生提供一个全面、深入、具有前瞻性的学习平台。

"系""实""思""精""新"五大核心特点，共同构成了本书的编写理念和特色。

1."系"——系统化的知识结构。工程经济学知识点众多，为保证知识框架的完整性，本书涵盖了工程经济学概述、工程经济要素、资金的时间价值、工程经济评价指标、多方案的经济评价、不确定性分析、项目可行性研究、价值工程、设备更新的经济分析，以及商业计划书撰写中的财务预测的基础知识和关键内容，尽可能全面地覆盖工程经济学在不同行业工作实践中需要掌握的知识，并注重与其他专业课程的衔接，形成较完整的教学内容体系。

2."实"——实践性与应用性。本书在每章中都引入重点工程或学生们比较熟悉的事件作为案例。这些实际案例既能在学生学习过程中为其提供参考，帮助其更好理解所学知识，又能避免大量理论问题的讨论，保证教学内容的实用性。

3."思"——思政教育的融合。思政已经成为大学生生活、学习过程中不可或缺的一部分，作为新时代教材，本书致力于将知识教育与价值培养相结合，通过精心设计的案例，引导学生思考经济效益与社会责任的平衡，以实现知识传授与价值引领的有机统一。

4."精"——精品化的内容打造。作为工程经济学这一关键学科的配套教材，我们对其内容进行了细致的打磨和校订，力求在精确性、实用性和可读性上达到高标准。每一章节都经过了严格的筛选和修订，确保了教材的高质量。

5."新"——创新性与前瞻性。本书紧跟工程经济学的发展趋势，引入多个具有预见性的案例，并深入讨论工程经济分析在这些案例中的应用，确保教学内容的时效性和前瞻性。同时在教材设计上具有创新性，运用二维码技术实现配套教学资源的实时更新，一类二维码为教师使用雨课堂教学平台提供便利；另一类二维码为学生提供与课程相关的学习资源，帮助其提高学习效果。

感谢王清岩、原博文、张文静、孟维佳和侯馨颜在本书编写过程中给予的帮助和支持。在本书编写过程中，编者参阅了大量国内外的相关书籍和文献资料，并得到了许多同行和专家的宝贵意见，在此表示衷心的感谢。尽管如此，工程经济学是一门不断发展的学科，加之编者水平有限，书中难免存在不足之处，敬请广大同行和读者批评指正。

目 录

第5章▶

第6章▶

第1章 工程经济学概述

学习要点及目标

1. 学习要点：工程经济学的含义；工程经济学的产生与发展；工程经济学的研究对象；工程经济分析的一般过程；工程经济分析的基本原则；辩证分析工程、技术与经济之间的内在关系。

2. 思政元素：家国情怀、工匠精神；职业道德；职业责任感。

3. 案例引入：首钢秘铁1 000万吨精矿扩建项目；胶州湾跨海大桥项目；小灵通与铱星手机案例；黄渝祥教授事迹；“一带一路”倡议。

4. 思政目标：培养学生的爱国主义情怀，激发学生的崇高理想和报效祖国的雄心壮志；教育引导学生以国家发展富强为己任，节约资源，增加国民经济效益；培养学生深刻认识习近平总书记从提出共建“一带一路”倡议到共建人类命运共同体设想中所蕴含的现代竞争的观点，即竞争不是零和博弈，而是互利双赢。

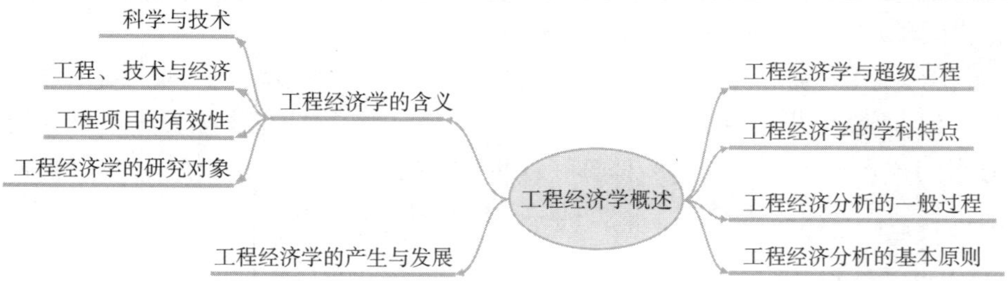

图1-1　工程经济学概述思维导图

1.1　引例——首钢秘铁1 000万吨精矿扩建项目

2013年9月，习近平总书记到访哈萨克斯坦提出共同构建“丝绸之路经济带”宏大战略；同年10月，习近平总书记访问东盟时提出建设“21世纪海上丝绸之路”的战略构想，上述两个计划被简称为“一带一路”。“一带一路”计划的实施，带动了沿线国家和地区大规模的基础设施投资和建设，加深了中国与沿线国家的互联互通，促进了整体欧亚大陆的联系与经济增长。这一战略帮助我国解决了庞大的外汇储备和产能过剩问题，构建了更宽领域、全方位、高层次的对外开放新经济格局，激发了经济增长新动力，并有助于树立良好形象。2018年7月31日，首钢“一带一路”落地拉丁美洲的第一个项目——秘铁1 000万吨精矿扩建项目竣工。

单纯从技术层面来看,该工程并不是一个“难于上青天”的项目,但绝对是一场“硬仗”。这样的工程,即便放在国内,也是一个巨大的挑战,更别说是在资源匮乏、施工环境“超乎想象”的马尔科纳。这是一项极其复杂的系统工程,其中涉及规划设计、设备采购、安装、现场施工、运行维护,环节多、程序复杂,如何来组织实施?从 2017 年 7 月项目开始土建施工,到 2018 年 7 月,一年时间就完成了建安施工,实现竣工投产。星月兼程之下,是结果的不辱使命,更是所有首钢人的刻骨铭心。首钢秘铁 1 000 万吨精矿扩建项目得到了海内外各界的高度认可,秘鲁时任总统比斯卡拉称赞,首钢创造了秘鲁工程建设的奇迹。

2023 年是习近平总书记提出共建“一带一路”倡议十周年。首钢作为国有大型企业,积极响应国家“一带一路”倡议,从高端钢铁产品供给到基础设施建设,再到海外矿产开发……首钢品牌、首钢服务、首钢制造在“一带一路”上闪耀。

本章作为《工程经济学》的开篇,旨在让读者了解工程经济学的基本概念、产生背景、发展历程及其在现代社会中的重要性。

1.2 工程经济学的含义

在工程实践中,工程技术人员需要选择各种设计方案、工艺流程方案和设备方案,而工程管理人员则需要处理项目投资决策、生产计划安排和人员调配等问题,这些问题都有多种解决方案。可行的解决方案可能涉及不同的投资、经常性费用和效益。因此,需要将技术上可行、经济上合理、以最小的投入获得预期产出或者以等量的投入获得最大产出作为评价标准来决定方案的取舍。这正是工程经济学所要做到的。

那么,什么是工程经济学?工程经济学又称费用—效益分析,是一门应用工程学和经济学的综合知识,研究工程项目的投资决策与经济效果,进行完成工程项目预定目标的各种可行技术方案的技术经济论证、比较、计算和评价,优选出技术上先进、经济上有利的方案,从而为做出正确的投资决策提供科学依据的一门应用性经济学科。

1.2.1 科学与技术

关于科学,可以将其视为人们对于客观世界的认识,是反映客观事实和规律的知识体系;也可将其视为一种社会活动,是发生在人类社会的一系列行为,是为反映客观事实和规律的知识体系而进行的一系列社会活动。广义的技术是指人们把科学知识、技术能力和物质手段等要素综合起来而形成的一个能够改造自然的运动系统;狭义的技术则指为制造特定工业产品所需的管理、组织以及技能方面的知识,包括工艺和技能两方面。

产业革命以前,科学与技术是分离的,技术上的进步主要依靠技艺的提高和改进,技术先于科学。从 19 世纪末 20 世纪初开始,特别是第二次世界大战以后,科学与技术互相促进,共同作用。科学上的新发现、新理论迅速在技术发展中得到应用。新技术及技术上的需求,又促使人们发现科学上的新理论、新规律。

现在,科学和技术统称为科学技术,成为一个有机的整体,二者联成一个词并得到了广泛使用。科学与技术趋同化和一体化的趋势越来越明显。科学与技术互为前提,互为基础。科学对技术有理论指导作用,技术对科学的发展有促进作用。当前越来越多的科学学科其发展的目标就是在技术发展中得到应用。

1.2.2 工程、技术与经济

工程通常指的是有组织、有目标地应用科学理论和技术手段，将原材料或现有实体转化为具有预期使用价值的人造产品的过程。它强调的是改造自然的实践活动的实施过程，尤其是有较大规模且有复杂组织系统的实践活动的实施过程。而技术则泛指根据生产实践经验和自然科学原理发展而成的各种工艺操作方法与技能。它只强调技术活动中的手段和方法，但对技术活动的规模并没有要求。

工程经济学中的工程是指人们利用技术手段改造自然的社会实践活动，其复杂性决定了工程需要投入大量的人力、物力和财力。它既包括工程技术方案、技术措施，也包括工程项目。经济一词有多种含义，在工程经济学中其为节约、精打细算之意，指对资源的有效利用和节约。

可以借助小灵通与铱星手机的市场状况理解技术与经济的关系。小灵通虽然不能漫游，但是它具备普通市话的功能，而且价格便宜。截至 2005 年 7 月 31 日，小灵通在全国的用户数达到 8 000 万，每月净增用户数 250 万。而同时代的铱星手机利用 66 颗低轨铱星，信号覆盖全球，无论是南极冰原，还是撒哈拉沙漠，用户都可以用其进行通话，而且通话质量很好。可是这样一个高精尖的产品未成气候就黯然陨落。姑且不论每分钟 12.5 元的通话费，单是一部手机 3.6 万元的价格就让多数人望而却步。而且对于多数用户来讲，一辈子能有几次机会到南极洲和撒哈拉沙漠使用手机进行通话呢？

这一案例说明：工程（技术）固然重要，但它的经济性更重要，工程（技术）离开经济，只能是孤芳自赏。技术的先进性与经济的合理性是社会发展中既相互促进又相互制约、既对立又统一的矛盾统一体。

1.2.3 工程经济学的研究对象

工程项目的含义是广泛的，不仅指固定资产建造和购置活动中的具有独立设计方案、能够独立发挥功能的工程整体，还指投入了一定资源的计划、规划和方案并可以进行分析和评价的独立单位。比如它可以是一座具有一定生产能力的大型工厂，亦可是生产线上的一台设备。

工程经济学的研究对象是工程项目技术经济分析时使用的最一般方法。即研究采用何种方法、建立何种方法体系，才能正确评估工程项目的有效性，才能寻求到技术与经济的最佳结合点，从而建立技术经济理论体系、方法体系和指标体系。

工程经济分析的对象是具体的工程项目，工程经济学为分析具体工程项目提供方法。生产性工程项目的直接目的是盈利；非生产性工程项目的直接目的虽不是经济性的，但其在建设和运行中也必须重视成本。因此，一切工程都具有经济性。就工程与经济的关系而言，工程是手段，经济才是目的。

1.2.4 工程项目的有效性

工程项目的有效性是指要同时具备技术上的可行性和经济上的合理性。在技术上无法实现的项目是不可能存在的,因为人们还没有掌握它的客观规律,而一项工程如果只讲技术可行,忽略经济合理也同样是不被接受的。人们发展技术、应用技术的目的在于提高经济活动的合理性(即经济效益)。因此,为了保证工程技术能更好地服务于经济,最大限度地满足社会需要,就必须研究、寻找技术与经济的最佳契合点,在具体目标和具体条件下,获得投入—产出的最大效益。

那么工程经济学可以解决工程有效性中哪方面的问题呢?工程经济学是研究在有限资源下,如何做出最佳决策,以最大程度地实现工程项目的效益的一门学科。它主要解决在工程项目的规划、设计、建设、运营等不同阶段,如何在资源有限的情况下做出合理的投资和决策,以实现最大的经济效益。

举一个简单的例子来进行说明。某能源公司决定投资建设两种不同的发电厂项目:太阳能发电厂和燃煤发电厂。工程经济学可以用来比较这两个项目,确定哪个项目在经济效益上更具优势。太阳能发电厂的建设成本较高,但运营成本较低,而燃煤发电厂的建设成本较低,但运营成本较高(如燃料成本和环境治理成本)。此外,太阳能发电厂在长期内对环境影响较小,而燃煤发电厂可能会产生更多的污染物和温室气体。

通过工程经济学的方法,考虑诸如项目投资回收期、净现值、内部收益率等指标,来比较这两个项目的经济效益。如果太阳能发电厂在长期内能够产生更大的净现值,并且其环境友好性也被充分考虑,那么能源公司可能会更倾向于投资太阳能发电厂,尽管其建设成本较高。

在这个例子中,工程经济学帮助能源公司解决了在投资决策中如何在经济、环境和可持续性方面权衡不同的因素,以便做出最具效益的选择的问题。

1.3 工程经济学的产生与发展

1.3.1 工程经济学的产生

工程经济学是建立在技术与经济基础之上的一门综合性学科,它的产生有其历史原因。直到 19 世纪末,工程师的工作仍然是把科学家的发明转变为有用的商品,他们仅仅关心机器的设计、制造和运转,很少注意到有限资源的合理配置以及投资活动的风险。随着科学技术的飞速发展,社会投资活动的增加,工程师的职责范围不断扩大,不得不对许多工程问题进行决策。例如,不相上下的工程项目设计方案应该选择哪一个?正在使用的机器是否应该更新?在资金有限的情况下,如何设计工程方案才能不超过预算?这些问题都涉及方案的选择,需要考虑经济问题。因此,工程师在日益复杂的经济环境下想要做出正确的决策,必须兼有工程学和经济学知识,掌握兼顾技术和经济的评价方法。这样就促成了工程经济学的产生。

1.3.2 工程经济学的发展历程

工程经济学的起源可以追溯到 100 多年前。

1887 年,美国工程师惠灵顿(A. M. Wellington)出版了《铁路布局的经济理论》一书,它是第一部工程经济学著作，标志着工程经济学的诞生。当时，选择铁路线路有多种方案，而不同方案的选择会对建设费用、运营费用和收益产生重大影响。然而，许多选线工程师并未意识到这个问题的重要性。惠灵顿首次将成本分析方法应用于铁路最佳长度和路线曲率的选择中，并引入了工程利息的概念，开创了工程经济评价的先河。他将工程经济学描述为"一门少花钱多办事的艺术"。

1920 年，戈尔德曼（O. B. Goldman）研究了工程结构的投资问题，并在《财务工程》一书中提出了用复利概念进行投资方案评价，该方法至今仍是工程经济学的核心计算方法。他指出，许多工程学书籍中很少考虑成本问题，但工程师最基本的责任就是分析成本，以实现真正的经济性和最佳财务效益。

1930 年，格兰特（E. L. Grant）出版了《工程经济学原理》教科书，提出了工程的评价准则，奠定了经典工程经济学的基础。该书阐述了古典工程经济学的局限性，以复利计算为基础，讨论了判别因子和短期投资评价的重要性，以及长期资本投资的一般比较。格兰特被誉为"工程经济学之父"。

1951 年，迪安（Joel Dean）结合凯恩斯理论，提出了分析资源配置中各种影响因素的方法，并在《投资预算》一书中阐述了贴现的现金流量法和资本分配法。至此，工程经济学的基本框架初步形成。他指出："时间具有经济价值，所以近期的货币要比远期的货币更有价值。"

1978 年，布西（L. E. Bussey）出版了《工业投资项目的经济分析》一书。在这本著作中，布西引用了大量的文献资料，全面系统地总结了工程项目的资金筹集、经济评价、优化决策以及项目的风险和不确定性分析等。

1982 年，里格斯（J. L. Riggs）的《工程经济学》出版。该书内容丰富新颖，论述严谨，系统地阐述了工程经济学的内容，推动了工程经济学的发展。书中指出："工程师的工作不仅是将科学家的发现转化为有用的产品，还需要对其实施的结果进行熟练的财务评价。现代工业、公共部门和政府之间的联系更加紧密和复杂，成本和价值的分析更加细致和广泛（如工人的安全、环境影响、消费者保护）。缺乏这些分析，整个项目往往成为负担，而收益不大。"显然，工程经济学是工程经济学家为工程师创立的一门独立的经济学。

我国对工程经济学的研究和应用起步于 20 世纪 70 年代后期。同济大学黄渝祥被誉为我国"工程经济学第一人"。他在 1979—1982 年留学期间，毅然选择学习工程经济方向，抱着"国家花了那么多钱让我出国学习，我就应赶快回国，为国家发展做贡献"的想法，黄渝祥于 1982 年学成回国并引入了技术经济、项目评价和经济机制分析等各方面的研究。他先后参与了南浦大桥、杭州湾跨海大桥等多项国家重大工程的决策咨询。1984 年，交通运输部组织编制了《运输船舶技术经济论证名词术语》的部颁标准，其中出现了工程经济学的基本概念。现在，工程经济学的原理和方法已被广泛应用于项目投资决策分析、项目评估和管理中。

1.4 工程经济分析的过程和原则

1.4.1 工程经济分析的一般过程

工程经济学分析主要对各种可行的技术方案进行综合分析、计算、比较和评价，全面衡量经济效益,为做出最佳选择和决策提供科学依据。工程经济分析的一般过程如图1-2所示。

1. 确定分析目标

根据不同的分析对象,确定相应的分析目标。这些目标可以是国家目标、地区目标、部门目标、项目目标或企业目标。目标的内容可以包括项目规模、设备选择、技术改造等。

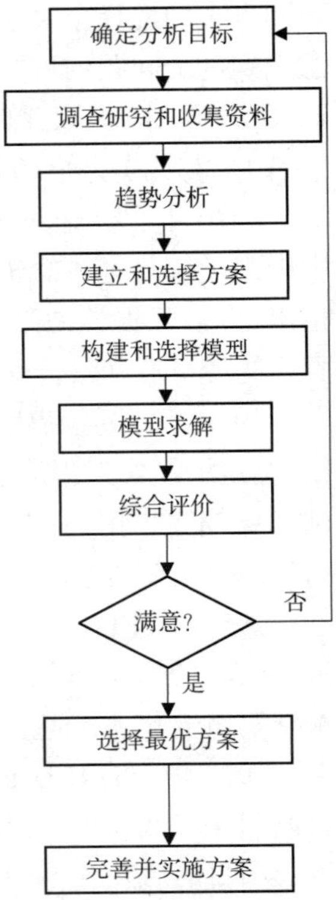

图1-2 工程经济分析的一般过程

2. 调查研究和收集资料

根据确定的目标进行调查研究,并收集与技术、经济、财务、市场、政策法规等相关的资料。

3. 趋势分析

根据现有的数据资料,结合外部环境和内部因素,分析和预测经济指标的变化趋势。通过趋势分析,可以更好地理解数据的长期变动规律,为决策提供依据,确保项目的经济性和可持续性。

4. 建立和选择方案

根据目标的要求,广泛收集各种相关的信息和方案,并从中筛选出所有可能的方案。以国家目标为出发点,同时兼顾企业目标,制定技术经济分析指标,分析各方案的利弊得失以及影响技术经济效果的内外因素。

5. 构建和选择模型

经济数学模型是工程经济分析的基础和手段。通过建立经济数学模型,进一步确定方案的目标体系和约束条件,为后续的经济分析提供条件。

6. 模型求解

将具体的数据代入数学模型进行计算,得出各个方案主要经济指标的具体数值,并进行比较,初步选择方案。

7. 综合评价

在对各方案的经济效益进行定量分析的基础上,还需要采用定性分析的方法,对方案进行综合分析和全面评价,包括对技术、经济、政治、社会、国防、资源以及生态环境等方面进行分析和评价。综合评价的准确性关键取决于定性分析的准确性以及所引入的数据的准确可靠性。

8. 选择最优方案

根据综合评价的结果,选择技术先进、经济合理的最佳方案。如果对方案满意,则选择最优方案;如果不够满意,则需要检查方案和指标的合理性。

9. 完善并实施方案

在选择最优方案之后,对该方案的细节进行进一步完善,然后在实际工程中实施该方案。

1.4.2 工程经济分析的基本原则

工程经济分析的重要任务是正确选择和确定经济效益最佳的技术方案。在现代科学技术条件下，为完成某项生产建设任务，能够列举出各种各样的技术方案。然而，从工程经济分析的角度来看，这些方案并不一定都能满足技术上先进、经济上合理、生产上适用的要求。在实际工作中，一方面需要分析这些方案各自的成本和收益，考察其自身的经济效益；另一方面，需要将各方案与其他可能采用的方案进行比较，分析它们之间的经济效益。在进行技术方案的经济效益评价时，应当遵循以下几项基本原则。

1. 工程技术与经济相结合的原则

技术的发展会促进经济效益的提高；经济效益的提高又会进一步促进技术的发展。同时，技术的实现与当时、当地的自然条件与社会条件有关，条件不同，技术所带来的经济效益也不同。因此，技术与经济之间是相互渗透、相互促进、相互制约的一种辩证关系，它们之间既相互统一，又相互矛盾。例如：铁路机车有电力机车、内燃机车、蒸汽机车，其中电力机车总效率最高，节能、环保、速度快，但需配置庞大的电网和供电设施，因而许多国家依然使用内燃机车作为主要动力机，可见先进技术并非总是经济合理的。

再比如数字化技术的应用可以提高生产效率和质量，实现生产线智能化和自动化，还可以精准控制物流和库存，降低成本并提高企业的经济效益，然而数字化技术也会带来一些挑战和问题，如信息安全、隐私保护和数字鸿沟等，因此要合理应用数字化技术，以实现可持续发展。

2. 宏观与微观，短期与长期经济效益相结合的原则

宏观经济效益与微观经济效益之间的关系实质上是整体利益和局部利益的关系。一般来讲，二者是一致的，但有时也会出现矛盾。此时，就需要局部利益服从整体利益。同时，当短期经济效益和长期经济效益出现矛盾时，为保证社会主义经济持续发展的需要，进行经济评价时不仅要考虑短期效益，还要分析和考察长期效益。

"绿水青山就是金山银山"理念的本质在于正确处理经济发展与生态环境保护之间的关系。习近平总书记对此做出了科学阐述："我们既要绿水青山，也要金山银山。宁要绿水青山，不要金山银山，而且绿水青山就是金山银山。"准确理解其科学内涵，必须坚持马克思主义唯物辩证法，把握经济发展与生态环境保护之间的矛盾从孕育到展开过程中环环相扣的辩证思维逻辑。

"绿水青山就是金山银山"理念从实现人的全面发展以及人类社会整体和长远利益出发，抓住了矛盾的主要方面，因为"绿水青山可带来金山银山，但金山银山却买不到绿水青山"，必须坚决否弃以牺牲环境为代价换取经济社会进步的发展模式，以及以眼前利益换取长远利益的思维方法。

3. 可比性原则

工程经济学中的可比性原则是指在对各种可行的技术方案进行经济比较时，必须具备共同的前提和基础。工程经济学中的可比性原则主要研究技术方案之间的经济比较条件，分析可比与不可比的因素，探讨不可比向可比转化的规律及处理方法，以提高工程经济分析的科学性。在对两个或两个以上的可行技术方案进行经济比较时，需要遵循以下四个可比原则。

1)满足需要的可比原则。任何技术方案的主要目的都是满足一定的需要。例如，对于建造手机厂的厂房，无论采用现浇框架结构还是轻钢结构，都是为了生产手机以满足社会需求。因此，进行比较的技术方案需满足相同的需要，以确保可比性。

2）消耗费用的可比原则。考虑到每个技术方案在实现过程中都会消耗一定的社会劳动或费用，需要从整体社会和国民经济的角度出发考虑消耗费用。具体而言，不仅要考虑技术方案本身直接消耗的费用，还需考虑与方案实现密切相关的部门的投资或费用，以及方案实施后每年的经营使用费用。在计算各种技术方案的消耗费用时，必须采用统一的计算原则和方法。

3）价格指标的可比原则。在市场经济条件下，进行方案经济效果比较时，必须使用价格指标。需要确保所选用的价格水平合理并恰当（如国内市场价格、国际市场价格等），以避免错误结论的产生。在对方案比较和进行经济计算时，必须满足价格指标可比原则。

4）时间的可比原则。进行经济效果比较时，必须考虑时间因素，采用相等的计算期作为比较基础。

4. 定量分析和定性分析相结合定量为主原则

工程经济分析以定量分析为重点，力求把效益因素货币量化，以增强评价结论的科学性和说服力。但并不排斥、忽略定性分析。在进行量化计算之前，首先要对问题进行定性的描述，以把握问题的全貌，使工程经济分析更全面。同时，对难以量化的因素，也有必要进行定性分析。

5. "有、无"对比原则

"有、无"对比原则是将最终选定的新方案与未采取任何措施的原方案进行比选，以确定项目是否实施。解释一下：这里"无"即保持原有的状况，不对现状采取任何措施的原方案；而"有"则是指在原有状况基础上，提出一个或多个新的备选方案进行比较和选择。

例如，解决交通堵塞问题的两个新方案：方案 1 新建干线；方案 2 拓宽原有干线。若比选结果是方案 1 较好，最后还要将它与方案"无"（即保持原有道路状况）进行比较而确定是否实施。可能因为资金问题而暂时选择原有方案，因为目前来看新方案的效果比原方案没好多少；但是长远来看新方案的效果比原方案要好很多，那么在条件具备时就要尽快实施新方案，即新建干线。

6. 增量分析原则

增量分析原则是形成比较的基础，其着眼方案的差异。例如，某公司计划购买一台设备，卖方提出两种付款方式：若买时一次付清，则售价 50 000 元；若买时选择两年期分期付款，则成交时首付款 20 000 元，从次月开始计算，以后 24 个月每月支付 2 000 元。此例两种付款方式有 20 000 元发生时点相同，资金现值相同，剩下 30 000 元付款方式不同，在进行具体计算时只需考虑差异还款 30 000 元即可。同样地，两种施工方案，先找出共同之处，再比较差异，选择其中最优的方案。

7. 静态评价与动态评价相结合动态评价为主原则

静态评价是在不考虑时间因素的前提下，考察工程项目的经济性。由于其忽略了资金时间价值，因而评价结论是粗略的，通常适用于项目初评。动态评价是指在考虑资金的时间因素的前提下，定量计算工程项目的经济效益，并对方案实施情况做出评价。

例如，同样的 1 元钱，今年到手和明年到手的"价值"是不同的，先到手的资金可以用来投资而产生新的价值，这种货币的时间价值可以在银行的利息中体现出来。假设年利率 5%，今年到手的 1 元钱，一年后将变成 1.05 元。

1.5 工程经济学的学科特点

工程经济学是工程学与经济学相结合的一门交叉学科，它以提高经济效益为目的，以各种成本效益分析方法为手段，为现实社会经济活动提供科学的分析方法和决策方法。工程经济学的教学目标是使学生了解工程技术与经济效果之间的关系，熟悉工程技术方案选优的基本过程，掌握工程经济学的基本原理和方法，具备进行工程经济分析的基本能力。这一学科具有以下特点。

1）综合性。工程经济学是跨自然科学和社会科学两个领域的交叉学科，每个工程项目的可行性方案都是包含多因素和多目标的综合体。它考虑了技术和经济之间的相互关系，从多个角度对方案进行评价，具有综合性特点。

2）实用性。工程经济学作为一门应用学科，其研究对象来源于工程建设或生产实际，并紧密结合生产技术和经济活动，它所分析和研究的成果，直接用于生产，并通过实践来验证分析结果是否正确。

3）定量性。工程经济学通过微观经济学和计量经济学的方法，对技术方案的经济性进行评价和比较，是一门以定量分析为主的学科。

4）比较性。工程经济学的分析活动是通过经济效果的比较，从多个可行的技术方案中选择最优或最满意的方案，具有比较性特点。

5）预测性。工程经济学的分析活动是在相关技术方案实施之前进行的，是对技术政策、技术方案的未来经济效果的预测和估计。因此，工程经济学是建立在预测基础上的科学。

综上所述，工程经济学具有很强的综合性、实用性、定量性、比较性和预测性特点。

1.6 工程经济学与超级工程

1.6.1 超级工程的定义和类型

1. 超级工程的定义

2023 年 12 月，中国工程院发布“超级工程研究”成果，“超级工程研究”首次对超级工程做出了清晰完整的定义，即：“特定团体（国家、政府、财阀、企业）为了人类生存和发展，实现特定的目的，运用科学与技术，投入超大规模的人力、物力、财力，有计划、有组织地利用资源，将人类的思考、发明和实践经验，通过人工和自然的选择，采用集成和交叉的方法，建造的具有超大规模的、超复杂技术的、超高风险的、超大影响力的、改变事物性状的实体人造物理工程”。从超级工程的定义中可以明确工程经济学在其中发挥着非常重要的作用。

2. 超级工程的类型

1）战略性工程。这些工程对国家的社会经济结构有重要影响，如钢铁、化工、农业、轻工、机械、科学研究、教育机构等的建设。这些工程建设在相当长的时间是国民经济的基础支柱，所以是战略性工程。

2)阶段性民生相关的工程。这些工程旨在解决具体问题,如电力、交通(三峡大坝、青藏铁路、港珠澳大桥等)等。属于战术层面,解决具体问题的工程项目。

3)技术发展与储备相关的工程。这些工程专注于技术发展,如高铁、直流高压输电、天眼计划、核能发电等。

4)超级水利工程。如雅鲁藏布江水电站项目、天河工程等。

5)超级科技工程。如中欧高铁、琼州海峡跨海隧道、中国空间站等。

这些工程不仅在科技上具有挑战性,而且对国家的经济发展和基础设施建设有着重要的推动作用。

1.6.2 工程经济学在超级工程中的应用案例

在当今这个技术飞速发展的时代,工程项目所需投资越来越大,工程与经济的结合比以往任何时候都显得更为重要。胶州湾跨海大桥(如图 1-3 所示)于 2006 年动工兴建, 2011 年建成通车。该桥全长 41.58 千米,总投资约 95.4 亿元人民币,设计使用寿命超过百年。

图 1-3 胶州湾跨海大桥

胶州湾大桥具有所在地气候环境恶劣、环保要求高、施工难度大、施工精度要求高等技术难点,为了保证桥梁达到设计寿命,必须对桥梁材料的耐蚀性能和环境影响因素进行系统评估,并在此基础上选用适宜的材料和防护措施,同时综合考虑成本、加工和施工难易、环保等因素,是一个复杂的科学和工程问题。这是工程经济学发挥作用的典型例子。

1.7 本章小结

本章深入剖析了工程经济学的内涵、起源、发展及其在当今社会的重要地位。工程经济学作为一门综合性学科,专注于将经济学原理与工程实践相结合,旨在实现资源的最优配置,以实现经济效益与社会价值的最大化。工程经济学是将工程技术和经济发展相结合的一门学科,核心任务是对工程项目的技术方案进行经济决策。

通过本章的学习,读者可以了解工程经济学的产生与发展;全面理解工程经济学的核心价值和应用前景;熟悉工程经济分析的一般过程以及基本原则,为进一步深入探索工程经济学的深层知识奠定坚实的基础。引导学生认识国家重大工程建设中蕴含的尖端科技与创新精神、艰辛历程与奉献精神。

练习题

1. 单项选择题(在备选答案中选择 1 个正确的选项)

1)工程经济学是运用(　　)有关知识相互交融而形成的工程经济分析原理与方法,为实现正确的投资决策提供科学依据的一门应用性经济学科。

A. 工程学　　B. 经济学　　C. 工程学和经济学　　D. 工程经济学

2)工程经济学的研究对象是(　　)。

A. 项目　　B. 具体的工程项目

C. 理论　　D. 工程项目技术经济分析的最一般方法

3)工程经济分析的对象是(　　)。

A. 项目　　B. 具体的工程项目

C. 理论　　D. 工程项目技术经济分析的最一般方法

4)工程经济分析的时间可比原则要求进行经济效果比较时,必须考虑时间因素,采用(　　)作为比较基础。

A. 时间　　B. 相等的计算期　　C. 生命周期　　D. 计算期

5)工程经济分析的一般过程是(　　)。

①确定分析目标;②调查研究和收集资料;③趋势分析;④建立和选择方案;⑤构建和选择模型;⑥模型求解;⑦综合评价;⑧选择最优方案;⑨完善并实施方案。

A. ①→②→③→④→⑤→⑥→⑦→⑧→⑨

B. ①→②→③→⑥→⑤→④→⑨→⑧→⑦

C. ②→①→③→⑤→④→⑥→⑧→⑦→⑨

D. ①→②→⑨→⑤→⑥→④→⑦→⑧→③

2. 多项选择题(在备选答案中选择 2 个或 2 个以上正确的选项)

1)工程经济分析的可比性原则主要有(　　)。

A. 价格指标的可比性　　B. 时间的可比性

C. 满足需要的可比性　　D. 消耗费用的可比性

2)实现工程的有效性必须具备两个条件(　　)。

A. 技术上可行　　B. 价格低廉　　C. 经济上合理　　D. 社会的影响力

E. 实施的便捷

3)工程经济学的学科特点包括(　　)。

A. 综合性　　B. 实用性　　C. 定量性　　D. 比较性

E. 预测性

4)工程经济分析的基本原则包括(　　)。

A. 工程技术与经济相结合的原则

B. 可比性原则

C. 增量分析原则

D. 定量的经济效益和定性的经济效益相结合

5）在工程经济学中研究的“经济”的含义不包括（　　）。

A. 经济关系或经济制度

B. 一个国家经济部门或总体的简称

C. 节约、精打细算

D. 物质资料的生产、交换、分配、消费等生产和再生产活动

6）工程的含义有（　　）。

A. 工业工程

B. 菜篮子工程

C. 某项需要投入巨大人力和物力的工作

D. 土木建筑或其他生产、制造部门用比较大而复杂的设备来进行的工作

3. 填空题

1）1887 年（　　）国工程师（　　　）出版的著作《铁路布局的经济理论》标志着工程经济学的产生。

2）工程经济分析的可比性原则的四个可比原则是（　　　　　）、（　　　　　）、（　　　　　）和（　　　　　）。

3）工程经济学之父是（　　　　）。

4）实现工程的有效性必须具备两个条件（　　　　）和（　　　　）。

5）我国对工程经济学的研究和应用起步于（　　　　）。

4. 判断题

1）科学属于改造世界的范畴，而技术则属于认识世界的范畴，二者是不同的概念，但又是密切联系的。（　　）

2）在进行工程经济分析时，既要求分析技术上的先进性，又要分析经济上的合理性，力求做到二者的统一。（　　）

3）工程项目对环境的影响是建设单位必须考虑的因素。（　　）

4）工程经济学具有很强的综合性、实用性、定量性、比较性和滞后性等特点。（　　）

5）在工程经济分析中，沉没成本对于所有项目方案都是一样的，因而对决策无影响，应不予考虑。（　　）

5. 简答题

1）什么是工程经济学？

2）工程经济学的研究对象是什么？

3）工程经济分析时的可比性原则有哪些内容？

4）工程经济学为什么十分注意技术与经济的关系？

扫码获取答案

第2章
工程经济要素

学习要点及目标

1. 学习要点:工程经济要素的基本构成;项目投资的构成与估算;产品成本费用的构成及计算;现行税制主要税金的构成及计算。

2. 思政元素:工匠精神;纳税是公民的基本义务;社会主义核心价值观。

3. 案例引入:港珠澳大桥项目;税法背后的思政。

4. 思政目标:借助税金的目的、意义及特点,培养学生懂法、守法、护法的法制观念;借助港珠澳大桥建设项目,增强学生民族自信心和自豪感;引导学生深入理解习近平总书记“综合国力竞争说到底是创新的竞争,要深入实施创新驱动发展战略,推动科技创新、产业创新、企业创新、市场创新、产品创新、业态创新、管理创新等,加快形成以创新为主要引领和支撑的经济体系和发展模式”的论述。

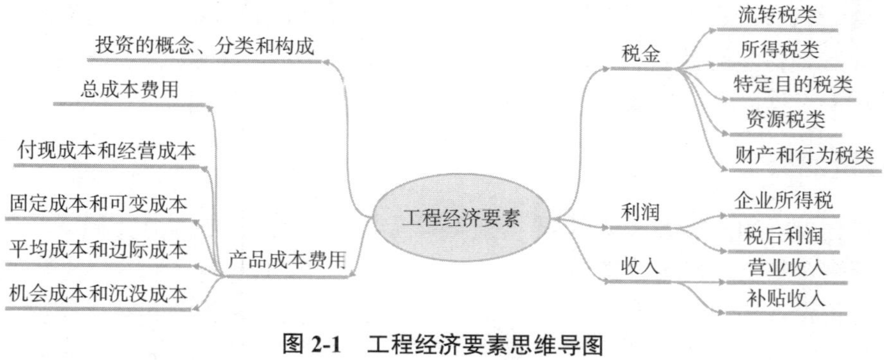

图 2-1　工程经济要素思维导图

2.1　引例——港珠澳大桥

图 2-2　港珠澳大桥

工程经济学是对工程项目进行经济评价的学科,修一条路、造一座桥,其投入-产出如何,怎样发挥建设项目最佳的综合效益?在对工程经济学的学习过程中离不开对工程项目的了解,对于国家重点项目更是如此,本节就以港珠澳大桥为例展开介绍。

港珠澳大桥(如图 2-2 所示),这座投资约 1 200 亿元的、作为连接内地及香港、澳门的重要交通项目,其所蕴含的不只是经济意义,更是政治意义。它是我国工程技术发展的又一个见证,加深了内地与港澳之间的政治经济文化联系，是我国从桥梁大国走向桥梁强国的巅峰之作。如此重要的国家项目，在建设过程中，为保证项目的完美实施，自然离不开工程经济学。港珠澳大桥全长55千米，其中水下隧道长6.7千米。在当年，建设如此长度的海底隧道所需的技术仍未完善，甚至全世界其他国家都没有完全掌握。为建设这段隧道，项目团队共给出两种方案，一是由国内自己完成，但需要新技术的突破；二是与丹麦合作，丹麦掌握一半国内未掌握的技术，通过与其合作，可以减少新技术突破所需的工作量，但是丹麦开出了甚至超过这段项目预算的高价。针对这种情况，项目团队运用工程经济学的知识对这两种方案进行经济、政治等多方面因素的比较，最后选择研究新兴技术，由中国独立完成海底隧道的建设。

对于工程项目而言，在进行工程经济评价时，需要考虑项目的投入和产出，包括投资、成本费用、收入、税金及利润等，这些因素构成了工程项目的基本经济要素。这些因素为工程项目的财务评价以及国民经济评价提供了不可或缺的基础数据，也是进行工程经济分析的重要前提。对这些基本经济要素的准确理解和预估，将极大地影响工程方案的评价与选择。

2.2 投资

2.2.1 投资的概念

投资可定义为投资主体为追求利润或规避风险（例如进行投资组合管理），预先投入资金或其他资源，如技术、人力、信息等，以期在未来实现经济回报的行为。简而言之，投资涉及将资源配置到特定的计划或项目中，目的在于获得未来的经济收益。这种经济行为是投资者基于对未来收益的预期做出的决策，是资本运用的一种重要方式。

2.2.2 投资的分类

工程项目投资的分类方法众多，可根据不同标准进行划分。主要分类如下。

1. 按照资金筹集和运用方式不同分类

工程项目投资按照资金筹集和运用方式不同，可划分为直接投资和间接投资。

直接投资指投资者直接使用资金进行经营活动，如开设工厂、购买企业或参与合资、合作经营，通常直接增加实体资产，为生产和服务提供物质基础。

间接投资则通过购买股票、债券等有价证券进行，主要目的是获得股息或利息，形成的是虚拟资产，不直接增加生产或服务能力。

2. 按照其形成资产形态不同分类

工程项目投资按照其形成资产形态不同，还可划分为固定资产投资、流动资产投资、无形资产投资和递延资产投资，具体内容将在后续章节详细介绍。

2.2.3 投资的构成

根据国家发展和改革委员会、建设部（现住房和城乡建设部）发布的《建设项目经济评价方法与参数》（第3版），工程项目总投资由建设项目投资、建设期借款利息和流动资金投资构成。这些投资的具体构成详见图2-3。

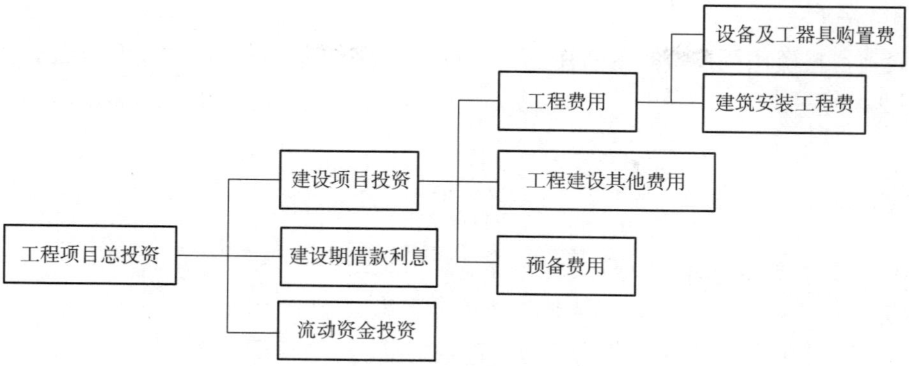

图 2-3　工程项目总投资构成

1. 建设项目投资

建设项目投资根据费用归集形式,可分为概算法和资产形式法。

(1)概算法

建设项目投资涉及从项目确认至建设完工期间整个工程建设所需的总投资,包括三大类费用:工程费用、工程建设其他费用及预备费用,详见表 2-1 所示。

表 2-1　建设项目投资

建设投资	第一部分　工程费用	1. 设备及工器具购置费
		2. 建筑安装工程费
	第二部分　工程建设其他费用	1. 土地使用费和其他补偿费
		2. 建设管理费
		3. 可行性研究费
		4. 专项评价费
		5. 研究试验费
		6. 勘察设计费
		7. 场地准备费和临时设施费
		8. 引进技术和进口设备材料费
		9. 特殊设备安全监督检验费
		10. 市政公用配套设施费
		11. 工程保险费
		12. 专利及专有技术使用费
		13. 联合试运转费
		14. 生产准备费
		15. 办公和生活家具购置费
		16. 其他
	第三部分　预备费用	1. 基本预备费
		2. 涨价预备费

（2）资产形式法

建设项目投资由固定资产的费用、无形资产的费用、其他资产的费用和预备其他费用组成，如图 2-4 所示。

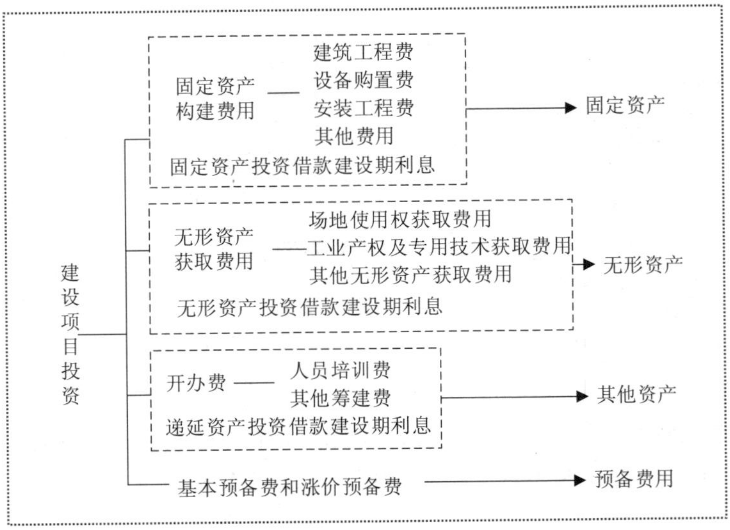

图 2-4　建设项目投资构成

1）固定资产是指企业为生产产品、提供劳务、出租或者经营管理而持有的、使用时间超过 12 个月的，价值达到一定标准的非货币性资产，包括房屋、建筑物、机器、机械、运输工具以及其他与生产经营活动有关的设备、器具、工具等。固定资产是企业的劳动手段，也是企业赖以生产经营的主要资产。这些资产特点为单位价值较高、使用期限较长，并在多个生产周期中保持原有的物质形态。根据《企业会计准则第 4 号——固定资产》相关规定，固定资产使用寿命是指企业使用固定资产的预计期间，或者该固定资产所能生产产品或提供劳务的数量。除已提足折旧仍继续使用的固定资产和单独计价入账的土地以外，企业应当对所有固定资产计提折旧。关于折旧的相关内容本书将在第 9 章 9.5 节介绍。

2）无形资产是指企业为生产商品、提供劳务、出租给他人或为管理目的而持有的、没有实物形态的非货币性长期资产，包括专利权、非专利技术、商标权、著作权、土地使用权、特许权等。无形资产的成本通常是按实际成本计量，即以取得无形资产并使之达到预定用途而发生的全部支出。无形资产的应摊销金额为其成本扣除预计残值后的金额。已计提减值准备的无形资产，还应扣除已计提的无形资产减值准备累计金额。无形资产无物理形态但能为企业带来经济利益。另外，根据《企业会计准则第 6 号——无形资产》第十一条规定，企业自创商誉以及内部产生的品牌、报刊名等，不应确认为无形资产。

3）其他资产是指除流动资产、固定资产、无形资产以外的资产，主要包括长期待摊费用和其他长期资产。长期待摊费用是指企业已经支出，但摊销期限在 1 年以上（不含 1 年）的各项费用，包括开办费、租入固定资产的改良支出以及摊销期限在 1 年以上的固定资产修理支出、股票发行费用等。应当由本期负担的借款利息、租金等，不得作为长期待摊费用处理。其他长期资产是指具有特定用途，不参加正常生产经营过程的，除流动资产、长期投资、固定资产、无形资产和长期待摊费用以外的资产。一般包括经国家特批的特准储备物资、银行冻结存款和冻结物资、涉及诉讼中的财产等。

4）预备费用是项目投资过程中因应对不可预见因素而设立，包括基本预备费和涨价预备费。这些费用在工程项目筹建期间累积，并计入总投资。

在工程项目竣工后，所有建设项目投资转化为企业的固定资产和无形资产。固定资产的购置和建设费用成为其初始成本，称为固定资产原值。同样，无形资产的购置费用定义为无形资产原值。筹建期间的其他费用，除记入固定资产和无形资产外，余下的开办费则计入其他资产。

2. 建设期借款利息

建设期借款利息，通常称为资本化利息，是指在建设期间筹集债务资金所发生的利息，这部分利息按规定在项目投产后可计入固定资产原值。它主要包括银行贷款利息及其他债务资金的利息，并涉及融资费用，后者包括债务融资过程中的手续费、承诺费及管理费等。在实际计算中，融资费用应单独计算，并纳入建设期利息中。

3. 流动资金投资

流动资金投资指在完整工业投资项目中发生的用于生产经营期周转使用的营运资金投资，又称为垫支流动资金。流动资金投资关乎企业为维持正常生产活动而必须占用的全部流动资金，这包括了流动资产减去流动负债的差额。所谓流动负债，是指那些需用流动资产偿还的各类债务。在生产过程中，流动资金经历三个阶段，并周期性地从货币形态出发，再回归到货币形态，形成一个循环，如图 2-5 所示。

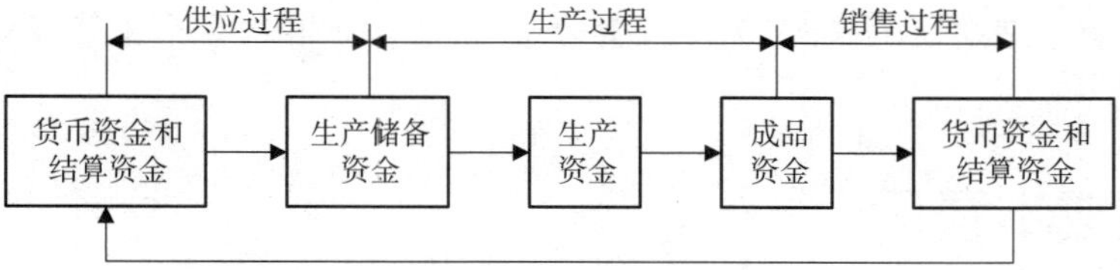

图 2-5　流动资金循环过程

在这个循环过程中，流动资金在不同阶段有不同的形态和功能分布，主要存在于应收票据、应收账款、现金、预付账款以及各类存货。存货，特别是原材料、在制品及产成品等，是企业为了销售或消耗而储备的物资，其价值在流动资产中占比较大。这些存货的价值通常在产品销售时一次性转移，并且随着产品的销售消耗，其价值得到补偿。

流动资金中的现金部分，因其高度的流动性，在生产经营过程中保持货币形态。企业开展生产经营活动前，需确保有足够的现金来支付原材料、工具和劳动力等相关费用。通过这些活动，企业将劳动成果转化为产品并销售出去，从而再次回收资金。流动资金的配置和回收是企业经济活动中的关键环节，其构成如图 2-6 所示。流动资金的有效管理，特别是回收过程，确保了企业资金的周转和经济效率。

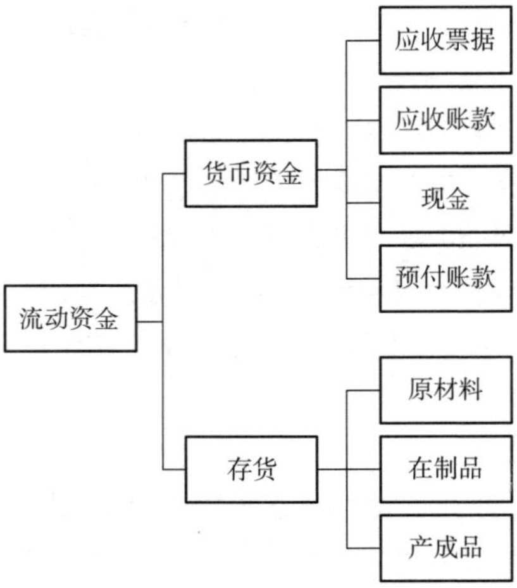

图 2-6　流动资金的构成

2.2.4　投资与社会主义核心价值观

投资作为一种经济行为,必然要承担社会责任。投资者在进行投资决策时,不仅要考虑自身的利益,还应该考虑社会的利益和可持续发展。在市场经济条件下,投资者的行为直接影响着社会资源的配置和经济的发展。因此,投资者应该具备正确的思政观念,将社会责任纳入投资决策需考虑的因素。投资与社会主义核心价值观具有契合之处。社会主义核心价值观是我国的精神旗帜,包括富强、民主、文明、和谐等价值追求。投资者应该秉承社会主义核心价值观,注重创造财富的同时,关注社会公平、环境保护和民生福祉等,不断推动社会的进步和发展。

2.3　产品成本费用

产品成本费用是衡量企业生产与销售活动的一个关键综合指标,涉及企业在产品生产与销售过程中所产生的各种费用。本部分内容将分别从总成本费用的估算和工程经济学中常用的其他成本概念两个方面进行阐述。

2.3.1　总成本费用

成本是企业为生产商品或提供劳务而使用各种生产要素所发生的各项费用。总成本费用可用生产成本加期间费用法估算,也可以用生产要素法估算。

生产成本加期间费用法可用公式(2-1)、公式(2-2)表示。

总成本费用=生产成本+期间费用　　(2-1)

期间费用=管理费用+财务费用+销售费用　　(2-2)

1. 生产成本加期间费用法

(1)生产成本

生产成本也称产品制造成本,是指工业企业为制造一定种类和数量的产品所发生的各项生产费用的总和。

生产成本项目包括直接支出（即直接材料费、直接工资、其他直接支出）及制造费用，如图2-7所示。

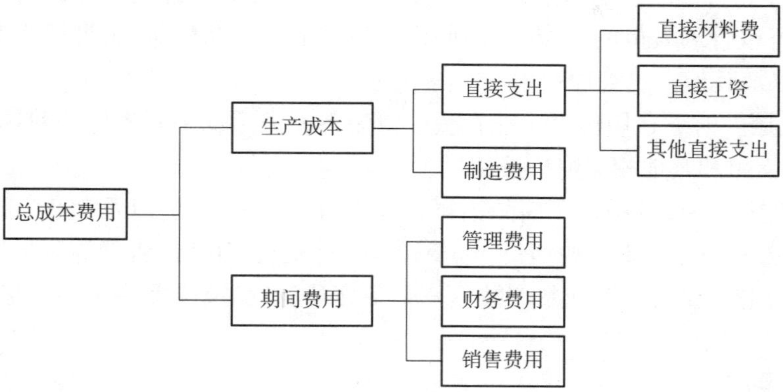

图2-7　总成本费用的构成

1）直接材料费。此项费用涉及生产过程中直接用于产品制造的各类物资，包括但不限于原材料、辅助材料、外购半成品、备件、燃料、动力、包装材料及其他直接相关材料。

2）直接工资。此项费用指直接参与产品生产的员工所得的工资，以及与之相关的奖金、津贴及补贴。

3）其他直接支出。此项费用包括直接参与产品生产的员工所获得的福利费用等。

4）制造费用。此项费用是指生产过程中，生产单位在组织管理方面所发生的间接成本，包括车间管理人员工资、福利，以及生产单位的设施设备折旧与维修、材料消耗、取暖、水电、易耗品、办公、差旅、运输、保险、设计及制图、试验检验、劳动保护、季节性及维修期间的停工损失等费用。

直接材料费、直接工资及其他直接支出构成了产品的直接成本，而制造费用构成了间接成本。产品的制造成本即为这些直接和间接成本的总和。

生产费用与产品成本虽然密切相关，但也存在明显区别。生产费用的归集和汇总，形成了具体的产品成本。生产费用的产生为产品成本的形成提供了基础，而产品成本则是物化了的生产费用。通常情况下，生产费用指的是某一特定时间段（如月、季、年）内实际发生的费用，而产品成本则反映了特定时间段内某种产品应承担的费用。根据权责发生制原则，生产费用的产生时间与产品成本的归集时间并不完全对应。当前期的产品成本可能包含来自先前期间的生产费用；而本期的生产费用也可能会被分摊到未来期间的产品成本中。因此，企业某一时期的实际生产费用总额并不一定与该期产品成本的总额相等。一个会计期间内完成的产品成本可能涵盖了多个时期的生产费用，而一个时期的生产费用也可能分摊到多个会计期间完成的产品成本中。这种关系可以通过公式（2-3）表达：

$$\text{本期完工产品成本}=\text{期初在产品成本}+\text{本期生产费用}-\text{期末在产品成本} \tag{2-3}$$

在进行工程经济分析时，假设当期的生产费用直接转化为产品成本，即假设生产与完工同步,从而使生产费用等同于产品成本。

(2)期间费用

总成本费用中的期间费用涉及管理费用、财务费用和销售费用。

1)管理费用。管理费用是指企业行政管理部门在组织和管理生产经营活动中所发生的费用,包括行政管理人员的工资与福利、设施设备的折旧与维修、无形资产及其他非流动资产的摊销,以及其他一般管理费用。

2)财务费用。财务费用包括企业在资金筹集等财务活动中所发生的费用,主要包括期间内的利息净支出和其他相关财务费用。

3)销售费用。销售费用是在商品销售过程中所发生的费用,以及为销售活动所设立的机构所发生的各项费用,如运输、装卸、包装、保险、差旅、展览和广告费等。

因此,根据生产成本加期间费用法这一估算方法,产品成本费用包括直接费用、间接费用和期间费用。

2. 生产要素法

根据生产要素法,总成本费用包括外购原材料、燃料与动力费、工资与福利费、折旧与摊销费、修理费、财务费用和其他费用。

1)外购原材料、燃料与动力费。这是指在生产过程中所需购买的原材料、燃料与动力的成本。产品生产经营中所需要的原材料(燃料、动力)种类繁多,在计算时,根据具体情况,选取耗用量较大的、主要的原材料(燃料、动力)为对象进行估算。

2)工资与福利费。这涵盖了企业为获取员工服务而支付的全部报酬,包括工资、奖金、津贴及福利,须根据企业职工定员数和人均年工资额进行估算。

3)折旧与摊销费。这是指从销售收入中按月提取的费用,用以回收固定资产、无形资产和其他资产。从本质上讲,折旧也是一种费用,只不过这一费用是前期已经发生的支出,而这种支出的收益在资产投入后的有效使用期内实现,因此在计提折旧期间不必付出实实在在的货币资金。

4)修理费。这是指为保持固定资产的正常运转和充分发挥其效能,进行必要修理所发生的费用。估算时一般无法确定修理费具体发生的时间和金额,可按照折旧费的一定百分比计算。

5)财务费用。这是指企业在筹集所需资金过程中发生的相关费用,包括利息支出、汇兑损失和手续费等。

6)其他费用。这包括其他制造费用、其他管理费用及其他营业费用。在项目评价中,其他制造费用通常按照固定资产原值(扣除建设期利息)的百分比或人员定额估算。其他管理费用通常按照人员定额或工资福利总额的倍数估算。其他营业费用通常按照营业收入的百分比估算。

2.3.2 付现成本和经营成本

付现成本也称现金支出成本,是指由于某项决策而引起的需要在当时或最近期间用现金支付的成本。付现成本代表未来一定时期内,由于实施某项决策而引起的企业现金流出。为此,在经营决策分析时,如果企业近期的资金比较紧张,筹措资金比较困难,支付能力受到限制，管理层对付现成本的考虑，往往会多于对总成本的考虑，甚至会选择付现成本较小的方案来代替总成本较低的方案，以保证企业现金流转的顺畅。

经营成本是工程经济学中经济评价的专用术语，是工程经济学特有的概念。在财务会计中没有经营成本的概念，经营成本是一种付现成本，是以现金流量实现为依据的成本耗费。而总成本则是从企业财务会计角度，核算生产产品的全部资源耗费。具体来说，经营成本是从总成本中提取出的费用部分，通常指扣除了固定资产的折旧费、维简费、无形资产及递延资产的摊销费以及利息支出后的成本费用，其公式为：

$$经营成本=总成本费用-折旧费-维简费-摊销费-利息支出 \tag{2-4}$$

经营成本的计算公式排除了折旧费、维简费、摊销费和借款利息，原因如下。

1）在工程经济评估中，项目支出被区分为建设期的投资和运营期的现金流出（即经营成本）。建设投资期间的借款利息已在建设期内计算，而经营成本作为运营期的现金流出，已在现金流量表中对利息支出进行了单独列示，故经营成本不再包括这部分费用。

2）总成本中的维简费、折旧费和摊销费是建设投资期间的支出，在运营期按期计入成本，不属于运营期的直接现金流出。在工程经济分析中，它们并不是现金流出，只是方案内部的一种现金转移，由于方案的投资已计入现金流量，如果再将固定资产的折旧费、采掘采伐类企业维持简单再生产的维简费和无形资产的摊销费计入现金流量，将会发生重复计算。因此，这部分支出也应从总成本中扣除。

2.3.3 固定成本和可变成本

产品成本按其与产量的变化关系可分为固定成本、变动成本和半变动成本（或称半固定成本）。例如，某企业的自动化生产线开始生产罐装饮料时，每个瓶子和饮料的成本是与产量的多少直接相关的，而生产线和车间的成本在一定产量范围内是不变的，这里涉及了成本性态的概念。成本性态也称成本习性或成本特性，是指成本总额对业务量（或产量）总数的依存关系，这种关系是客观存在的，是成本固有的性质。成本性态是成本管理中最重要的成本分类标志之一。

1）固定成本是指在一定的生产规模内，与产品产量无关的成本。这类成本通常涵盖制造费用，如固定资产的折旧和维修费用、管理人员薪资及福利、办公费用及差旅费等。固定成本的特征是，在产品产量扩大时，其总额保持不变，但每单位产品的成本会降低。单位固定成本指的是平均到每单位产品上的固定成本，随着生产量的增加，单位固定成本会下降，从而实现规模经济，降低每单位产品的总成本。如图 2-8 所示。

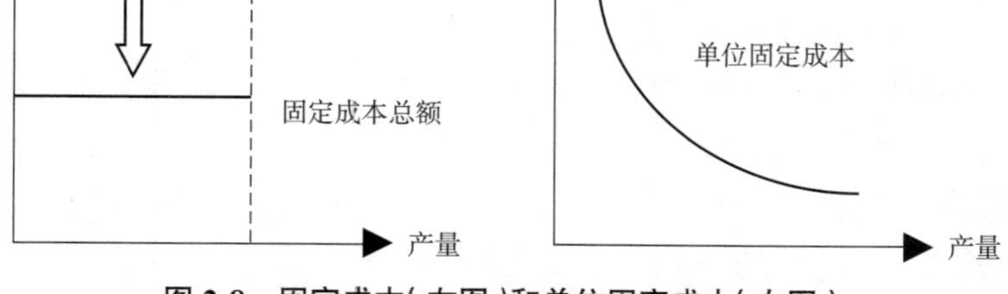

图 2-8　固定成本（左图）和单位固定成本（右图）

2）变动成本指随着产量增减而按比例变动的成本，包括直接材料、燃料动力费和包装费等。这些成本随产品产量的变动而按比例变化，但每单位产品的可变成本保持不变。单位变动成本是指单个产品所含的可变成本，在一定的生产规模内，这一成本是固定的。如图2-9所示。

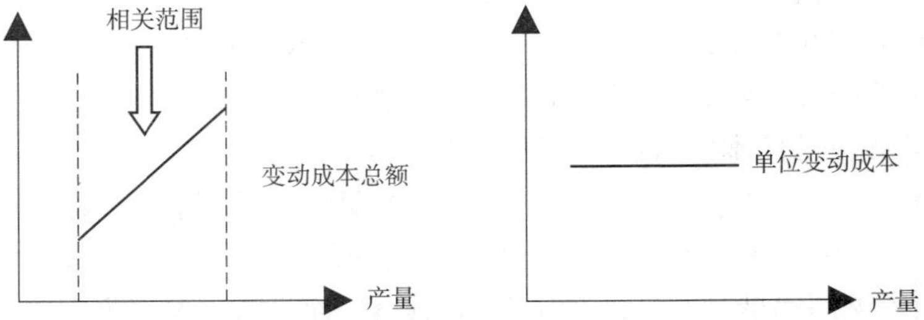

图 2-9　变动成本（左图）和单位变动成本（右图）

3）半变动成本（或称半固定成本）则是随产量变化但非成比例变化的成本。例如，某些材料费用可能随着订单量的增加而降低，在不同的订单规模下，材料的单价可能会有所不同，从而展现出一种价格分层现象。

2.3.4　平均成本和边际成本

平均成本是指产品总成本与产品总产量之比，即单位产品成本。

边际成本是指产品成本对业务量（产量或销售量等）无限小变化的变动部分，即成本随业务量无限小变化的变动率。用数学语言表达，边际成本就是总成本函数的一阶导数。但从实际工作的角度看，业务量不可能无限小的变化，因为无限小的变化没有实际意义，所以业务量的变化至少应为一个单位。在实际工作中，边际成本就是指业务量每增加或减少一个单位所引起的成本变动。

如果在生产能力的相关范围内，一定产量条件下，如果企业的固定成本和单位变动成本保持不变的话，多生产一个单位产品，其边际成本会保持不变，且此时的边际成本就是单位变动成本。

例 2-1　某厂现有的生产能力是 12 000 件/年，已签订了 10 000 件的加工合同，每件售价 1 200 元，单位产品成本 1 000 元，其中固定部分（折旧等）200 元，变动部分（直接材料、人工等）800 元，剩余生产能力无法转移。现有一名客户，准备以 900 元/件的价格追加订货 1 000 件，追加订货需要投入专属设备价值 5 万元，是否能接受此批订货呢?

解：本例中产品平均成本为 1 000 元/件，而客户只愿意支付 900 元/件，如果接受追加订货，似乎是亏损的。但是，实际上其边际成本只有 800 元/件。用边际成本法计算：

增量收益=1 000 × 900=900 000（元）

增量成本=1 000 × 800+50 000=850 000（元）

增量利润=900 000−850 000=50 000（元）

由计算结果可以看出此批订货能产生 5 万元的增量利润，如果在没有其他更高价格订货利用其剩余生产能力的情况下，企业可以接受此订单。

2.3.5 机会成本和沉没成本

机会成本是指由于将有限资源使用于某种特定的用途而放弃的其他各种用途的最高收益。在所有这些其他可能被利用的机会中，把能获取的最大价值作为项目方案使用这种资源的成本，称之为机会成本。机会成本是一种决策时考虑的虚拟成本，它不体现在会计账目中，但对于投资决策来说至关重要。在进行决策时，只有将落选方案有可能获得的潜在收益作为机会成本计入中选方案的相关总成本中，才能全面、合理地评价中选方案的经济效益，避免机会成本有可能造成的决策失误。工程经济分析中要计入机会成本。

例 2-2 某企业有一暂时空闲的设备，既可以自行加工生产所需的甲零件，又可以出租给另一企业。如果用于加工甲零件，总成本费用为 28 000 元；若用于出租，可获得租金 4 000 元，此时企业生产用甲零件则只好外购，总成本费用为 30 000 元。问企业应自制还是外购？

解：经分析可知，如果空闲设备用于加工甲零件，那么租金 4 000 元是机会成本，此时自制加工甲零件的总成本为 32 000 元，而外购甲零件的总成本为 30 000 元，因此企业应该选择外购甲零件。

沉没成本是指过去已经发生的、与以后的方案选择均无关的成本费用，是已成事实而无法改变的成本。在工程经济分析中，沉没成本对于所有项目方案都是一样的，因而对决策无影响，应不予考虑。沉没成本不计入工程经济分析的现金流中。

例 2-3 某设备 4 年前的原始取得成本是 10 000 元，目前账面价值是 4 000 元，可变现净值是 1 500 元，在进行设备更新分析时，应视为设备沉没成本的价值为多少？

解：经分析可知，设备账面价值是 4 000 元，可变现净值是 1 500 元，则 4 000−1 500=2 500（元）属于不能变现的价值，应视为设备沉没成本的价值为 2 500 元。

2.4 收入

工程项目的主要收入包括两个部分：营业收入和补贴收入。

2.4.1 营业收入

在工程经济学中，营业收入是一个重要的经济指标，它直接反映了工程项目的经济效益和盈利能力。狭义上的收入，即营业收入，是指在销售商品、提供劳务及让渡资产使用权等日常活动中形成的经济利益的总流入，包括主营业务收入和其他业务收入，不包括为第三方或客户代收的款项。广义上的收入是指企业在生产经营活动与非生产经营活动中能够导致企业净资产增加的所得，包括营业收入、投资收益、补贴收入、营业外收入。

图 2-10 展示了营业收入、总成本费用、税金及附加和利润总额之间的关系。总成本费用依据各费用要素进行分类。在此模型中，未包括营业外收支及其他投资收益，因此总利润与营业利润相等。

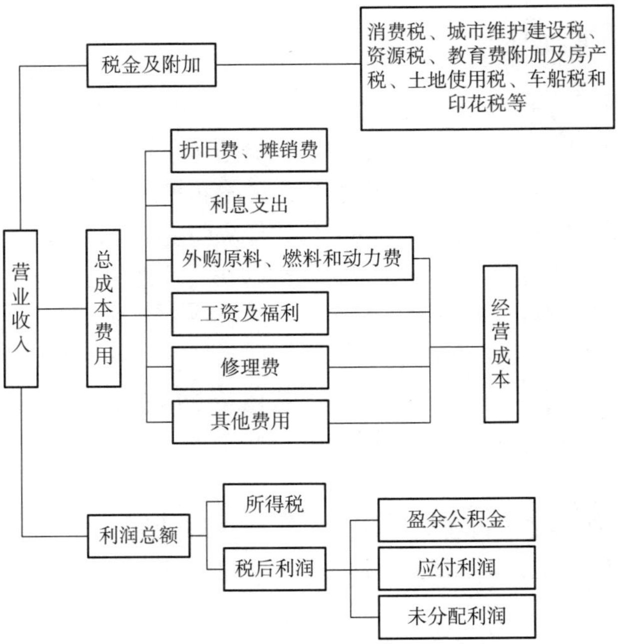

图 2-10　营业收入、总成本费用、税金及附加和利润总额的关系

依据财会〔2016〕22 号文的规定，全面试行营业税改征增值税后，“营业税金及附加”科目名称调整为“税金及附加”科目。该科目核算企业经营活动发生的消费税、城市维护建设税、资源税、教育费附加及房产税、土地使用税、车船税、印花税等相关税费。

2.4.2　补贴收入

补贴收入是指与收益有关的政府补贴，包括先征后返的增值税、按销量或工作量等依据国家规定的补助定额计算并按期给予的定额补贴，以及属于财政扶持而给予的其他形式的补贴。

同营业收入一样，补贴收入也应列入利润及利润分配表、财务计划现金流量表和项目投资现金流量表。对于非经营项目，财务效益还应包括可能获得的各种补贴收入。

2.5　税金

税金是企业向国家缴纳的各种税款，是企业为国家提供积累的方式，也是国家对经济活动进行调控的重要杠杆。在计算工程项目的经济效益时，税金是现金流出项，必须考虑项目相应税金的计算。常规的投资项目现金流量可能涉及的税种主要有流转税类、所得税类、特定目的税类、资源税类、财产和行为税类五种。

2.5.1　流转税类

流转税是指以商品生产、商品流通和劳务服务的流转额为征税对象的各种税。

1. 增值税

增值税是以商品（含应税劳务）在流转过程中产生的增值额作为计税依据而征收的一种流转税。从计税原理上说，增值税是对商品生产、流通、劳务服务中多个环节的新增价值或商品的附加值征收的一种流转税。实行价外税，也就是由消费者负担，有增值才征税没有增值不征税。增值税是对在我国境内销售货物或者提供加工、修理修配劳务以及进口货物的单位和个人就其实现的增值额征收的一个税种。

根据现行增值税政策规定，自 2019 年 4 月 1 日起，增值税税率一共有 4 档：13%、9%、6%、0%。

1）纳税人销售货物、劳务、有形动产租赁服务或者进口货物，税率为 13%。

2）纳税人销售交通运输、邮政、基础电信、建筑、不动产租赁服务，销售不动产，转让土地使用权，销售或者进口下列货物，税率为 9%：粮食等农产品、食用植物油、食用盐；自来水、暖气、冷气、热水、煤气、石油液化气、天然气、二甲醚、沼气、居民用煤炭制品；图书、报纸、杂志、音像制品、电子出版物；饲料、化肥、农药、农机、农膜；国务院规定的其他货物。

3）纳税人销售服务、无形资产，税率为 6%。

4）纳税人出口货物，税率为零；但是，国务院另有规定的除外。

5）境内单位和个人跨境销售国务院规定范围内的服务、无形资产，税率为零。

由于增值税实行凭增值税专用发票抵扣税款的制度，因此对纳税人的会计核算水平要求较高，要求能够准确核算销项税额、进项税额和应纳税额。但实际情况是有众多的纳税人达不到这一要求，因此《中华人民共和国增值税暂行条例》将纳税人按其经营规模大小以及会计核算是否健全划分为一般纳税人和小规模纳税人。

一般纳税人缴纳增值税应纳税额可按下列公式计算：

$$\text{增值税应纳税额} = \text{销项税额} - \text{进项税额} \tag{2-5}$$

上式中，销项税额是指纳税人销售货物或提供应税劳务，按照销售额和增值税税率计算并向购买方收取的增值税额，其计算公式为：

$$\text{销项税额} = \text{销售额} \times \text{增值税税率} = \frac{\text{营业收入（含税销售额）}}{1 + \text{增值税税率}} \times \text{增值税税率} \tag{2-6}$$

进项税额是指纳税人购进货物或接受应税劳务所支付或者负担的增值税额，其计算公式为：

$$\text{进项税额} = \frac{\text{外购原材料、燃料及动力费}}{1 + \text{增值税税率}} \times \text{增值税税率} \tag{2-7}$$

年销售额达不到前述标准的为小规模纳税人，此外个人、非企业性单位以及不经常发生增值税应税行为的企业也被认定为小规模纳税人。由于小规模纳税人会计核算不健全，无法准确核算进项税额和销项税额，在增值税征收管理中，采用简便方式，按照其销售额与规定的征收率计算增值税应纳税额，不准许抵扣进项税，其计算公式为：

$$\text{增值税应纳税额} = \text{销售额} \times \text{征收率} \tag{2-8}$$

小规模纳税人在国内销售服务、无形资产，适用增值税税率为 3%。小规模纳税人在达到标准后经申请被批准后可以成为一般纳税人。

2. 消费税

消费税是以特定消费品为课税对象而征收的一种税，属于流转税的范畴。在对货物普遍征收增值税的基础上，选择部分消费品再征收一道消费税，目的是调节产品结构，引导消费方向，保证国家财政收入。

消费税的纳税义务人为在我国境内生产、委托加工和进口某些消费品的单位和个人。征收消费税的消费品主要是奢侈品、非生活必需品、高能耗消费品、高档消费品、特殊消费品（如烟、酒、鞭炮等）、稀缺资源消费品等。消费税是价内税，并且与增值税交叉征收，即对应税消费品既要征收消费税，又要征收增值税。

2.5.2 所得税类

所得税是指以单位（法人）或个人（自然人）在一定时期内的纯所得额为征税对象的税种，包括企业所得税和个人所得税。企业所得税税率一般不超过 25%。

例 2-4 某公司 2023 年实现总收入 350 万元，成本费用总额为 150 万元。企业所得税税率为 25%，计算该公司 2023 年度应缴纳的企业所得税。

解：利润总额= $350-150=200$（万元）

企业所得税税额= $200\times25\%=50$（万元）

2.5.3 特定目的税类

特定目的税是指国家为达到某种特定目的而设立的各种税，主要包括车辆购置税、城市维护建设税、烟叶税、土地增值税、耕地占用税等。这里重点介绍城市维护建设税。

城市维护建设税是一种具有附加性质的税种，其征收基础是纳税人支付的增值税和消费税金额。这种税收的特点是依据纳税人所在的地理位置，即项目的具体位置，来确定适用的税率。

具体来说，如果项目位于市区，纳税人需按照 7%的税率缴纳城市维护建设税；若项目位于县城或镇区，适用的税率则为 5%；对于位于乡村地区的项目，税率则降至 1%。这种差异化的税率设置旨在反映不同地区的发展水平和城市维护建设的需求。

城市维护建设税应纳税额的计算方法是将纳税人实际缴纳的增值税和消费税金额作为计税基础。计算该税种的具体公式为：

$$应纳税额=(增值税的实纳税额+消费税的实纳税额)\times适用税率 \tag{2-9}$$

通过这个公式，纳税人可以根据自己所在地区的税率和已经缴纳的增值税及消费税的金额，计算出应缴纳的城市维护建设税的应纳税额。这种税收机制有助于地方政府根据实际需要筹集资金，用于城市的维护和建设工作，进而促进地区经济的发展和社会的进步。

同时，为了促进地方教育事业的扩展和增强教育资金的筹集，教育费附加作为一种额外费用被征收。值得注意的是，教育费附加并不属于税种，而是属于政府性基金，属于非税收入的一部分。该附加费用的征收对象包括所有缴纳消费税和增值税的企业与个人。教育费附加与消费税和增值税同步征收，其征收标准是缴纳人实际支付税款金额的 3%。

通过这种方式，教育费附加为地方教育事业提供了稳定的资金支持，同时也确保了税收政策的公平性和有效性。在工程建设项目的财务分析中，教育费附加构成了现金流量表中的一个流出项目。在进行工程经济分析时，正确计算和考虑教育费附加对于确保项目财务评估的准确性至关重要。具体的计算方法为：

应纳教育费附加额＝（增值税的实纳税额＋消费税的实纳税额）×3%　　（2-10）

例 2-5　某市一公司 2023 年 5 月份实际缴纳的增值税为 50 万元，缴纳的消费税为 20 万元。计算该公司 2023 年 5 月份应缴纳的城市维护建设税和教育费附加。

解：应缴纳的城市维护建设税=（50+20）×7%=4.9（万元）

应缴纳的教育费附加=（50+20）×3%=2.1（万元）

2.5.4　资源税类

资源税是指以被开发或被占用的资源为征税对象的各种税，包括矿产资源税、土地使用税等。土地使用税是国家在城市、县城、建制镇和工矿区，对使用土地的单位和个人征收的一种税，并有差别地规定单位面积年税额。国家规定，对农、林、牧、渔业的生产用地以及军队和事业单位的自用土地免征土地使用税，对一些重点发展产业也有相应的减免规定。

资源税采用从价定率和从量定额征收，因此其税率形式有比例税率和定额税率两种。目前，比例税率为 1%～27%不等。

从价定率征收资源税的应纳税额计算公式为：

应纳税额＝销售额×适用税率　　（2-11）

从量定额征收资源税的应纳税额计算公式为：

应纳税额＝课税数量×单位税额　　（2-12）

纳税人开采或者生产应税产品用于销售的，以销售数量为课税数量；纳税人开采或者生产应税产品自用的，以自用数量为课税数量。

资源税是工程建设项目现金流量中的现金流出项。

2.5.5　财产和行为税类

财产和行为税是指以纳税人拥有的财产数量或者财产价值为征税对象，或是为了实现某种特定的目的，以纳税人的某些特定行为为征税对象的税种。例如我国现行的印花税、契税、车船税、房产税都属于这一类。

2.5.6　探寻税法背后的思政元素

1. 增值税法

2022 年 3 月开始，国家税务总局先后发布了多条关于增值税留抵退税的公告，体现了三个重要特点，一是优先安排小微企业；二是重点支持制造业发展；三是加快退税进度，使企业尽早受益。何为留抵退税？全新的留抵退税政策对企业有何重要意义？

留抵税额是指纳税人在计算应纳税额时，如果出现当期销项税额小于当期进项税额的情况，不足抵扣的部分，可以结转下期计算增值税时继续抵扣。留抵退税就是对结转下期继续抵扣的税款予以提前全额退还。

国家新一轮留抵退税政策为企业创新发展提供了强劲动力。一方面，留抵退税款增加了企业的现金流，减少了企业的流动资金压力，降低了企业的融资成本；另一方面，有助于提升企业发展信心，激发市场主体活力，促进消费投资，支持实体经济高质量发展，推动产业转型升级和结构优化。

2. 消费税法

随着“95后”“00后”进入职场，网络上对酒桌文化的讨伐突然就“火”了起来：酒太难喝；喝酒伤肝；并且酒水也是日常消费里不小的一笔开支；酗酒对身体有危害，也不利于个人理财。酒类产品里是否有消费税？对酒类的消费应有怎样的理解？

酒类属于消费税的税目，其中白酒为复合计税，需从价、从量两方面开展征税，税负较重，有“寓禁于征”的目的。作为青年学生，不只是属于家庭，更是属于社会、国家，而饮酒危害身体健康，因此当自己有不良行为习惯时，要理性思考，果断放弃；不饮酒的同时也不劝酒，善待他人，当自己的行为给他人带来危害时，也应果断放弃；当发现别人有不良行为习惯时，应该予以劝导，无论是规劝自己还是规劝他人，在经济专业层面无疑会更为有效。

3. 企业所得税法

在现代经济中，科技创新是企业发展的关键，企业只有不断创新才能够提升自身的竞争力，进而取得更好的发展。民营企业是技术创新活力最强、创新效率最高的企业。从2012年到2021年，私营企业申请专利的数量占比从29.4%上升到51.4%。但科技创新离不开研发投入，华为一直都是一家持续重金投入研发的公司，根据华为2022年三季报显示，华为前三季度的研发费用达1 105.81亿元，相比上年同期的1 023.40亿元，增加82.41亿元。华为投入的这么多研发费用，如何计算企业所得税？该企业如何实现可持续发展？

根据企业所得税规定，企业开展研发活动中实际发生的研发费用，未形成无形资产计入当期损益的，在按规定据实扣除的基础上，自2023年1月1日起，再按照实际发生额的100%在税前加计扣除；形成无形资产的，自2023年1月1日起，按照无形资产成本的200%在税前摊销。

研发费用的加计扣除，体现了税法对纳税人研发投入的鼓励，体现了国家鼓励创新、鼓励研发、重视企业技术水平提高的政治意图，华为正是抓住了国家优惠政策的机遇，不断创新，提升产品性能，满足多元化的市场要求，在商业活动中创造社会价值，并在实现社会价值的过程中获得新的商业机会，从而形成良性循环。

2.6 利润

利润是衡量企业在特定时间段内经营活动是否取得成效的关键指标，它代表企业在覆盖了所有生产成本之后所获得的经济利益。当企业实现利润时，这不仅意味着其生产投入得到了相应的回报，而且还意味着其获得了额外的盈利。利润不仅是国家税收的重要基础，也是企业进行扩大再生产和持续发展的关键资金来源。此外，利润水平还能够综合反映企业的经营状况和管理效能。

企业的利润在满足税收义务后，剩余部分将依照相关法规进行合理分配。对于投资项目而言，其投产后产生的利润可以划分为两个主要部分：利润总额和税后利润。

利润总额，是指企业在营业收入和补贴收入中扣除总成本费用和营业税金及附加后得到的总利润。其计算方式可以表示为：

$$利润总额=营业收入+补贴收入-总成本费用-营业税金及附加 \quad (2\text{-}13)$$

税后利润，也称为净利润，是指从利润总额中扣除所得税之后企业实际保留的利润部分。计算公式为：

$$税后利润=利润总额-企业所得税 \quad (2\text{-}14)$$

在依法缴纳所得税并进行必要的调整之后，企业的利润将按照法定顺序进行分配。首先，用于弥补因违法行为导致的财物损失、滞纳金和罚款；其次，用于补偿企业之前年度的亏损；接着，提取法定公积金，该基金旨在弥补亏损并可能根据国家规定转为资本金；然后，提取任意公积金；最后，向投资者分配利润，包括将往年未分配的利润与本年度利润一同分配给投资者。

通过这样的分配机制，企业不仅能够合法合规地履行税收义务，还能够合理规划和使用利润，以支持企业的持续发展和维护投资者的利益。

例 2-6 某施工工程结算收入为 4 000 万元，营业成本为 2 300 万元，管理费用为 200 万元，财务费用为 100 万元，其他业务收入为 300 万元，投资收益为 150 万元，营业外收入为 100 万元，营业外支出为 80 万元，资产减值损失 100 万元，所得税率为 100 万元，计算企业税后利润为多少？

解：税后利润 $=4\,000-2\,300-200-100+300+150+100-80-100-100$

$=1\,670$（万元）

2.7 本章小结

本章探讨工程经济要素的核心概念，包括投资、成本费用、收入、税金和利润，并强调了将思政教育融入工程经济学教学的重要性。投资不仅是推动项目发展的动力，也是技术创新的催化剂；而有效的成本管理对于企业提升盈利能力和市场竞争力至关重要。收入和税金是企业财务健康的基石，而利润分析则直接映射了企业的经营成效。深刻理解投入的概念——既关注项目消耗的社会资源（成本），又关注项目占用的社会资源（投资）。

通过本章的学习，读者可以掌握投资的概念和构成；理解付现成本与经营成本、固定成本与可变成本、平均成本与边际成本，以及机会成本与沉没成本的含义；理解现行税制的主要税金构成及计算等。

练习题

1. 单项选择题（在备选答案中选择 1 个正确的选项）

1）下列经营成本计算，正确的是（　　）。

A. 经营成本=总成本费用-折旧费-利息支出

B. 经营成本=总成本费用-摊销费-利息支出

C. 经营成本=总成本费用-折旧费-维简费-摊销费-利润支出

D. 经营成本=总成本费用-折旧费-维简费-摊销费-利息支出

2）在进行生产成本估算时，下列费用中既属于经营成本组成项又作为固定成本组成项的是（　　）。

A. 修理费　　B. 摊销费

C. 计件工资及福利费　　D. 维简费

3）某项资产不属于生产经营主要设备的物品，单位价值3 000元，使用年限为1年，该项资产属于（　　）。

A. 低值易耗品　　B. 存货　　C. 固定资产　　D. 短期投资

4）对于房地产企业的在建房屋，属于（　　）。

A. 固定资产　　B. 流动资产　　C. 短期投资　　D. 待摊费用

5）经营成本是指财务分析的现金流量分析中所使用的特定概念，是指总成本费用扣除一定的成本费用。其中不包括（　　）。

A. 固定资产折旧费　　B. 固定资产摊销费　　C. 财务费用　　D. 期间费用

6）下列各项不属于期间费用的是（　　）。

A. 材料费用　　B. 管理费用　　C. 财务费用　　D. 销售费用

2. 多项选择题（在备选答案中选择2个或2个以上正确的选项）

1）工程项目的基本经济要素具体包括（　　）。

A. 投资　　B. 成本　　C. 费用　　D. 收入

E. 利润和税金

2）固定资产的特点有（　　）。

A. 具有不可移动性　　B. 使用期限较长

C. 单位价值较高　　D. 使用过程中价值量基本不变

E. 使用过程中保持原有实物形态不变

3）无形资产的主要特征包括（　　）。

A. 没有实物形态

B. 能够在较长时期内为企业带来经济效益

C. 持有的目的是使用

D. 持有的目的是转卖

E. 所带来的未来经济效益是确定的

4）流动资金的存在形式有（　　）。

A. 现金　　B. 存款及存货　　C. 应收账款　　D. 预付账款

E. 净现金流量

5）直接成本是指（　　）。

A. 直接工资　　B. 直接材料　　C. 间接材料　　D. 制造费用

E. 其他直接支出

3. 填空题

1）（　　　）一般是指使用期限比较长、单位价值比较高，能在若干个生产周期中发挥作用，并保持其原有实物形态的劳动资料。

2)按照资产形态分类,投资可划分为(　　　　)投资、(　　　　)投资、(　　　　)投资和(　　　　)投资四种形态。

3)在工程项目竣工后,所有建设项目投资转化为企业的(　　　　)资产和(　　　　)资产。

4)期间费用主要是指(　　　　)、(　　　　)和(　　　　)。

5)产品成本费用包括(　　　　)、(　　　　)和(　　　　)。

6)小规模纳税人在国内销售服务、无形资产,适用增值税税率为(　　　　)。

4. 判断题

1)通过购买股票、债券等有价证券进行的投资行为属于间接投资。　(　　)

2)企业自创商誉以及内部产生的品牌、报刊名等,不应确认为无形资产。　(　　)

3)项目建设期利息在项目投产后不可计入固定资产原值。　(　　)

4)应收账款和预付账款属于企业的流动资产。　(　　)

5)经营成本是一种付现成本。　(　　)

6)在工程经济分析中,沉没成本对于所有项目方案都是一样的,因而对决策无影响,应不予考虑。　(　　)

5. 简答题

1)什么是经营成本、机会成本、沉没成本?

2)简述经营成本与总成本费用的关系。

3)什么是增值税?

4)什么是所得税?

6. 计算题

某企业,2023 年度生产经营情况如下:

①销售收入 5 000 万元,销售成本 3 600 万元,主营业务税金及附加 140 万元;

②其他业务收入 70 万元,其他业务支出 50 万元;

③发生销售费用 300 万元、管理费用 500 万元、财务费用 200 万元;

④发生营业外支出 160 万元;

⑤投资收益 9 万元,企业所得税税率 25%。

请计算该企业 2023 年应缴纳的所得税。

扫码获取答案

第3章 资金的时间价值

学习要点及目标

1. 学习要点：资金时间价值的概念及度量；现金流量及其表示；资金时间价值复利计算的基本公式；资金等值的计算；名义利率和有效利率；资金时间价值基本公式的应用。

2. 思政元素：青春无价；弘扬和践行社会主义核心价值观，增强“四个自信”。

3. 案例引入：非法“校园贷”案例；超前消费；按揭买房等。

4. 预期目标：借助时间价值的概念，让学生体会人生在时间作用下的变化；“青春是用来奋斗的”“幸福是奋斗出来的”“撸起袖子加油干”；引导学生树立正确的职业理想、合理的时间观念；引导学生树立正确的金钱观、世界观、人生观、价值观，传承中华传统美德——勤俭节约。

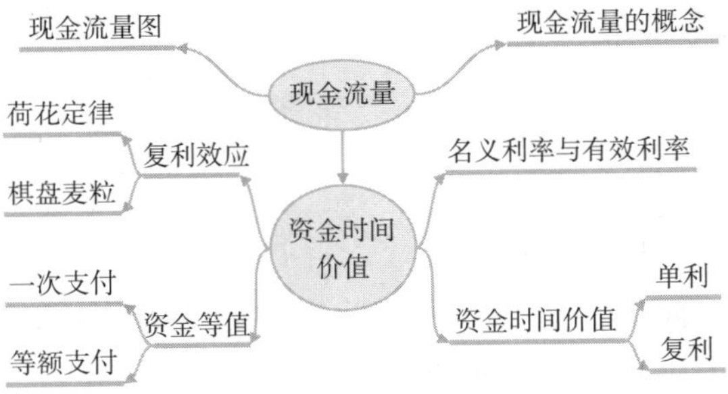

图 3-1 资金的时间价值思维导图

3.1 引例——非法“校园贷”

零门槛、无抵押、无利息，专为学生打造，秒到账……这些字眼都来自一个为大学生“量身定制”的陷阱——非法“校园贷”。由于学生普遍社会经验不足，在遇到资金需求时，缺乏正确识别网贷金融平台的经验，常常导致不良后果发生。比如，一名学生从网络贷款平台借款 5 000 元，日利息 1%，借款时间为 1 年。乍一看，利息才 1%，也就是一天仅有 50 元的利息，于是该学生自己计算一年后需要还的本利和为 $5\,000+50\times365=23\,250$（元）。根据自己家庭的经济条件，就进行了借款。但是，不良网络贷款公司是不会根据单利计息的，而是按照复利计息，一年后需要还的本利和为 $5\,000\times(1+1\%)^{365}=188\,917.17$（元）。这接近 19 万元的本利和，还没有包括不良贷款公司从本金中扣除的手续费、管理费、逾期罚款等其他因素，就已然是超乎想象的天文数字。面对害人不浅的“校园贷”，大学生们应擦亮眼睛，莫入圈套，了解如何正确识别正规金融信贷机构的知识，了解《民法典》有关借款的法律规定、教育部关于校园贷款的相关文件,做到理性消费不借贷,不负青春不负“债”。

这个实际案例直接关联到本章的核心概念——资金时间价值中的复利。爱因斯坦曾经问:“世界上最强大的力量是什么?”他的回答不是核子爆炸的威力,而是“复利”! 在工程经济学中,理解和计算资金的时间价值对于评估项目投资、制定财务策略和做出经济决策至关重要。本章将详细介绍资金时间价值的基本概念、计算方法及其在实际问题中的应用,帮助读者掌握如何评估和利用资金的时间价值。

3.2 资金时间价值的含义

3.2.1 资金时间价值的概念

货币作为社会生产资金参与再生产过程,就会带来资金的增值,这就是资金的时间价值。在工程经济分析中,除了关注资金的绝对数额,即资金的收入和支出总额,还必须考虑资金流动的时间因素。这是因为,即使在不考虑通货膨胀的情况下,当前可用的资金由于能够立即投入并产生回报,因此比未来的资金更有价值。

值得注意的是,资金的时间价值并非源自货币本身或时间本身,而是资金在经济活动的运动和使用过程中产生的。在商品经济中,资金是不断流动和转换的,其流动与生产和交换活动紧密相连,并为投资者带来利润,表现为资金的增值。资金只有被投入生产和流通过程,才能实现增值;如果资金被闲置,比如锁在保险箱里,那么不论时间长短,都不会产生增值,因为增值的本质是生产过程中劳动者创造的新价值。

在工程经济学领域,由于工程项目的建设和方案实施通常需要一定时间,其间的成本投入和收益获取都具有时间价值。因此,在评估工程项目的经济效果时,考虑资金的时间价值是至关重要的,在这里不考虑通货膨胀,只考虑增值。这有助于更真实、客观地评价项目的经济效益,是工程经济分析的基础。

3.2.2 计算资金时间价值的必要性

在工程经济学中,时间是一个至关重要的因素,因为所有的经济活动都需要在时间的框架内进行。经济成果的创造是随着时间的流逝而逐步实现的。例如,获得 100 万元的利润,在一个月内实现与在一年内实现,其经济价值和影响是截然不同的。因此,在进行工程经济分析时,对时间因素的考虑是必不可少的。

在分析工程项目时,对项目的经济效益有显著影响的时间因素通常有以下三种情况。

1)投资的时机对项目的经济效果有重要影响。决策者需要比较早期投资与晚期投资、一次性投资与分期投资等不同投资策略的经济效益,因为不同的时间分布会导致不同的经济结果。

2)项目的投产时间也是一个关键因素。早投产与晚投产、分期投产与一次性投产等不同的投产策略会导致不同的经济效益。因此,评估这些不同策略对项目经济效果的影响是必要的。

3)方案的预期使用寿命长短不一,这直接影响了项目的经济效果。长寿命的方案与短寿命的方案在经济效益上存在差异。

由于上述问题都涉及时间价值的差异性，为了进行有效的比较和评估，必须深入研究资金的时间价值，并掌握资金在不同时间点的等值换算方法。这是工程经济分析中不可或缺的一部分，对于做出合理的投资决策具有重要意义。

3.3 现金流量与资金等值

3.3.1 现金流量

若将工程项目视作一个完整的系统，对其整个生命周期内产生的成本和收益进行全面评估和计算是一种常见做法。现金流出（CO）指的是在特定时点上，项目支出的实际成本；而现金流入（CI）则是指在特定时点上，项目流入的实际收益。两者之间的差值（$CI-CO$），即现金流入减去现金流出的净值，被称为净现金流量（NC）。现金流量包括现金流出、现金流入及净现金流量。

在这里，“现金”是一个广义概念，它不仅涵盖了各种形式的货币资金，还包括项目中非货币资源的变现价值，为项目的经济评估提供了一个更为全面的视角。

3.3.2 现金流量图

现金流量图是一种图形化工具，用于展示经济系统中现金流入和流出的金额及其发生的具体时间点。一个完整的现金流量图包含三个要素：时间轴、流入或流出的现金流和利率。如图 3-2 所示，通过时间轴来呈现经济活动的资金流动情况。图中横轴表示时间轴，时间轴的水平方向表示时间的流逝，向右延伸表示时间的推移，而时间轴上每一个间隔代表着一个计息单位，通常都是“年”，也可以是其他，比如半年度、季度或月份。时间轴上的原点（0 点）代表分析的起始时刻，也是第一年的年初。每个时间点标志着该年的年末，同时也是下一年的年初。

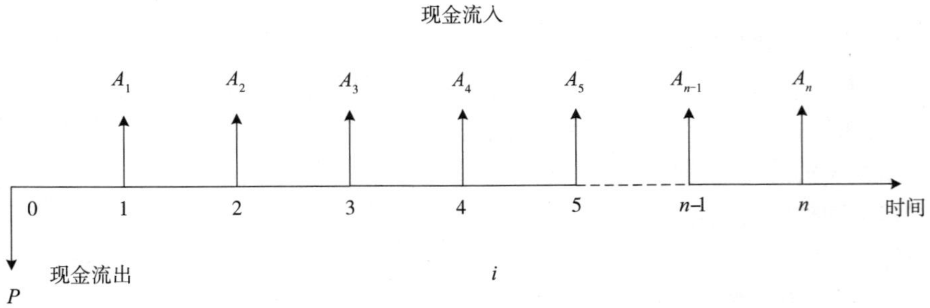

图 3-2 现金流量图 1

方向表示现金流的正负。其中，向上的箭头为正值，表示现金流入，如收益或收入；向下的箭头为负值，表示现金流出，如投资、成本或费用。

箭头的长度直观地反映了现金流的绝对数值，并在其上方或下方标注具体的金额。箭头与时间轴的交汇点即现金流动发生的具体时间。

现金流量图与立脚点有关。例如,企业从银行借贷,对于企业而言的现金流入,在银行的视角中是现金流出。

例 3-1 某工厂计划在第 3 年投资建一厂房,需金额 P;从第 4 年末起的 4 年中,每年可获利 A,年利率为 8%。试绘制现金流量图。

解:该投资方案的现金流量图如图 3-3 所示。

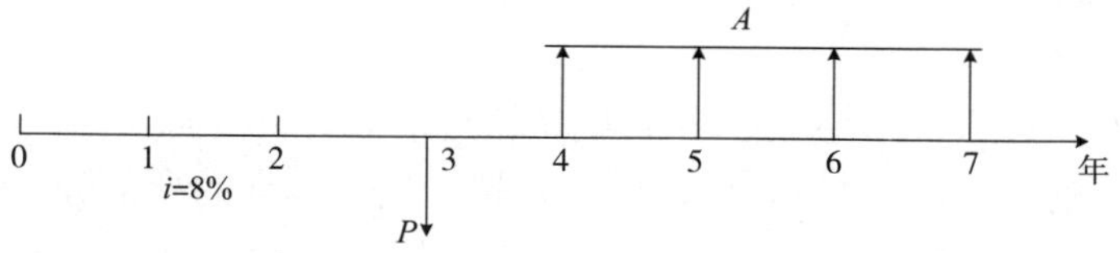

图 3-3 现金流量图 2

3.3.3 资金等值

由于资金具有时间价值,不同时点发生的绝对值不等的资金可能具有相等的价值,这就是资金等值的概念。例如,按年利率为 10%计算,现在的 100 元与一年后将达到的 110 元在金额上不同,但由于一年后的 110 元的现值等同于现在的 100 元,它们在经济价值上是等同的。

影响资金等值的因素有三个:资金的金额、金额发生的时间以及所使用的利率。在已知资金金额和发生时间的情况下,利率成为决定资金等值的关键因素。正确理解和应用这些因素对于进行准确的工程经济分析至关重要。

3.4 资金时间价值的计算

3.4.1 衡量资金时间价值的尺度

在工程经济学中,资金的时间价值一般用利率和利息进行衡量。

1. 利率

资金,代表着资源,比如 120 元,苹果 10 元/千克,就等于 12 千克苹果;羊肉 80 元/千克,就代表着 1.5 千克羊肉;如果是 120 万元,可能就代表着一处房子、一台机器等。而资金天然是追求增值的,比如存入银行 100 元,一年后还本付息获得 103 元,这 3 元就是银行吸收存款的代价。怎么来表示这种代价呢?通常采用利率来表示,其中最常用的指标是年利率,当然还有月利率、日利率等。

利率,也称作利息率,是指在一个给定的计息周期内,利息与借贷的本金(资本额)之间的比率。这个比率反映了资本的增值水平,是确定利息金额的基础。在数学表达中,利率通常用符号 i 表示,可以用以下公式来计算:

$$i = \frac{I_1}{P} \times 100\% \tag{3-1}$$

式中，P 为本金；I_1 为一个计息周期的利息额。

例 3-2 某企业年初借入流动资金 1 000 万元，一年后付息 50 万元，求资金的借款年利率。

解：根据式（3-1）计算这笔流动资金借款的年利率为：

$$i=\frac{50}{1\,000}\times 100\%=5\%$$

通过利率，可以量化资金随时间增长的价值，并据此做出更加合理的经济决策。

2. 利息

在日常生活中，当个人将资金存入银行或从银行借款时，在约定的期限结束时会收到或支付一定的利息。这里的利息是指借贷过程中，超出最初本金的那部分金额。在工程经济学领域，利息被用来象征资金的时间价值，特指投资过程中产生的增值。根据资金时间价值原理，利息是占用资金所付代价或重新使用资金所获报酬。

利息的数额是基于本金、计息周期的次数以及利率来确定的。其计算公式可以表示为：

$$I=f\left(P,n,i\right) \tag{3-2}$$

式中，I 表示应计的总利息；P 是本金；n 是计息的总期数；i 是每期的利率。

3.4.2 单利与复利

利息的计算方法有单利和复利两种。

1. 单利

利率的本质是资金的成本，形式上是时间的函数，同样的资金成本当用不同的时间来表达的时候得出的利率数字大小也不一样。单利计算方法是指利息仅基于初始本金进行计算，而不将已产生的利息重新加入本金以计算后续利息的方式。使用单利计息时，不管经过多少个计息周期，利息始终仅与最初的本金相关，不会随着时间的推移而增加，因此每一期的利息金额保持不变。

整个借款或存款期间的利息计算可以通过以下公式表示：

$$I=Pni \tag{3-3}$$

计息期末获得的本金和利息之和（简称本利和）为：

$$F=P\left(1+ni\right) \tag{3-4}$$

式中，I 为利息；P 为本金；i 为利率；F 为期末本利和；n 为时间（通常以年为单位）。

单利计算公式的推导过程如表 3-1 所示。

表 3-1 单利计算公式的推导过程

年份 n	年初本金 P	年末利息 I	年末本利和 F
1	P	Pi	$P+Pi=P(1+i)$
2	$P(1+i)$	Pi	$P(1+i)+Pi=P(1+2i)$
3	$P(1+2i)$	Pi	$P(1+2i)+Pi=P(1+3i)$
…	…	…	…

续表

年份 n	年初本金 P	年末利息 I	年末本利和 F
n	$P\left[1+(n-1)i\right]$	Pi	$P\left[1+(n-1)i\right]+Pi=P(1+ni)$

例 3-3 某企业从贸易伙伴公司借入 2 000 万元用于企业扩建，年利率 7%，单利计息，三年末偿还，试计算各年利息及本利和。

解：计算过程和计算结果列于表 3-2。

表 3-2 单利方式利息计算表

单位：万元

年末	借款本金	利息	本利和	偿还额
0	2 000	—	—	—
1	—	2 000 × 7%=140	2 140	0
2	—	140	2 280	0
3	—	140	2 420	2 420

单利计算的年利息仅基于初始本金，不将新产生的利息重新计入本金以产生额外利息，这种现象称为“利息不复利”。单利计算未能充分符合经济活动中资金持续增值的实际情况，因此并未完全捕捉到资金的时间价值。鉴于此，在工程经济的分析中，单利的应用较为有限，主要适用于期限较短、不超过一年期的投资和贷款情况。

2. 复利

另一种计息方法是复利，它允许将一个计息周期内生成的利息加入本金中，使得在下一个计息周期中，这部分利息也能产生新的利息。这种方法体现了“利滚利”的效应，即利息不仅基于初始本金计算，还基于之前累积的利息总额计算。复利的运用显著提高了资金随时间增长的潜力。复利计算公式的推导过程如表 3-3 所示。

表 3-3 复利计算公式的推导过程

年份	年初本金 P	年末利息 I	年末本利和 F
1	P	Pi	$P+Pi=P(1+i)$
2	$P(1+i)$	$P(1+i)i$	$P(1+i)+P(1+i)i=P(1+i)^2$
3	$P(1+i)^2$	$P(1+i)^2i$	$P(1+i)^2+P(1+i)^2i=P(1+i)^3$
…	…	…	…
n	$P(1+i)^{n-1}$	$P(1+i)^{n-1}i$	$P(1+i)^{n-1}+P(1+i)^{n-1}i=P(1+i)^n$

由表 3-3 可知，n 年末本利和的复利计算公式为：

$$F=P(1+i)^n \tag{3-5}$$

复利法对资金占用数量、占用时间更加敏感，具有更大的约束力，更充分地反映了资金的时间价值。

例 3-4 仍用例 3-3 的数据,用复利计息,3 年末偿还,试计算各年利息及本利和。

解:计算过程和计算结果列于表 3-4。

表 3-4 复利方式利息计算表 单位:万元

年末	借款本金	利息	本利和	偿还额
0	2 000	—	—	—
1	—	2 000 × 7%=140.000	2 140.000	0
2	—	2 140 × 7%=149.800	2 289.800	0
3	—	2 289.8 × 7%=160.286	2 450.086	2 450.086

从表 3-2 和表 3-4 可以看出,同一笔借款,在利率和计息周期均相同的情况下,复利的利息金额比单利的利息金额多了 30.086 万元(2 450.086−2 420 = 30.086,当计息周期为 1 时,两者相等)。这种差异随着本金规模的增加、利率的上升和计息时长的延长而变得更加显著。资金是有成本的,这个成本是时间的连续函数,显然复利对时间的函数效果更佳,没有造成资源的闲置,更贴近资金在社会再生产过程中的实际运动模式,因此复利计算被广泛采纳。在工程经济分析的实践中,复利计息也是常用的方法。

复利计息进一步细分为间断复利和连续复利两种形式。间断复利,也称为普通复利,是指按照预定的周期(如年、半年、季度、月、周、日)来计算利息的方法。而连续复利则是在计息周期趋于无限小,即以瞬时为单位来计算利息的方法。

3.4.3 公式的符号说明

现值又叫期初值,是指资金在特定基准时间点的现金价值。将未来某一时间点或多个时间点的现金流量转换为基准时间点的等值金额的过程称为“折现”或“贴现”。经过折现处理的金额即为现值。表 3-5 为不同期限、不同利率下未来 1 元钱的现值。

表 3-5 未来 1 元钱的现值 单位:元

利率 i	计息期 n			
	1 年	5 年	10 年	20 年
5%	0.952	0.784	0.614	0.377
10%	0.909	0.621	0.386	0.149
20%	0.833	0.402	0.162	0.026

终值又叫未来值、将来值,是指相对于现值而言,在现值时间点之后的某个未来时间点上的资金价值。表 3-6 为不同期限、不同利率下现在 1 元钱的终值。

表 3-6　现在 1 元钱的终值

单位:元

利率 i	计息期 n			
	1 年	5 年	10 年	20 年
5%	1.05	1.28	1.63	2.65
10%	1.10	1.61	2.59	6.73
20%	1.20	2.49	6.19	38.34

由于资金考虑时间因素,其数值随着时间的变化而变化,每一时刻都有所不同,所以在考虑资金的时间价值时,有时要用到时值的概念。所谓时值,是指定时点资金的等值。现值也可称为基期的时值,终值为期末的时值。需要明确的是,现值并非仅指资金当前的价值,而是一个相对的概念。例如,若以第 t 个时间点作为基准时间点,那么第($t+k$)个时间点上的现金流量折现至第 t 个时间点所得的金额,即为第($t+k$)个时间点的资金在第 t 个时间点的现值。在工程经济分析中,基准起始点通常选为项目投资开始的时间,但有时也可能选为项目投产的年初。

年值又叫年均值或年等额价值,是指连续地发生在每年年末且绝对数值相等的现金流序列。年值不是一个单一的资金额,而是在一段时间内连续发生的一系列等额资金的汇总。

折现率或利率是衡量资金时间价值的一个重要参数。在工程经济学中,利率不仅包括银行贷款利率,更广泛地指代工程项目的预期收益率。

计息期是指计算利息的周期总数。在工程经济分析中,通常以年作为计息的周期单位。

3.4.4　一次支付类型

1. 一次支付终值公式(已知现值求终值,$P \rightarrow F$)

使用一次支付终值公式来计算一笔本金在未来某一时间点的累积金额。这个公式也被称作复利终值公式,它能够帮助确定在给定的利率和期数下,一笔初始投资或贷款在未来的累积价值。

假设有一笔本金 P,年利率为 i,想要计算在未来 n 个时间周期后的资金总额 F。无论是投资还是借款,都可以使用式(3-5)进行计算:

$$F = P(1+i)^n$$

式中,$(1+i)^n$ 为一次支付终值系数,通常用符号 $\left(\frac{F}{P}, i, n\right)$ 来表示。

因此又可以表示为:

$$F = P\left(\frac{F}{P}, i, n\right) \tag{3-6}$$

一次支付终值现金流量图如图 3-4 所示。

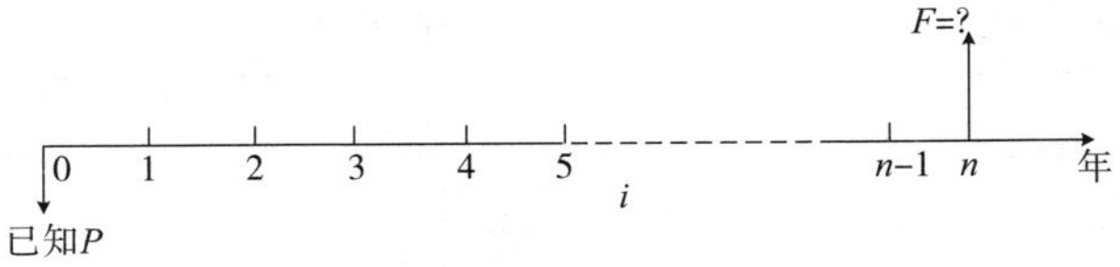

图 3-4 一次支付终值现金流量图

例 3-5 某建筑公司进行技术改造，2017 年年初贷款 100 万元，2018 年年初贷款 200 万元，年利率 8%，2020 年年末一次偿还，应还款多少元？

解：先画现金流量图，如图 3-5 所示。

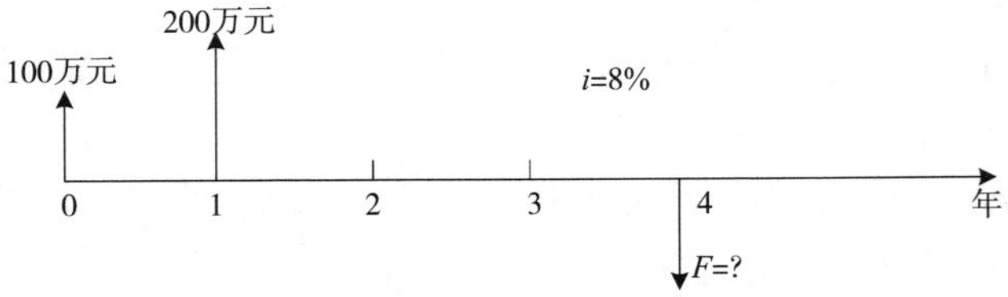

图 3-5 现金流量图 3

根据式（3-6）得：

$$F=100\times\left(\frac{F}{P},8\%,4\right)+200\times\left(\frac{F}{P},8\%,3\right)=387.99（万元）$$

所以，2020 年年末应还款 387.99 万元。

2. 一次支付现值公式（已知终值求现值，$F\rightarrow P$）

若要在 n 年后达到预定的资金目标 F，假设年利率为 i，需要计算当前应进行的一次性投资金额 P。这个问题实际上是已知未来某一时点的资金额 F、年利率 i 和投资期数 n，而需要求解当前的等值金额 P。可以得出：

$$P=F\frac{1}{(1+i)^n} \tag{3-7}$$

在工程经济学领域，通常需要将未来的资金流量转换为当前价值，这一过程称为现值计算。为了实现这一转换，需要选取一个特定的利率，这个利率被称为折现率、贴现率或收益率。折现率和贴现率体现了利率在评估资金时间价值时的重要性，而收益率则揭示了其在经济活动中的实际意义。因此，表达式 $\frac{1}{(1+i)^n}$ 或者 $\left(\frac{P}{F},i,n\right)$ 被称为折现系数或贴现系数，它们在现值的计算中起关键作用。这个系数用于将未来的一笔资金流量折现到零期，即计算的起始点。式（3-7）通常以简化的形式表示：

$$P=F\left(\frac{P}{F},i,n\right) \tag{3-8}$$

一次支付现值现金流量图如图 3-6 所示。

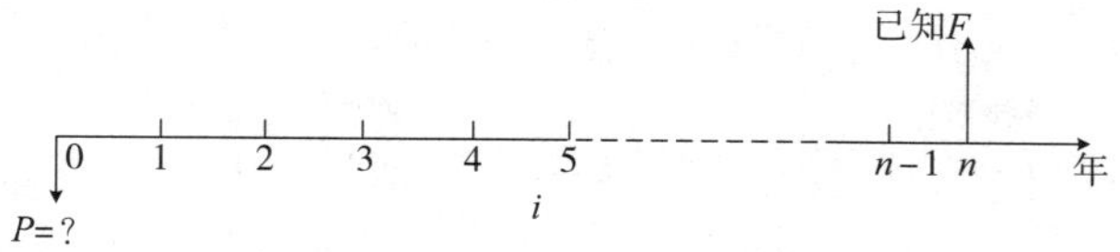

图 3-6　一次支付现值现金流量图

例 3-6　某企业 5 年后要扩建生产车间，届时预计需要投资 3 000 万元。如果现在拿出一笔资金进行理财，理财年收益率为 7%，则现在需要筹集多少资金？

解：由式（3-7）或式（3-8）得

$$P=\frac{F}{(1+i)^n}=\frac{3\,000}{(1+7\%)^5}=3\,000\times\left(\frac{P}{F},7\%,5\right)=2\,138.96（万元）$$

从上面计算可知，现值与终值的计算方法正好相反，因为现值系数与终值系数互为倒数。

3.4.5　等额支付类型

在所研究的项目中，现金流入或流出不再集中于某一时点，而是发生在多个时点上，被称为多次支付。这些现金流的数额可以相同，也可以不同。这一系列现金流在 n 期内发生，被称为系列现金流。对于多次支付类型的系列现金流，在等值换算时，可以采用逐个折现或逐个求终值的方法。也就是说，可以将系列现金流视为 n 个一次支付的组合，然后利用一次支付的公式求得系列现金流的现值或终值。当多次支付的系列现金流量连续且数额相等时，被称为等额系列现金流。在等额多次支付情形下，需要考虑利率 i、计息期数 n、年金 A 和现值 P 或终值 F。等额分付涉及四个等值计算公式。

1. 年金终值公式（已知年金求终值，$A\rightarrow F$）

如图 3-7 所示，存在一个从第一年年末延伸至第 n 年年末的等额现金流系列，其中每年年末流出的资金金额固定为 A。在资金时间价值得到考虑的前提下，如果在这 n 年期间，系统的总现金流出与总现金流入相匹配，那么第 n 年年末的现金流入 F 应当与整个等额现金流出序列具有相同的经济价值。这里的 F 可以理解为等额年金的终值。

图 3-7　等额支付系列年金终值现金流量图

为了进行准确的计算，设定以下条件：

1）每期期末支付的金额固定，即均为 A；

2）在第一期开始时（$n=0$ 时），没有资金流动，且每个期间的时间间隔是均等的；

3）终值 F 与最后一期的等额支付资金 A 在同一时间点发生。

若已知每年的等额年值 A、利率 i、计息期数 n，欲求终值 F，可把等额系列视为 n 个一次支付的组合，然后就可利用一次支付终值公式推导出等额分付终值公式。即：

$$F = A(1+i)^{n-1} + A(1+i)^{n-2} + \cdots + A(1+i)^1 + A(1+i)^0$$
$$= A\left[1+(1+i)+(1+i)^2+\cdots+(1+i)^{n-2}+(1+i)^{n-1}\right]$$

式中，$1+(1+i)+(1+i)^2+\cdots+(1+i)^{(n-2)}+(1+i)^{(n-1)}$ 为一等比级数，其公比为 $(1+i)$。

根据等比级数求和的公式，化简为 $\dfrac{(1+i)^n-1}{i}$，因此等额分付终值的计算公式为：

$$F = A\frac{(1+i)^n-1}{i} \tag{3-9}$$

式中，$\dfrac{(1+i)^n-1}{i}$ 为等额分付终值系数（或年金终值因子），用符号 $\left(\dfrac{F}{A},i,n\right)$ 来表示。

因此，式（3-9）又可以表示为：

$$F = A\left(\frac{F}{A},i,n\right) \tag{3-10}$$

例 3-7 某公司决定为优秀员工设立奖励基金，每年年底向基金账户注入 5 万元，假设年利率为 8%，则第 5 年年底该基金账户中的总金额将是多少？

解：绘制现金流量图如图 3-8 所示。

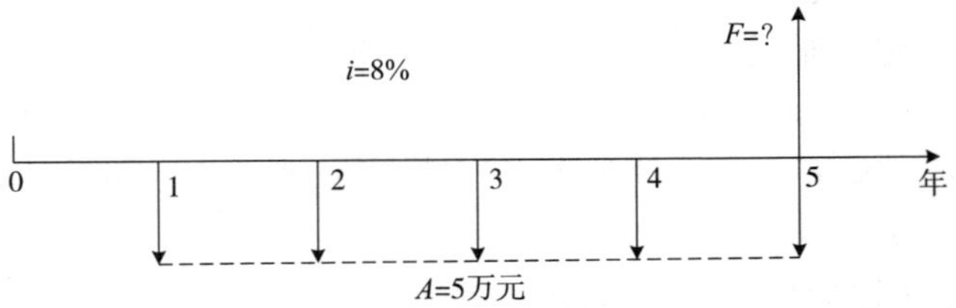

图 3-8 现金流量图 4

根据式（3-9）计算可得：

$$F = A\frac{(1+i)^n-1}{i} = 5\times\frac{(1+8\%)^5-1}{8\%} = 5\times 5.866\,6 = 29.333（万元）$$

或根据式（3-10），查复利系数表计算可得：

$$F = A\left(\frac{F}{A},i,n\right) = 5\times\left(\frac{F}{A},8\%,5\right) = 5\times 5.866\,6 = 29.333（万元）$$

2. 偿债基金公式（已知终值求年金，$F\rightarrow A$）

等额分付偿债基金公式，也称作等额分付积累基金公式，是一种用于规划未来偿还债务或积累资金的工具。现金流量图如图 3-9 所示。

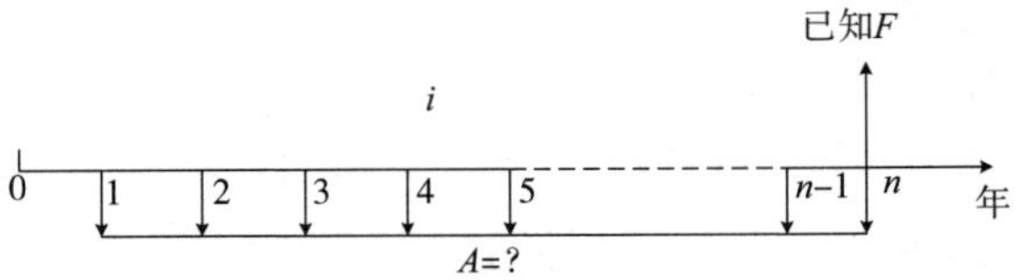

图 3-9 等额支付系列偿债基金现金流量图

当确定了未来所需支付的资金总额 F，并且在特定的利率 i 和期数 n 给定的情况下，可以利用式(3-11)来计算出相对应的等额系列年金 A，这个年金 A 在时间价值上与未来的资金需求 F 等值。具体的计算方法可以遵循以下公式：

$$A=F\frac{i}{(1+i)^n-1} \tag{3-11}$$

式中，$\frac{i}{(1+i)^n-1}$ 为等额分付偿债基金系数(或偿债基金因子)，记为 $\left(\frac{A}{F},i,n\right)$。

则式(3-11)又可以表示为：

$$A=F\left(\frac{A}{F},i,n\right) \tag{3-12}$$

例 3-8 某科技初创公司计划从现在起每年年末自筹资金，以便在 5 年后扩大其研发中心。该扩建项目预计需要资金 150 万元，假设年利率为 10%。请问，该公司每年年末应如何等额筹集资金？

解：绘制现金流量图如图 3-10 所示。

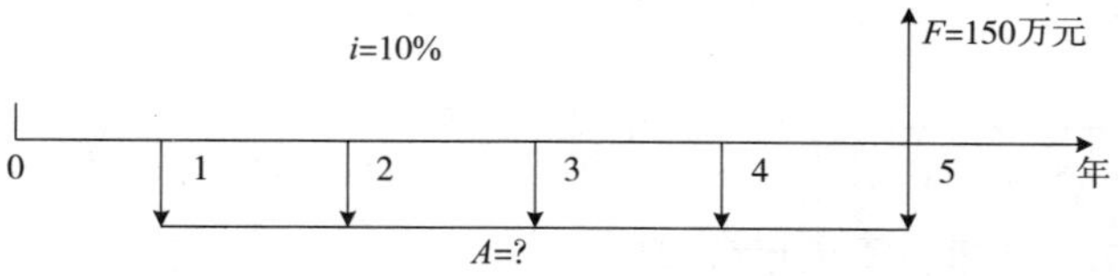

图 3-10 现金流量图 5

根据式(3-12)计算可得：

$$A=F\left(\frac{A}{F},i,n\right)=150\times\left(\frac{A}{F},10\%,5\right)=150\times0.163\,8=24.57(\text{万元})$$

例 3-9 某 20 岁大学毕业生必须每年积攒多少钱并进行投资，才能在 25 岁攒够 30 万元的创业费用？设投资收益率为 8%。

解：根据式(3-11)或式(3-12)计算可得：

$$A=300\,000\times\frac{8\%}{(1+8\%)^5-1}=300\,000\times0.170\,5=51\,150(\text{元})$$

3. 年金现值公式(已知年金求现值，$A\to P$)

当一笔年金 A 按年末等额收入(或支出)逐年发生时，涉及等额支付系列年金现值问题。这种情况下，需要求解第 n 年年末此收入(或支出)年金的现值总和 P，且已知年金 A、利率 i 和计息期数 n。等额支付系列年金现值问题可通过现金流量图来展示，具体可参考图 3-11。

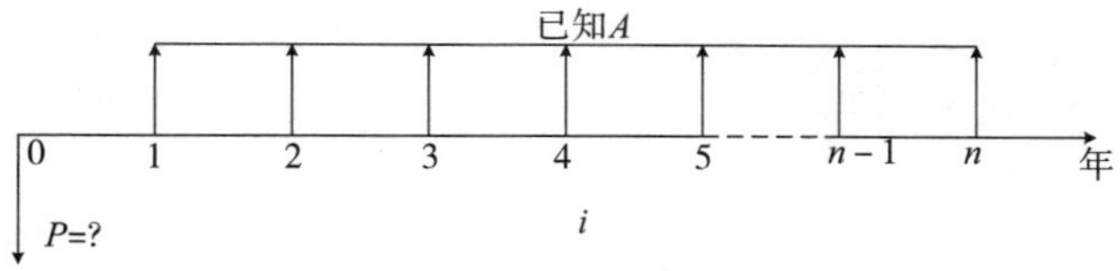

图 3-11 等额支付系列年金现值现金流量图

根据式(3-7)以及(3-9)可知:

$$P=\frac{F}{(1+i)^n}=A\frac{(1+i)^n-1}{i(1+i)^n} \tag{3-13}$$

式中,$\frac{(1+i)^n-1}{i(1+i)^n}$为等额支付系列年金现值系数,用符号$\left(\frac{P}{A},i,n\right)$表示。

因此式(3-13)又可表示为:

$$P=A\left(\frac{P}{A},i,n\right) \tag{3-14}$$

例 3-10 如果某位退休教师计划在退休后的 20 年内,每年年末从其退休金账户中领取 5 万元用于个人旅游,假设该账户的年收益率为 10%,那么这位教师需要确定其退休金账户的初始存款金额是多少?

解:(1)查表法:

$$P=A\left(\frac{P}{A},i,n\right)=5\times\left(\frac{P}{A},10\%,20\right)=5\times 8.513\,6=42.568(万元)$$

(2)公式法:

$$P=5\times\frac{(1+10\%)^{20}-1}{10\%\times(1+10\%)^{20}}=42.568(万元)$$

4. 资金回收公式(已知现值求年金,$P\rightarrow A$)

通常涉及两种情况:第一种情况是按照利率 i 投资一笔资金,并期望在 n 年等额回收,求每年年末能够获得的收入是多少;第二种情况则是在利率 i 下借款,计划在 n 年等额偿还,求每年年末偿还多少?这实际上是已知现值 P、利率 i 和计息期数 n,求年金 A。第一种情况的现金流量如图 3-12 所示。

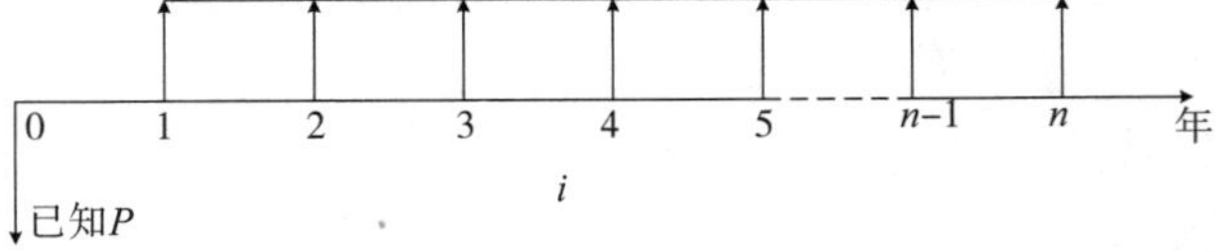

图 3-12 等额支付系列资金回收现金流量图

具体的计算方法可以遵循以下公式:

$$A=P\frac{i(1+i)^n}{(1+i)^n-1} \tag{3-15}$$

式中,$\frac{i(1+i)^n}{(1+i)^n-1}$为等额支付系列资金回收系数,用符号$\left(\frac{A}{P},i,n\right)$表示。

因此式(3-15)也可以表示为:

$$A=P\left(\frac{A}{P},i,n\right) \tag{3-16}$$

例 3-11 一家企业计划动用 20 亿元资金来实施一项预计回报率为 8%的商业计划。

该计划预计持续 10 年,并且企业希望在这段时间内完全回收其初始投资。如果该计划每年产生的净收益是均匀的,那么为了达到预期的投资回报,该企业每年需要获得至少多少的净收益?

解:利用查表法,由式(3-16)得

$$A=P\left(\frac{A}{P},i,n\right)=20\times\left(\frac{A}{P},8\%,10\right)=20\times0.149\,0=2.980(\text{亿元})$$

例 3-12 仍用例 3-9 的数据,假设他在 25 岁没有攒下钱,他向同事借了 30 万的创业费用,双方签了借款协议,每年连本带息等额偿还, 5 年还清,每年需要还款多少?设年利率 8%。

解: $A=300\,000\times\dfrac{8\%(1+8\%)^5}{(1+8\%)^5-1}=300\,000\times\left(\dfrac{A}{P},8\%,5\right)=300\,000\times0.250\,5=75\,150(\text{元})$

3.4.6 基本公式小结及注意事项

1)上面介绍了复利计算的一次支付和等额支付系列基本公式,现汇总于表 3-7。

2)注意:n 的确定,对于等额支付系列,查年金 A 的个数,也可以理解为查现金流量图中表示年金的箭头的个数;而对于一次支付系列,可以通过查现金流量图中各计息期间空格数来确定。

3)注意:现值 P 发生在第一个年金 A 的前一年,可以理解为前面有投资或者借款 P 发生,才可能从下一年开始发生等额系列的年金 A;而年金 A 发生在每一计息期期末,在第 n 期期末,A 和 F 同时发生。

表 3-7 普通复利公式汇总表

收付类型	公式名称	已知	求	普通复利公式
一次支付类型	终值公式	P	F	$F=P(1+i)^n$ 或 $F=P\left(\frac{F}{P},i,n\right)$
	现值公式	F	P	$P=F\times\frac{1}{(1+i)^n}$ 或 $P=F\left(\frac{P}{F},i,n\right)$
等额支付类型	年金终值公式	A	F	$F=A\times\frac{(1+i)^n-1}{i}$ 或 $F=A\left(\frac{F}{A},i,n\right)$
	偿债基金公式	F	A	$A=F\times\frac{i}{(1+i)^n-1}$ 或 $A=F\left(\frac{A}{F},i,n\right)$
	年金现值公式	A	P	$P=A\times\frac{(1+i)^n-1}{i(1+i)^n}$ 或 $P=A\left(\frac{P}{A},i,n\right)$
	资金回收公式	P	A	$A=P\times\frac{i(1+i)^n}{(1+i)^n-1}$ 或 $A=P\left(\frac{A}{P},i,n\right)$

3.5 名义利率与有效利率

在工程经济学领域内，复利的计算一般以年度为周期进行。然而，实际经济活动中的计息周期更为灵活，可能以月、季度或半年等不同的时间段为周期。当利息的实际计算不是按名义上的计息周期进行时，就出现了名义利率和有效利率的概念。

3.5.1 名义利率

名义利率是通过将计息周期的利率乘以一年中的计息周期次数得出的年利率。用数学表达式表示为：

$$r = i \times m \tag{3-17}$$

式中，r 为名义利率；i 为计息周期的利率；m 为一年中的计息周期数量。

例如，如果计息周期是月，月利率设定为 1%，并且以年为利率周期，那么一年将有 12 次计息，从而得出年名义利率为 12%。在计算名义利率的过程中，并没有考虑每期产生的利息在后续周期中再次产生利息的情况，这与单利计算的方法是一致的。

3.5.2 有效利率

计算每个利率周期的利息时，如果将该周期内可能产生的利息再生效应纳入计算，所得到的利率被称为有效利率，也称作实际利率。

有效利率的计算公式可以从利率的定义中直接推演出来。给定年名义利率 r，在一年中复利计息 m 次，可以得出每次计息周期的利率 i（即用 r 除以 m）。如果有一笔本金 P 在利率周期开始时投入，可以使用一次支付终值公式来计算该周期结束时的未来价值 F，即：

$$F = P\left(1+\frac{r}{m}\right)^m \tag{3-18}$$

根据利息的定义可得该利率周期的利息 I 为：

$$I = F - P = P\left(1+\frac{r}{m}\right)^m - P = P\left[\left(1+\frac{r}{m}\right)^m - 1\right] \tag{3-19}$$

再根据利率的定义可得该利率周期的有效利率 i 为：

$$i = \frac{I}{P} = \left(1+\frac{r}{m}\right)^m - 1 \tag{3-20}$$

现设年名义利率 $r = 10\%$，则年、半年、季、月、日计息的年有效利率如表 3-8 所示。

表 3-8 有效利率与名义利率的关系

年名义利率 r	计息期 n	年计息次数 m	计息期利率 $i=\frac{r}{m}$	年有效利率 i
10%	年	1	10%	10%
10%	半年	2	5%	10.25%

续表

年名义利率 r	计息期 n	年计息次数 m	计息期利率 $i=\frac{r}{m}$	年有效利率 i
10%	季	4	2.5%	10.38%
10%	月	12	0.833%	10.47%
10%	日	365	0.027 4%	10.52%

通过分析表 3-8 可知，随着计息周期数量 m 的增加，年有效利率 i 与年名义利率 r 之间的差异也随之增大。因此，在进行工程经济分析时，如果比较的方案具有不同的计息周期，直接使用名义利率进行评估可能会导致误差。为了得到准确的比较结果，必须将名义利率转换为有效利率进行评价，确保得出的结论是正确的，并且能够更准确地反映投资的真实收益。

例 3-13 借款 1 000 元，借款期限为 1 年，名义利率为 12%，试计算按 1 年计息一次和按每月计息一次两种情况下，期末本利和分别为多少？有效利率分别是多少？

解：1）按 1 年计息一次时，期末本利和为：

$$F=1\,000\times(1+12\%)=1\,000\times1.12=1\,120(\text{元})$$

则有效利率为：

$$i=\frac{F-P}{P}=\frac{1\,120-1\,000}{1\,000}=\frac{120}{1\,000}=12\%$$

2）而同样的名义利率，按每月计息一次时，期末本利和为：

$$F=1\,000\times\left(1+\frac{12\%}{12}\right)^{12}=1\,000\times1.127=1\,127(\text{元})$$

则有效利率为：

$$i=\frac{F-P}{P}=\frac{1\,127-1\,000}{1\,000}=\frac{127}{1\,000}=12.7\%$$

这表明，如果一个投资的名义年利率为 12%，并且利息是按月计算的，其与年利率为 12.7%的单次计息在经济效果上是等同的。0.7%的额外收益是由于在一年内多次计息使得利息产生了额外的时间价值。因此，可以得出结论：当利率的时间单位与计息周期相匹配时，有效利率与名义利率相等，且两者都等同于周期利率。然而，当利率的时间单位与计息周期不匹配时，名义利率是周期利率与一年中计息次数的乘积，而有效利率则是名义利率加上由于时间价值效应而产生的额外利率。

3.5.3 连续利率

在之前的讨论中，主要探讨了周期性计息的情况。当每个计息期间的长度变得非常短，接近于零，以至于一年内的计息次数变得无限多（在大多数情况下，利率周期定为 1 年，即 m 趋向于无限大）时，可以认为计息是连续发生的，这种计息方式被称为连续复利。在这种情况下，年有效利率可以通过下面的公式来确定：

$$i_{\infty}=\lim_{m\to\infty}\left(1+\frac{r}{m}\right)^{m}-1=\lim_{m\to\infty}\left[\left(1+\frac{r}{m}\right)^{\frac{m}{r}}\right]^{r}-1=\mathrm{e}^{r}-1 \tag{3-21}$$

式中,e 为自然对数的底,其值为 2.718 28。

3.6 资金时间价值的典型例题

3.6.1 计算未知货币量

例 3-14 某企业获得一笔 80 000 元的贷款,偿还期为 4 年,有四种还款方式:

1)每年年末偿还 20 000 元本金及所欠利息;

2)每年年末只偿还所欠利息,第 4 年年末一次还清本金;

3)在 4 年中每年年末等额偿还;

4)在第 4 年年末一次还清本息。

年利率 10%,复利,试计算各种还款方式所付出的总金额。

解:1)根据公式:本利和=本金+利息,代入数据可得:

第 1 年付款额=20 000+80 000 × 10%=28 000(元)

第 2 年付款额=20 000+60 000 × 10%=26 000(元)

第 3 年付款额=20 000+40 000 × 10%=24 000(元)

第 4 年付款额=20 000+20 000 × 10%=22 000(元)

4 年付出的总金额=28 000+26 000+24 000+22 000=100 000(元)

2)由题意可得:

第 1 年付款额=80 000 × 10%=8 000(元)

第 2 年付款额=80 000 × 10%=8 000(元)

第 3 年付款额=80 000 × 10%=8 000(元)

第 4 年付款额=80 000+80 000 × 10%=88 000(元)

4 年所付出的总金额=8 000+8 000+8 000+88 000=112 000(元)

(3)由式(3-16),代入数据:

$$A=80\,000\times\left(\frac{A}{P},10\%,4\right)=80\,000\times0.315\,5=25\,240(\text{元})$$

$$4\text{ 年所付出的总金额}=4\times25\,240=100\,960(\text{元})$$

(4)由式(3-6),代入数据:

$$F=80\,000\times\left(\frac{F}{P},10\%,4\right)=80\,000\times1.464\,1=117\,128(\text{元})$$

结论:第一种还款方式总计还款 100 000 元;第二种还款方式总计还款 112 000 元;第三种还款方式总计还款 100 960 元;第四种还款方式总计还款 117 128 元。

虽然从计算结果看,四个方案偿还的总值是不相同的,但是实际上这四个不同偿还方案与 80 000 元本金是资金等值的。

例 3-15 有一支付系列，第 3 年年末支付 500 元，以后 12 年每年支付 200 元。设年利率为 10%，试画出此支付系列的现金流量图，并计算：

1）零期（第 1 年年初）的现值；

2）第 15 年年末的终值；

3）第 10 年年末的时值。

解：绘制现金流量图如图 3-13 所示。

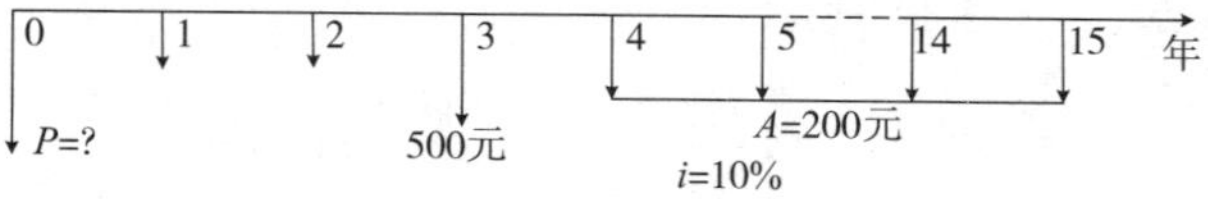

图 3-13　现金流量图 6

$$1)\ P_1=F\left(\frac{P}{F},i,n\right)=500\times\left(\frac{P}{F},10\%,3\right)=500\times 0.751\,3=375.65（元）$$

$$P_2=A\left(\frac{P}{A},i,n\right)\left(\frac{P}{F},i,n\right)=200\times\left(\frac{P}{A},10\%,12\right)\times\left(\frac{P}{F},10\%,3\right)$$

$$=200\times 6.813\,7\times 0.751\,3=1\,023.83（元）$$

$$P=P_1+P_2=375.65+1\,023.83=1\,399.48（元）$$

$$2)\ F=P\left(\frac{F}{P},i,n\right)=1\,399.48\times\left(\frac{F}{P},10\%,15\right)=1\,399.48\times 4.177\,2=5\,845.91（元）$$

$$3)\ A=P\left(\frac{A}{P},i,n\right)=1\,399.48\times\left(\frac{F}{P},10\%,10\right)=1\,399.48\times 2.593\,7=3\,629.83（元）$$

例 3-16 农商银行贷款给某建设单位，年利率为 5%，第 1 年年初贷款 3 000 万元，第 2 年年初贷款 2 000 万元，该建设单位第 3 年年末开始用盈利偿还贷款，按协议至第 10 年年末还清。问该建设单位每年年末应等额偿还多少？

解：绘制现金流量图如图 3-14 所示。

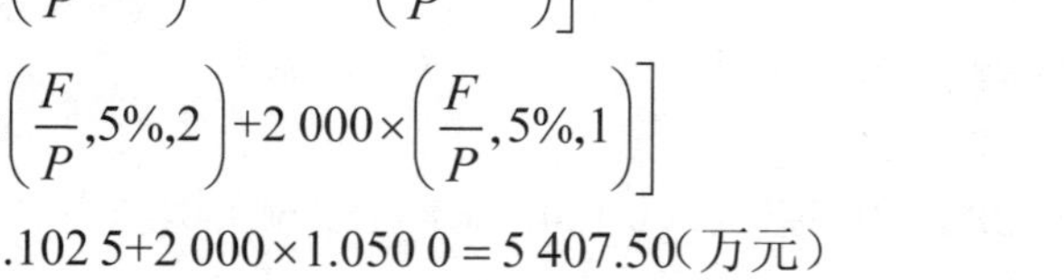

图 3-14　现金流量图 7

$$F=\left[3\,000\times\left(\frac{F}{P},i,n\right)+2\,000\times\left(\frac{F}{P},i,n\right)\right]$$

$$=\left[3\,000\times\left(\frac{F}{P},5\%,2\right)+2\,000\times\left(\frac{F}{P},5\%,1\right)\right]$$

$$=3\,000\times 1.102\,5+2\,000\times 1.050\,0=5\,407.50（万元）$$

$$A=P\left(\frac{A}{P},i,n\right)=5\,407.50\times\left(\frac{A}{P},5\%,8\right)=5\,407.50\times 0.154\,7=836.54（万元）$$

例 3-17 一笔 10 万元的贷款，名义年利率 8%，每季复利一次，问 2 年后的本利和为多少？

解：已知名义利率 r=8%，计息期一季的利率 $i=\frac{r}{4}=2\%$，于是 2 年后的本利和应为：

$$F=P(1+i)^n=10\times(1+2\%)^8=11.716\,6\text{（万元）}$$

例 3-18 政府一次性给予某高新技术项目一笔 1 000 万元无息贷款，5 年后每年年末等额偿还，5 年还清。显然，政府免收利息实际上是对该项目的一种补贴。若年利率为 10%，问这种补贴按现值计是多少？

解：绘制现金流量图如图 3-15 所示。

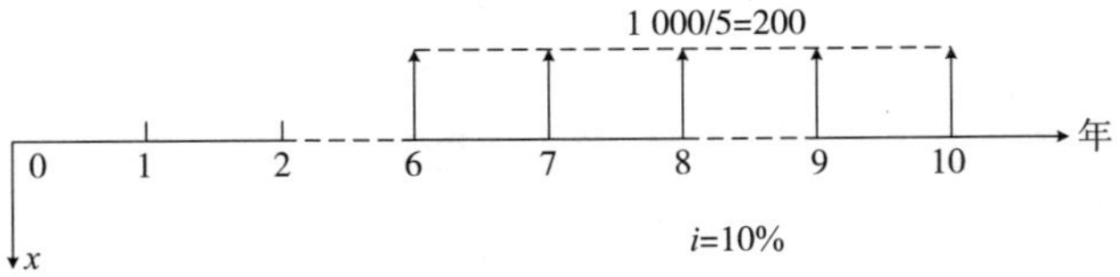

图 3-15 现金流量图 8

设还款额折算的现值为 x。后 5 年每年还款为 $\frac{1\,000}{5}=200$（万元），折算为现值：

$$x=200\times\left(\frac{P}{A},10\%,5\right)\times\left(\frac{P}{F},10\%,5\right)=470.74\text{（万元）}$$

则补贴的现值为 1 000−470.74=529.26（万元）。

例 3-19 某大学生，其 4 年生活费用通过银行贷款解决。合同规定，学生每年年初向工商银行借款 10 000 元，年利率 5%，借款本利由用人单位在该生毕业工作第 3 年年末起的 8 年中，从其年底的工资奖金中扣还，问：如果每年扣还相同金额，则年扣还额为多少（假定学生进大学在年初，毕业在年末，毕业后立即找到工作）？

解：绘制现金流量图如图 3-16 所示。

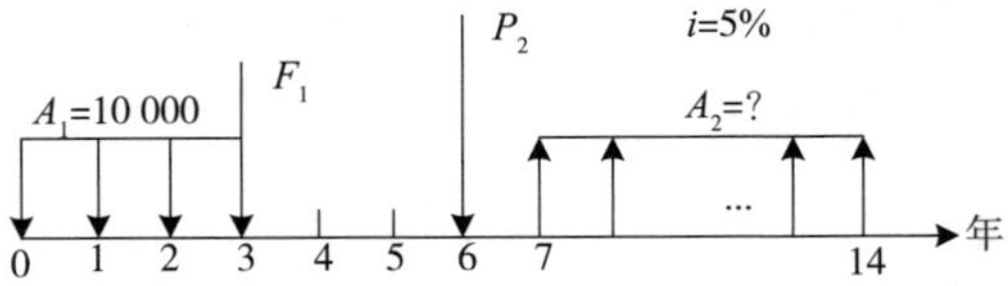

图 3-16 现金流量图 9

$$A_1=10\,000\text{（元）}$$

$$F_1=A_1\left(\frac{F}{A},5\%,4\right)=10\,000\times4.310\,1=43\,101\text{（元）}$$

$$P_2=F_1\left(\frac{F}{P},5\%,3\right)=43\,101\times1.157\,6=49\,893.72\text{（元）}$$

$$A_2=P_2\left(\frac{A}{P},5\%,8\right)=49\,893.72\times0.154\,7=7\,718.56\text{（元）}$$

3.6.2 计算未知利率

例 3-20 某企业采用每月月末支付 300 元的分期付款方式购买一台价值 6 000 元的设

备，共分 24 个月付完。问名义利率是多少？

解：根据 $P=A\left(\dfrac{P}{A},i,n\right)$ 可知：$6\,000=300\left(\dfrac{P}{A},i,24\right)$。

推知：$\left(\dfrac{P}{A},i,24\right)=\dfrac{6\,000}{300}=20$，当 $n=24$ 时，20 位于复利表中利率 1%和 2%之间。

当 i_1=1%时，$\left(\dfrac{P}{A},i,24\right)=21.243\,4=f_1$；当 i_2=2%时，$\left(\dfrac{P}{A},i,24\right)=18.913\,9=f_2$。

据此，利用线性内插法可得：$i=1\%+\dfrac{20-21.243\,4}{18.913\,9-21.243\,4}=1.534\%$。

所以，年名义利率 $r=12\times1.534\%=18.408\%$。

3.6.3 计算未知年数

例 3-21 利率 10%时，现在的 100 元，多少年后才成为 200 元？

解：根据 $F=P\left(\dfrac{F}{P},i,n\right)$，可知：$200=100\left(\dfrac{F}{P},10\%,n\right)$。

推知：$\left(\dfrac{F}{P},10\%,n\right)=\dfrac{200}{100}=2$，当 $i=10\%$ 时，2 位于复利表中数 7 和 8 之间。

当 n_1=7 时，$\left(\dfrac{F}{P},10\%,7\right)=1.948\,7=f_1$；当 n_2=8 时，$\left(\dfrac{F}{P},10\%,8\right)=2.143\,6=f_2$。

据此，利用线性内插法可得：$n=7+\dfrac{(2-1.948\,7)\times(8-7)}{2.143\,6-1.948\,7}=7.26$（年）。

线性内插法是根据一组已知的未知函数自变量的值和它相对应的函数值，利用等比关系去求未知函数其他值的近似计算方法，是一种求未知函数逼近数值的求解方法。假设两个变量之间存在线性关系，若 $A(x_1,y_1)$，$B(x_2,y_2)$ 为直线上的两个点，已知另一点 P 的 y_0 值，那么利用它们的线性关系即可求得 P 的对应值 x_0。通常点 P 位于点 A、B 之间，故称“线性内插法”，如图 3-17 所示。在求解 x_0 时，计算公式如下：

$$\frac{x_0-x_1}{x_2-x_1}=\frac{y_0-y_1}{y_2-y_1} \tag{3-22}$$

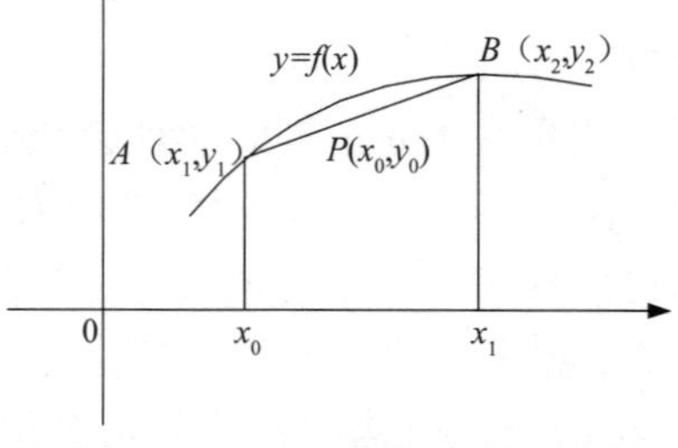

图 3-17 线性内插法示意图

3.7 复利效应

3.7.1 荷花定律与复利效应

荷花定律是一个著名的成功学定律，它通过荷花池中荷花开放的过程来说明取得成功的一些关键要素。具体来说，这个定律描述在一个荷花池中，第一天只开放了一小部分的荷花，但第二天开放的数量会是前一天的两倍，到了第30天就开满了整个池塘。按照这个增长速度，很多人可能会认为荷花在第15天就开满了池塘的一半，但实际上，荷花直到第29天时才开满了一半，最后一天开放的数量最多，相当于前29天开放的总和。

"行百里者半九十"，荷花定律可以类比复利利率，寓意着个人成长的复利效应：荷花满塘要经过厚积薄发、积累沉淀，实现人生梦想也需要长时间的积累和沉淀，就像荷花虽然初期生长缓慢，但在接近开花的时间点却迅速绽放，这强调了实现人生梦想要不忘初心，坚持不懈。

3.7.2 棋盘麦粒与复利效应

有一位国王喜欢下国际象棋，他决定奖励国际象棋的发明者，并让发明者自己提要求。发明者提出：在国际象棋的棋盘上放麦粒，第1格放1粒，第2格放2粒，第3格放4粒，第4格放8粒，以此类推，依次翻倍放下去（如图3-18所示）。刚开始国王认为这个要求易如反掌，就随口答应了，但很快就发现，即使将王国所有的储备粮食都给他，也不够填充这些格子。因为算下来仅最后一格就需要放 2^{63} 粒，米粒的重量为1 475亿吨，相当于全国全年粮食产量的1 000倍。再加上前面63个格子的总和，那将是一个天文数字。这就是神奇的复利效应。

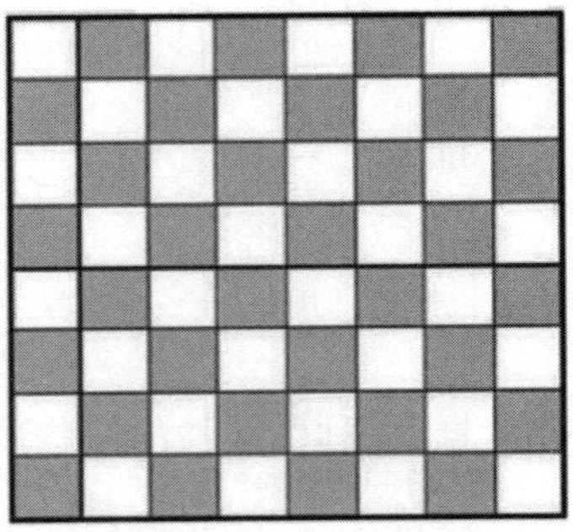

图3-18 国际象棋棋盘

3.8 资金时间价值的现实应用

3.8.1 超前消费与资金时间价值

1. 超前消费的含义及其弊端

广义上的超前消费是指居民消费水平超过同时期社会经济发展水平的一种消费行为或模式。狭义上的超前消费是指超过其目前所拥有的经济能力，将之后的收入提前到现在进行支出的一种行为。超前消费已经成为大学生群体一种比较普遍的现象。适度的超前消费在一定程度上可以激发市场活力，缓解经济压力，促进社会的经济发展。

然而，近年来，部分互联网小额贷款机构和科技公司合作，以大学校园为目标，通过虚假、诱导性宣传，发放互联网消费贷款，诱导大学生过度消费，导致部分缺少自控力、没有财务管理意识的大学生陷入高额贷款陷阱，从而负债。可见，超前消费既有其经济效益，也存在危害性。

2. 超前消费与资金时间价值的关系及对策建议

(1)两者之间的关系

资金时间价值和超前消费看似无关,但在一定程度上也是存在联系的。超前消费的根本原因是马克思认为资本主义的基本矛盾是生产社会化与资本主义生产资料私有制之间的矛盾,在消费层面的表现即为生产无限扩大的趋势与劳动人们购买力相对缩小的矛盾,即生产能力不断提高,但大部分财富集中在少数人手上,普通劳动者的购买力相对较低,导致有效需求不足。而“超前消费”就是资本主义国家为缓解“有效需求不足”而创新的方法,即通过超前消费来带动普通劳动者的消费水平,在避免国家干预的同时,可以产生有效需求。而资金时间价值是资源稀缺性的体现,由于社会资源具有稀缺性的特点,社会产品也是不断产生的,所以从消费者即时使用角度,当前物品的价值要高于未来物品的价值,而货币是商品价值的体现,因此当前的货币价值要高于未来货币的价值,这就造成资金的时间价值。从这方面可以认为,资金时间价值和超前消费在一定程度上都源于资源的不足。

超前消费和资金时间价值也存在一个绝对差异。超前消费是花未来的钱进行现在的消费,满足现在的欲望;而资金时间价值是推迟现在的消费进行投资,花现在的钱提升未来的收益,这个收益与推迟的时间成正比。

(2)超前消费的对策建议

超前消费是一把双刃剑,在肯定其好处的同时,给社会造成的不利影响也不容忽视。为降低超前消费的危害,针对大学生群体给出对策建议,包括三个方面。

1)建立详细的预算计划。包括固定开支和可变开支,确保开支不超过收入,并将一部分收入用于储蓄和投资。可以合理规划经济支出,保证经济的可循环性。

2)建立备用资金库。用于应对生病、事故等意外支出和紧急情况的发生。

3)花销前冷静思考。树立科学、理性、健康的消费观,掌握必要的金融知识,提高自身的金融安全防范意识,同时在进行购买之前,给自己一些时间冷静思考。问问自己是否真的需要这个物品,以及它是否值得你付出的代价,最后权衡购买的理由是否超过不需要购买的理由等。

3.8.2 按揭买房:等额本息还是等额本金

1. 等额本息还款

等额本息还款,也称定期付息,即借款人每月按相等的金额偿还贷款本息,其中每月贷款利息按月初剩余贷款本金计算并逐月结清。把按揭贷款的本金总额与利息总额相加,然后平均分摊到还款期限的每个月中。

例 3-22 以按揭贷款方式购房,贷款 60 万元,还款年限 10 年。假定年名义利率为 12%,10 年内按月等额本息还款,每月应付多少?(已知 $(1+1\%)^{120}=3.3$)

解:已知 $P=60$万元,$n=10\times12=120$,$r=12\%$,月利率 $i=\dfrac{12\%}{12}=1\%$,每月应还款额计算如下:

$$A=600\,000\times1\%\times\frac{(1+1\%)^{120}}{(1+1\%)^{120}-1}=600\,000\left(\frac{A}{P},1\%,120\right)=8\,608.70(\text{元})$$

第一个月应还利息 $=600\,000\times1\%=6\,000.00$(元)

第一个月偿还的本金 $=8\,608.70-6\,000.00=2\,608.70$(元)

第二个月应还利息 $=[600\,000-(8\,608.70-6\,000)]\times1\%=5\,973.91$(元)

第二个月偿还的本金 $=8\,608.70-5\,973.91=2\,634.79$(元)

第三个月应还利息 $=[600\,000-2\,608.70-2\,634.79]\times1\%=5\,947.57$(元)

第三个月偿还的本金 $=8\,608.70-5\,947.57=2\,661.13$(元)……

从上面的计算可知,作为还款人,采用等额本息还款方式,每个月还给银行固定金额,但每月还款额中的本金比重逐月递增、利息比重逐月递减。

2. 等额本金还款

等额本金还款法是一种计算非常简便,实用性很强的还款方式。使用等额本金还款,开始时每月负担比等额本息要重。尤其是在贷款总额比较大的情况下,相差可能达千元。但是,随着时间推移,还款负担逐渐减轻。这种方式很适合收入较高的人群。

例 3-23 仍用例 3-22 的数据,采用等额本金还款,每月应还多少?

解:已知 $P=60$万元,$n=10\times12=120$,$r=12\%$,月利率 $i=\frac{12\%}{12}=1\%$,每个月偿还的本金 $=\frac{600\,000}{120}=5000$(元),每月应还款额计算如下:

第一个月应还利息 $=600\,000\times1\%=6\,000$(元)

第一个月偿还的本金 $=5\,000$元,第一个月还款总额11 000元

第二个月应还利息 $=(600\,000-5\,000)\times1\%=5\,950$(元)

第二个月偿还的本金 $=5\,000$元,第二个月还款总额10 950元

第三个月应还利息 $=(600\,000-5\,000-5\,000\text{元})\times1\%=5\,900$(元)

第三个月偿还的本金 $=5\,000$元,第三个月还款总额10 900元……

从上面的计算可知,作为还款人,采用等额本金还款方式,在贷款初期月还款额大,此后逐月递减(月递减额=月还本金 × 月利率)。

3.9 本章小结

本章介绍如何计算资金时间价值,包括单利和复利;现值、终值、年金等概念;现金流量的概念以及现金流量图的绘制方法,尤其是深刻理解现金流量的意义,准确理解不同情景下的现金流量的构成;名义利率与有效利率,通过"资金的时间价值""利息和利率"等内容的学习,帮助学生了解并掌握金融机构的基本计结息方式和财务运行模式。

结合"校园贷款"等非法民间借贷案例,引导大学生树立正确的消费观和价值观,杜绝冲动消费、攀比消费等非理性现象。同时培养大学生的法治意识,在遇到类似问题时,能够

利用法律武器保护自身权利。资金时间价值的实质和本源是劳动创造的价值，这就是马克思主义劳动价值论的核心，不断增强热爱劳动、投身劳动的主动性和能动性。

练习题

1. 单项选择题（在备选答案中选择 1 个正确的选项）

1）资金的时间价值指（　　）。

A. 现在所拥有的资金在将来投资时间所能获得的利益

B. 现在所拥有的资金在将来消费时所付出的复损失

C. 资金通过投资随着时间的推移会产生一定的增值

D. 可用于储蓄或贷款的资金在储蓄或贷款时所产生的利息

2）若 10 年内每年年初存款 1 000 元，利率为 6%，按复利计算，第 10 年年末本利和为（　　）。

A. 1 000×（F/A，6%，10）　　B. 1 000×（F/P，6%，10）×（F/P，6%，10）

C. 1 000×（F/A，6%，10）×（P/F，6%，10）　　D. 1 000×（P/A，6%，10）×（F/P，6%，11）

3）某企业为 4 年后的第 5 年年初至第 7 年年末每年投资 100 万元建立一个新项目，已知年利率 10%，则该企业现在应准备的资金数量为（　　）。

A. 100×（A/P，10%，4）×（A/F，10%，4）　　B. 100×（P/A，10%，4）×（P/F，10%，3）

C. 100×（P/A，10%，3）×（F/P，10%，4）　　D. 100×（A/P，10%，3）×（P/F，10%，4）

4）某企业向银行贷款 100 万，期限为半年，年名义利率为 12%，每月计息一次，则企业实际支付的利息为（　　）。

A. 6.15　　B. 6.09　　C. 6.34　　D. 6.00

5）单利与复利的本质区别在于（　　）。

A. 单利考虑计息周期，复利不考虑计息周期

B. 复利计算时名义利率等于有效利率

C. 单利只对本金计算利息，复利对本金与利息要再计息

D. 两者计息周期不同

6）某人借得本金 1 000 元，每半年付息 60 元，按单利计算，年利率为（　　）。

A. 2%　　B. 4%　　C. 8%　　D. 12%

2. 多项选择题（在备选答案中选择 2 个或 2 个以上正确的选项）

1）年利率为 10%，半年计息一次，则（　　）。

A. 半年名义利率为 5%　　B. 半年有效利率为 5%

C. 年有效利率为 10.25%　　D. 年有效利率为 10%

2）在工程经济学中，作为衡量资金时间价值的绝对尺度，利息是指（　　）。

A. 占用资金所付的代价　　B. 放弃使用资金所得的补偿

C. 考虑通货膨胀所得的补偿　　D. 资金的一种机会成本

3）根据工程经济学理论，影响资金等值的因素包括（　　）。

A. 基准收益率　　B. 数额　　C. 利率　　D. 现金流量的方向

E. 金额发生的时间

4)下列属于现金流出的是(　　)。

A. 建设投资　　B. 营业收入　　C. 流动资金　　D. 经营成本

E. 回收固定资产余值

5)下列关于名义利率和有效利率的说法中,正确的有(　　)。

A. 名义利率是计息周期利率与一个利率周期内计息周期数的乘积

B. 当计息周期与利率周期相同时,名义利率等于有效利率

C. 当计息周期小于利率周期时,名义利率大于有效利率

D. 当名义利率一定时,有效利率随计息周期变化而变化

6)投资者投资某一个项目,首先要考虑在一定时间内获取的收益是否高于银行利息,所以此时利息不应被看做资金的(　　)。

A. 沉没成本　　B. 机会成本　　C. 基准收益率　　D. 回报

3. 填空题

1)根据资金时间价值原理,占用资金所付代价或重新使用资金所获报酬是(　　　)。

2)现金流量图包含三个要素分别是:(　　　)、(　　　)和(　　　)。

3)资金的(　　　)指资金在生产和流通过程中随时间推移而增加的价值。

4)在考察对象整个期间各时点上实际发生的资金流出或流入称为(　　　)。

4. 判断题

1)资金的时间价值并非源自货币本身或时间本身,而是资金在经济活动的运动和使用过程中产生的。(　　)

2)影响资金时间价值的主要因素不包括资金的用途。(　　)

3)在单位时间资金增值率一定的条件下,资金使用时间越长,则资金时间价值就越大。(　　)

4)在回收资金额一定的情况下,在离现时点越远的时点上回收资金越多,资金时间价值越大。(　　)

5)在现金流量图上,前一期末与紧随其后的期初相重叠,即属于同一时点上。(　　)

6)投资者投资某一个项目,首先要考虑在一定时间内获取的收益是否高于银行利息,所以利息常被视为资金的机会成本。(　　)

5. 计算题

1)某企业拟向银行借款 1 500 万元, 5 年后一次还清。甲银行贷款年利率 17%,按年计息;乙银行贷款年利率 16%,按月计息。问企业向哪家银行贷款较为经济?

2)甲企业向乙公司借 1 000 万元,年利率 10%,每年计息两次(年中、年末各一次),经协商,甲企业在今后的 5 年中,分 10 次等额还本付息(每年两次,年中、年末各一次),在归还 5 次以后,乙公司急用钱,提出要甲企业在第 6 次还款时一次支付 600 万元,条件是以此支付冲销余下的所有欠款,问甲企业是否应同意?

3)求下列各题未知数的值(四舍五入,小数点后保留两位)。

①

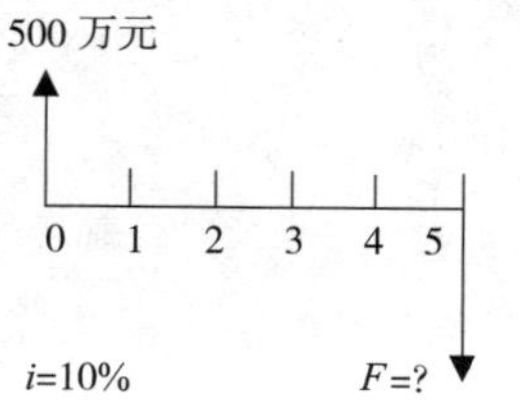

②

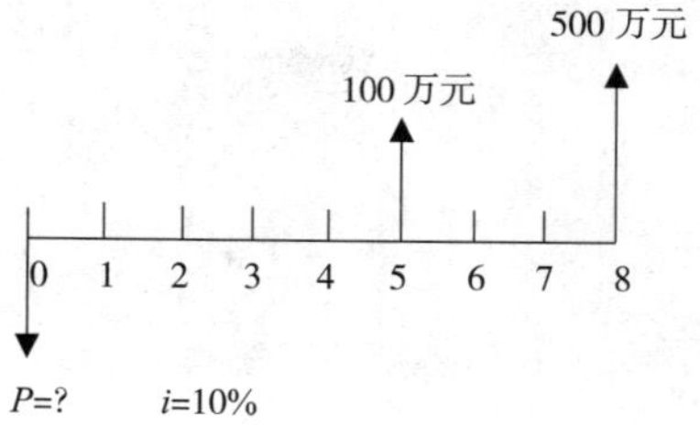

③

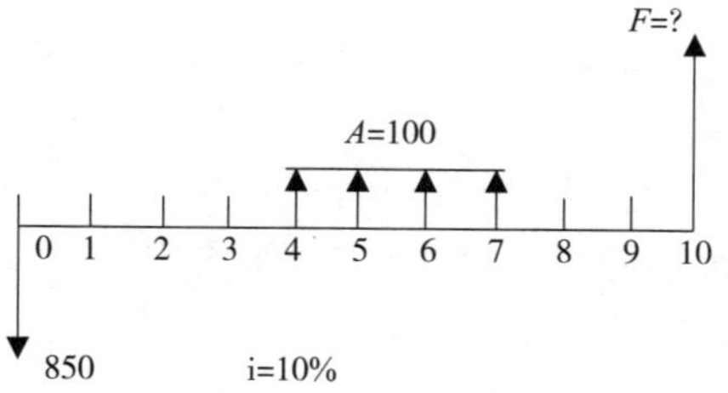

4）下列终值的等额支付为多少？

①年利率为 12%，按年计息，每年年末支付一次，连续支付 5 年，5 年末积累金额 2 万元。

②年利率为 8%，按年计息，每年年末支付一次，连续支付 6 年，6 年末积累金额 5 000 元。

5）某工程项目计划 3 年完成，3 年中每年年初分别贷款 1 000 万元，年利率 8%，若建成后分 3 年偿还，每年年末等额偿还全部投资额，每年应偿还多少？

扫码获取答案

第 4 章 工程经济评价指标

学习要点及目标

1. 学习要点:工程项目经济性评价指标体系与方法:项目的概念;现金流量表;时间型评价指标;价值型评价指标;效率型评价指标。

2. 思政元素:家国情怀、工匠精神和职业责任感;树立创新意识。

3. 案例引入:国家体育场“鸟巢”的智能化改造项目。

4. 思政目标:培养学生的爱国主义情怀,激发学生的崇高理想和报效祖国的雄心壮志;让学生感受工程师严谨、负责、公正、科学求实的态度,引导学生树立正确的职业价值观;深刻理解全面建成小康社会、打赢脱贫攻坚战的“进攻点”——从消费救济转到资本扶持,认识从“输血式”扶贫转变到“造血式”扶贫的重大意义。

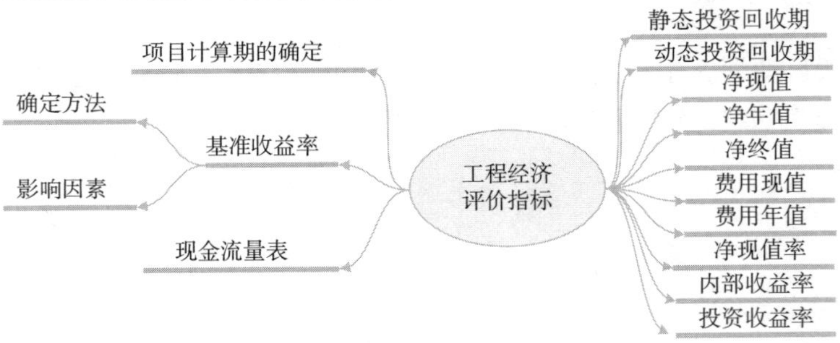

图 4-1　工程经济评价指标思维导图

4.1　引例——“鸟巢”智能化改造项目

2022 年北京冬奥会最精彩、最重要的组成部分——开闭幕式在国家体育场(以下简称“鸟巢”)成功举办,鸟巢场馆硬件设施得到全面检验,智慧化服务保障更是给来宾留下深刻印象,开闭幕式又一次给现场人员和全世界观众带来了一场视听和体验上的盛宴。

图 4-2　国家体育场(鸟巢)

“鸟巢”(如图 4-2 所示)的智能化改造项目通过公开比选确定了最佳方案,这个过程不仅公正透明,而且全面考虑了经济效益、潜在风险、技术应用、社会价值和长远规划。通过预测收益和成本计算出的净现值和内部收益率确保了项目的财务可行性;同时,对技术、市场和政策风险的评估和应对策略,以及对节能减排技术的应用,提升了项目的可持续性和社会责任感。项目还注重了无障碍设施的改善,增强了公共参与,同时确保了与城市规划的和谐统一。本案例说明工程项目需要进行单方案评价,本章将对单方案评价方法进行系统学习。

4.2 项目的计算期和现金流量表

4.2.1 项目的概念

项目是人们通过努力,运用各种方法,将人力、材料和财务等资源组织起来,根据商业模式的相关策划安排,进行一项独立一次性或长期无限期的工作任务,以期达到由数量和质量指标所限定的目标。项目参数包括项目范围、质量、成本、时间、资源。美国项目管理协会在其出版的《项目管理知识体系指南》中将项目定义为:项目是为创造独特的产品、服务或成果而进行的体系化的工作。

简单说来,任何工作,只要涉及以下三个方面,就可以视为项目:明确的结果(特定的目标与质量、数量等要求);资源(人力资源及其他要素);一段时间。以下活动都可以称为一个项目:

1)开发或运营一项产品;

2)计划举行大型活动;

3)策划一次自驾游;

4)企业资源计划的咨询、开发、实施与培训;

5)成立并运营一款子品牌。

4.2.2 项目计算期的确定

项目计算期是指投资项目从投资建设开始到最终清理结束整个过程的全部时间。在项目的计算期内,会考虑所有与项目相关的现金流入和流出,包括初始投资、运营成本、维护费用、税金、折旧以及预期收益等,以评估项目的财务可行性和盈利能力。项目计算期包括建设期和运营期两个阶段。

1. 建设期

建设期是指从项目资金正式投入开始到项目建成投产为止所需要的时间,包括所有必要的规划、设计、采购、施工和测试活动,直至项目达到预定的使用状态。在这个阶段,项目的主要目标是完成所有建设任务,确保项目按照设计要求和预定的时间表顺利进行。

建设期通常涉及大量的资本支出,包括劳动力、材料、设备和施工管理等成本。这个时期是整个项目的关键时期,为项目的运营和产出奠定了基础。建设期的管理需要进行精确的时间规划、成本控制和质量保证,以避免延误和超支,确保项目能够按时按预算完成,并达到预期的性能标准。

在项目的经济评估中,建设期的长度和成本对项目的总体财务可行性有显著影响。因此,在项目规划和决策过程中,对建设期进行准确估计和管理是至关重要的。

2. 运营期

运营期，又称生产期或收益期，是从完工投产至项目终结所需要的时间，包括试产期和达产期两个阶段。试产期是指项目投入生产，但生产能力尚未完全达到设计能力的过渡阶段；达产期则是指生产运营达到设计预期水平后的时间。项目运营期的开始标志着项目从建设阶段向运营阶段过渡，此时项目开始回收之前的投资，并产生现金流。这个时期的长短对项目的总体经济效益有重要影响，因为它直接关系到项目能够产生多少收益以及持续多长时间。

在项目评估和决策过程中，对运营期的预测和分析至关重要。这包括对市场需求、价格波动、运营效率、技术更新、竞争环境等因素的考虑；此外，也需要关注成本控制、质量保证、市场拓展、客户服务等方面，以确保项目的长期成功和盈利能力。在项目的整个生命周期中，运营期通常是持续时间最长的阶段，因此对其进行有效管理对于实现项目目标和投资回报至关重要。

4.2.3 现金流量表

1. 现金流量

现金流量是指投资项目在其整个寿命期内所发生的现金流出和现金流入的全部资金收付数量。现金流量是评价投资方案经济效益的必备因素。具体包括如下内容。

1）现金流出。是指投资项目所发生的全部资金支出。它包括以下几项。

①固定资产投资。购入或建造固定资产的各项资金支出。

②流动资产投资。投资项目所需的存货、货币资金和应收账款等项目所占用的资金。

③营运成本。投资项目在经营过程中所发生的生产成本、管理费用和销售费用等。通常以全部成本费用减去折旧后的余额表示。

2）现金流入。是指投资项目所发生的全部资金收入。它包括以下几项。

①营业收入。经营过程中出售产品的销售收入。

②残值收入或变价收入。固定资产使用期满时的残值，或因故未到使用期满时，出售固定资产所形成的现金收入。

③收回的流动资产。投资项目寿命期满时所收回的原流动资产投资额。此外，实施某项决策后的成本降低额也作为现金流入。

2. 现金流量表

现金流量表是反映一定时期内（如月度、季度或年度）企业经营活动、投资活动和筹资活动对其现金及现金等价物所产生的影响的财务报表。现金流量表是原先财务状况变动表或者资金流动状况表的替代物。它详细描述了由公司的经营、投资与筹资活动产生的现金流。通过现金流量表可以准确地计算各项静态和动态的评价指标。

常见的现金流量表如表 4-1 所示。

表 4-1 现金流量表 1

序号	项目	建设期		投产期		达产期			合计
		1	2	3	4	5	…	n	
1	现金流入								
1.1	回收固定资产余值								
1.2	产品销售收入								
1.3	回收流动资产								
2	现金流出								
2.1	固定资产投资								
2.2	流动资金								
2.3	经营成本								
3	净现金流量								
4	累计净现金流量								
5	所得税前净现金流量								
6	所得税前累计净现金流量								

在现金流量表中，一个重要的栏目是净现金流量栏目。净现金流量是指项目在一定时期内现金流入与现金流出的差额。通常现金流入取正号，现金流出取负号。根据项目所处的计算期不同阶段，各年的现金流量有正有负，其计算分述如下。

1）项目建设期内每年净现金流量计算式为：

$$净现金流量=-（固定资产投资+流动资金投资） \tag{4-1}$$

在这个阶段，由于只有现金流出，没有现金流入，因此净现金流量是负值。

2）项目运营期初每年净现金流量计算式为：

$$净现金流量=销售收入-经营成本-销售税金-所得税-流动资金增加额 \tag{4-2}$$

在这个阶段，由于还未达到设计生产能力标准，销售收入不太稳定，因而导致净现金流量可能为正，也可能为负。

3）项目正常运营期内每年净现金流量计算式为：

$$净现金流量=销售收入-经营成本-销售税金-所得税 \tag{4-3}$$

在这个阶段，一般情况下净现金流量是正值。如果出现负值，则说明项目亏损，是不可行的。

4）项目计算期最后一年的净现金流量计算式为：

$$\begin{aligned}净现金流量=&销售收入+回收固定资产余值+回收流动资金-\\&经营成本-销售税金-所得税\end{aligned} \tag{4-4}$$

项目计算期的最后一年即项目寿命周期终的年份，在这个阶段，要回收前期投入的流动资金，还要回收固定资产余值，因此一般净现金流量是正值。

例 4-1 某公司准备购入设备以扩充生产能力，需投资 50 000 元，使用寿命为 5 年，采用直线法计提折旧，5 年后设备净残值收入 10 000 元。5 年中每年销售收入 15 000 元，经营成本第一年 3 000 元，之后随着设备陈旧，将逐年增加修理费 500 元，另需垫支营运资金 5 000 元，所得税率为 25%，完成表 4-2。

表 4-2 投资方案现金流量表 单位：元

项目	时间					
	0	1	2	3	4	5
（1）营业收入		15 000	15 000	15 000	15 000	15 000
（2）固定资产余值						10 000
（3）流动资金回收						5 000
（4）固定资产投资	−50 000					
（5）流动资产投资	−5 000					
（6）经营成本		3 000	3 500	4 000	4 500	5 000
（7）折旧		8 000	8 000	8 000	8 000	8 000
（8）税前利润		4 000	3 500	3 000	2 500	2 000
（9）所得税		1 000	875	750	625	500
（10）税后净利		3 000	2 625	2 250	1 875	1 500
（11）现金流量	−55 000	11 000	10 625	10 250	9 875	24 500

注：表中（7）采用直线法计提的折旧 $=\dfrac{\text{固定资产投资}-\text{设备残值}}{\text{折旧年限}}=\dfrac{50\,000-10\,000}{5}=8\,000$（元）；（8）税前利润 =（1）营业收入 −（6）经营成本 −（7）折旧；（9）所得税 =（8）税前利润 ×25%；（10）税后净利 =（8）税前净利 −（9）所得税；（11）第 1-4 年的现金流量 =（10）税后净利+（7）折旧；（12）第 5 年的现金流量 =（10）税后净利+（7）折旧+（2）固定资产余值+（3）流动资金回收。

4.3 时间型评价指标

投资回收期是指项目的净现金流量（净收益）正好抵消全部投资所需要的时间，是反映项目财务投资回收能力的重要指标，是衡量项目投资盈利水平的经济效益指标。计算投资回收期（以年为单位）一般从方案投产时算起，若从投资开始算起则应予以注明。投资回收期按是否考虑时间价值可以分为静态投资回收期和动态投资回收期。

4.3.1 静态投资回收期

静态投资回收期是指以投资项目经营净现金流量抵偿原始总投资所需要的全部时间，不考虑资金的时间价值。它是一个简单的财务指标，用于评估项目的早期风险和资本回收速度。

静态投资回收期表达公式为：

$$\sum_{t=0}^{P_t}(CI-CO)_t=0 \tag{4-5}$$

式中，P_t 为静态投资回收期；CI 为现金流入量；CO 为现金流出量；$(CI-CO)_t$ 为第 t 年的净现金流量。

在实际项目中，累计净现金流量为零的时间点一般不会在某一年的年初或年末，因此静态投资回收期也可以根据现金流量表中累计净现金流量计算。当首次出现累计净现金流量为零或者为正时，即为项目投资回收的最终年份。其表达式如下：

$$P_t = T - 1 + \frac{\text{第}(T-1)\text{年的净现金流量累计值的绝对值}}{\text{第}T\text{年的净现金流量}} \tag{4-6}$$

式中，T为净现金流量累计值首次出现正值的年份。

例 4-2 某项目的原始投资 $F_0 = -20\,000$ 元，以后各年净现金流量为：第 1 年 3 000 元，第 2~5 年 5 000 元，求该项目的静态投资回收期。

解：首先根据题目绘制现金流量图，如图 4-3 所示。

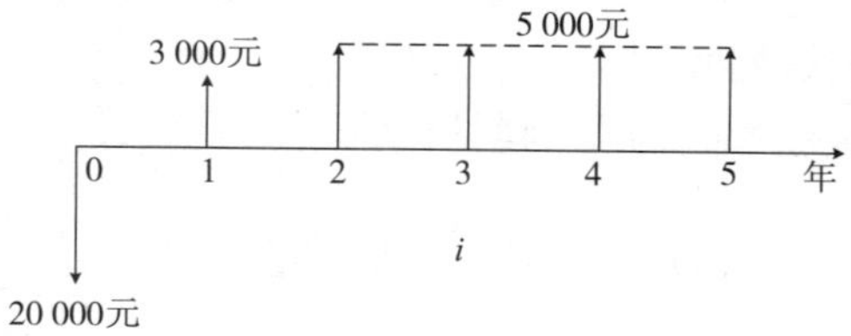

图 4-3 现金流量图 1

$$-20\,000 + 3\,000 + 5\,000 \times 4 = 3\,000(\text{元}) > 0$$

累计净现金流量开始出现正值的年份是第 5 年，根据式（4-6）计算可得：

$$\text{回收期}\ P_t = 5 - 1 + \frac{2\,000}{5\,000} = 4.4(\text{年})$$

所以该项目的静态投资回收期为 4.4 年。

假设行业基准投资回收期（简称标准回收期）为 P_c，当 $P_t \leqslant P_c$ 时，证明项目投入的资金能在规定时间回收，该项目可以接受；反之，该项目应予以拒绝。

静态投资回收期的优点是能够直观地反映原始总投资的返本期限，便于理解，计算也比较简单，可以直接利用回收期之前的净现金流量信息。缺点是没有考虑资金时间价值因素和回收期满后继续发生的现金流量，不能正确反映投资方式不同对项目的影响。只有静态投资回收期小于或等于基准投资回收期的投资项目才具有财务可行性。

这个指标的优缺点都非常明显。因此，静态投资回收期更适合作为初步评估项目的一个补充指标，而不是唯一的决策依据。在实际应用中，通常会结合其他考虑时间价值的财务评价指标，如净现值和内部收益率，来进行更全面的项目评估。

4.3.2 动态投资回收期

动态投资回收期也称现值投资回收期，指按现值计算的投资回收期。动态投资回收期克服了静态投资回收期不考虑资金时间价值的缺陷，即考虑资金时间价值的条件下按设定的利率收回全部投资所需要的时间。动态投资回收期的计算公式为：

$$\sum_{t=0}^{P_t'} (CI - CO)_t (1 + i_0)^{-t} = 0 \tag{4-7}$$

式中，P_t' 为动态投资回收期；i_0 为基准收益率。

在计算动态投资回收期时，如果项目金第 1 年年初也就是第 0 期有一个投资 P，以后项目的各年净现金流量均等于 A，基准收益率为 i_0，动态投资回收期计算公式可以转换为：

$$P = A\left(\frac{P}{A}, i_0, P_t'\right) = A\left[\frac{(1+i_0)^{P_t'}-1}{i_0(1+i_0)^{P_t'}}\right]$$

$$P_t' = \frac{-\lg\left(1-\dfrac{Pi_0}{A}\right)}{\lg(1+i_0)} \tag{4-8}$$

式中，i_0 为基准收益率；A 为年净现金流量。

例 4-3　某政府建设项目初始投资 1 000 万元，$i = 10\%$，项目完成后每年可获得 300 万元利润，求该项目的动态投资回收期。

解：绘制该项目的现金流量图，如图 4-4 所示。

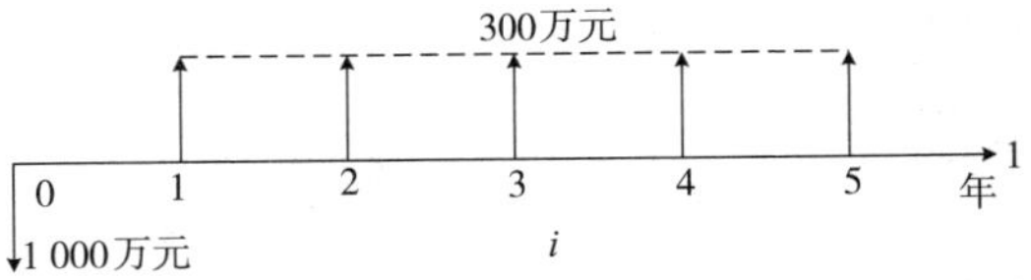

图 4-4　现金流量图 2

1）根据式（4-8）可求得精确解：

$$P_t' = \frac{-\lg\left(1-\dfrac{1\,000\times 10\%}{300}\right)}{\lg(1+10\%)} = \frac{-\lg\left(\dfrac{2}{3}\right)}{\lg(1.1)} = \frac{0.176\,09}{0.041\,39} = 4.25（年）$$

2）根据式（4-7）可得：

$$-1\,000 + 300\left(\frac{P}{A}, 10\%, P_t'\right) = 0$$

从利息表中查得利率为 10%时，P/A 系数为 3.333 的值在 4~5 年之间。即：

$$\left(\frac{P}{A}, 10\%, 4\right) = 3.169\,9\;;\;\left(\frac{P}{A}, 10\%, P_t'\right) = 3.333\,3\;;\;\left(\frac{P}{A}, 10\%, 5\right) = 3.790\,8$$

用内插法计算可得：

$$P_t' = 4 + \frac{(3.333\,3 - 3.169\,9)\times(5-4)}{3.790\,8 - 3.169\,9} = 4.26（年）$$

与精确值相比略有出入，但一般已足够精度要求。动态投资回收期是在静态投资回收期的基础上考虑了资金时间价值。所以动态投资回收期也可以根据现金流量表中累计净现金流量计算。当首次出现累计净现金流量为零或者为正时，即为项目投资回收的最终年份。计算方法与静态投资回收期类似，其表达式如下：

$$P_t' = T - 1 + \frac{第(T-1)年的净现金流量现值累计值的绝对值}{第T年的净现金流量现值} \tag{4-9}$$

例 4-4 某项目的现金流量表如表 4-3 所示，求该项目的静态投资回收期与动态投资回收期。

表 4-3 现金流量表 2

单位：万元

年末	0	1	2	3	4	5	6
初始投资	100						
经营净现金流量		40	40	50	50	50	50
项目净现金流量	-100	40	40	50	50	50	50
累计净现金流量	-100	-60	-20	30	80	130	180
$(1+i_0)^{-t}$，$i_0=10\%$	1	0.909 1	0.826 4	0.751 3	0.683 0	0.620 9	0.564 5
净现金流量现值	-100	36.36	33.06	37.57	34.15	31.05	28.23
累计净现金流量现值	-100	-64.64	-30.58	6.99	41.14	72.19	100.42

解：观察表 4-3 可得，累计净现金流量与累计净现金流量折现值均在第 3 年出现正值。

静态投资回收期：$P_t=3-1+\dfrac{20}{50}=2.4$（年）

动态投资回收期：$P_t'=3-1+\dfrac{30.58}{37.27}=2.8$（年）

假设行业基准动态投资回收期为 P_c'，当 $P_t'\leqslant P_c'$ 时，证明项目投入的资金能在规定时间回收，该项目可以接受；反之，该项目应予以拒绝。

本例中该行业规定的项目投资回收期在 3 年以内，无论是静态投资回收期还是动态投资回收期，都符合行业标准。因此，从投资回收期角度判断，该项目具有可行性。

显然，由于复利计算的结果，动态投资回收期要比静态投资回收期长，原因是动态投资回收期的计算考虑了资金的时间价值，这正是动态投资回收期的优点。但考虑时间价值后计算比较复杂。在投资回收期不长和折现率不大的情况下，两种投资回收期差别不大，一般不会影响方案的取舍。

投资回收期用来反映投资回本的时间长短，其在一定程度上可以用来衡量投资风险，静态投资回收期和动态投资回收期都适用于分析项目的盈利能力，静态投资回收期适用于项目初步可行阶段，动态投资回收期适用于项目可行性研究阶段。

4.4 价值型评价指标

4.4.1 净现值的概念与经济含义

1. 净现值的概念

净现值（Net Present Value，*NPV*）指未来资金（现金）流入（收入）现值与未来资金（现金）流出（支出）现值的差额。未来的资金流入与资金流出均按预计折现率各个时期的现值系数换算为现值后，再确定其净现值。这种预计折现率是按企业的最低投资收益率来确定的，是企业投资可以接受的最低界限。

该方法要求考察项目寿命期内每年发生的现金流量，按一定的折现率将各年净现金流量折现到同一时点的现值累加值就是净现值。其数学表达式为：

$$NPV = \sum_{t=0}^{n}(CI - CO)_t(1+i_0)^{-t} \tag{4-10}$$

式中，NPV 为净现值；CI 为现金流入量；CO 为现金流出量；i_0 为基准收益率；n 为项目计算期。

当一项工程初始投资为 P，此后的每年收益都相等且为 A，此时的净现值数学表达式为：

$$NPV = A\left(\frac{P}{A}, i_0, n\right) \tag{4-11}$$

2. 净现值的经济含义

净现值（NPV）是衡量投资项目经济价值的关键财务指标，它通过将项目未来现金流的预测值按照一定的折现率转换为当前价值，并与初始投资成本相比较，以确定项目的净增值。① $NPV = 0$，表明项目的实施可以收回其成本，而且恰好等于既定的收益率（基准收益率），不能理解为项目不赢不亏。比如，某项目年初投资 10 万元，年末收益 12 万元，基准收益率为 20%，此时 $NPV = 0$，它表明项目刚好达到投资者的预期水平，当然项目可行。为了帮助理解，再比如若把考试及格标准 60 分视为“基准收益率”，某同学期末考了 60 分，则通过考试。② $NPV > 0$，表明项目预期能够创造的价值超过其成本，为投资者带来超出既定收益率的回报，其超额部分的现值就是 NPV 值。③ $NPV < 0$，则意味着项目的回报未达到既定的收益率，即低于资本的最低获利要求（此时项目不一定亏损）。

因此，在只有一个备选方案的采纳与否决策中，可以通过净现值来判断该项目是否值得投资。净现值 $NPV \geqslant 0$ 则方案可行，可以考虑采纳；净现值 $NPV < 0$ 则方案不可行，应予以拒绝。另外，净现值还可用于多方案的比较、选择，在计算期相同的情况下，通常以 NPV 大者为优。

净现值的优点在于考虑了项目整个生命周期内的所有现金流，包括初始投资和后续的现金流入与流出。并且通过折现现金流，体现了资金的时间价值，通过净现值的正负来判断该项目是否可以投资。其缺点在于基准收益率的选择过于主观，有时无法确定一个与实际情况较为符合的基准收益率。

例 4-5 某投资方案现金流量如表 4-4 所示，若基准收益率为 10%，计算方案的净现值。

表 4-4 现金流量表 3

单位：万元

年末	收入	支出	净现金流量
0	0	−5 000	−5 000
1	4 000	−2 000	2 000
2	5 000	−1 000	4 000
3	0	−1 000	−1 000
4	7 000	0	7 000

解:根据表 4-4 可得出该方案的净现金流量图,如图 4-5 所示。

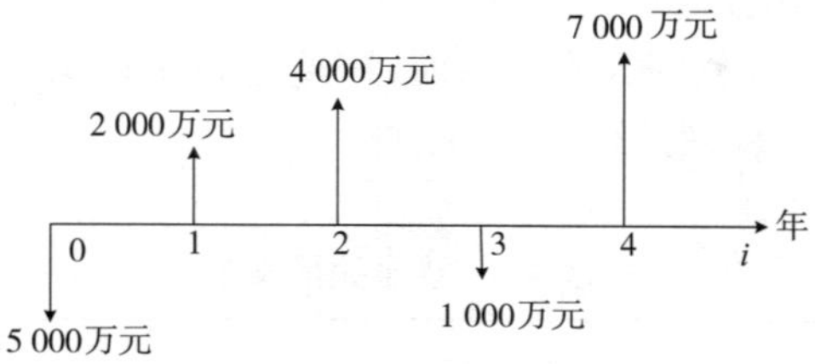

图 4-5　现金流量图 3

$$NPV = -5\,000 + 2\,000\left(\frac{P}{F},10\%,1\right) + 4\,000\left(\frac{P}{F},10\%,2\right) - 1\,000\left(\frac{P}{F},10\%,3\right) + 7\,000\left(\frac{P}{F},10\%,4\right)$$

$$= -5\,000 + 2\,000 \times 0.909\,1 + 4\,000 \times 0.826\,4 - 1\,000 \times 0.751\,3 + 7\,000 \times 0.683\,0$$

$$= 4\,153.5(\text{万元}) > 0$$

$NPV > 0$，表明本项目值得投资。

例 4-6　某投资方案各年的现金流量如表 4-5 所示,若基准收益率为 10%,试求方案的经济可行性。

表 4-5　现金流量表 4　　单位:万元

项目	时间		
	0	1	2—7
投资	1 000	1 000	—
收入	—	—	750
经营成本	—	—	100
净现金流量	-1 000	-1 000	650

解:根据表 4-5 可得出该方案的净现金流量图,如图 4-6 所示。

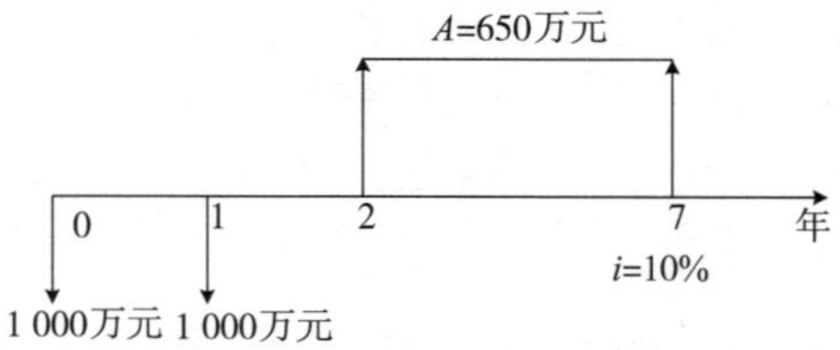

图 4-6　现金流量图 4

(1)根据图 4-6 各年现金流量可得:

$$NPV = -1\,000 - 1\,000 \times \left(\frac{P}{F},10\%,1\right) + 650 \times \left(\frac{P}{A},10\%,6\right)\left(\frac{P}{F},10\%,1\right)$$

$$=-1\,000-1\,000\times0.909\,1+650\times4.355\,3\times0.909\,1$$
$$=664.51(\text{万元})>0$$

计算结果表明，当基准收益率等于 10%时，现值为 664.51 万元，因此该方案可行。

（2）还可利用现金流量表来计算净现值，如表 4-6 所示。

表 4-6　现金流量表 5　　单位：万元

项目 \ 时间	0	1	2	3	4	5	6	7
投资	1 000	1 000	—	—	—	—	—	—
收入			750	750	750	750	750	750
经营成本			100	100	100	100	100	100
净现金流	−1 000	−1 000	650	650	650	650	650	650
折现系数 $(1+i_0)^{-1}$, $i=10\%$	1	0.909 1	0.826 4	0.751 3	0.683 0	0.620 9	0.564 5	0.513 2
净现金流量现值	−1 000	− 909.1	537.16	488.35	443.95	403.59	366.93	333.58
累计净现金流量现值	−1 000	−1 909.1	−1 371.94	−883.59	−439.64	−36.05	330.88	664.46

根据表 4-6 计算可知，净现值为 664.46 万元，说明该方案达到了预定收益率的要求，还有额外收益，因此该方案可行。

4.4.2　净现值函数的特征

净现值公式 $NPV=\sum_{t=0}^{n}(CI-CO)_t(1+i_0)^{-t}$ 中，如果 $(CI-CO)_t=F_t$。在一般投资条件下，如果 $F_0<0$，$\sum_{t=1}^{n}F_t>0(t=1,2,\cdots,n)$，$n$ 为有限值，F_t 仅改变一次符号，那么净现值公式可转换为：

$$NPV(i)=F_0+F_1(1+i)^{-1}+F_2(1+i)^{-2}+\cdots+F_n(1+i)^{-n}$$

假设 $NPV(i)$ 为连续函数，则：

$$\frac{\mathrm{d}NPV(i)}{\mathrm{d}(1+i)}=-\frac{F_1}{(1+i)^2}-\frac{2F_2}{(1+i)^3}-\cdots-\frac{nF_n}{(1+i)^{n+1}}<0$$

$$\frac{\mathrm{d}^2NPV(i)}{\mathrm{d}(1+i)^2}=\frac{2F_1}{(1+i)^3}+\frac{6F_2}{(1+i)^4}+\cdots+\frac{n(n+1)F_n}{(1+i)^{n+2}}>0$$

故 $NPV(i)$ 为向下凸的单调递减的函数曲线，即随着 i 的增大，$NPV(i)$ 在减小。

当 $i\to+\infty$ 时，$NPV(i)\to-F_0$；当 $i\to-1$ 时，$NPV(i)\to+\infty$。

所以，在 $-1<i<+\infty$ 范围内，$NPV(i)$ 与横轴只相交一次，如图 4-7 所示。

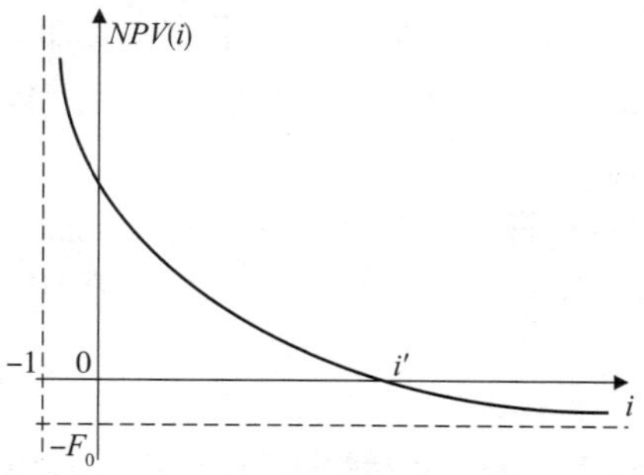

图 4-7　净现值函数曲线

在现实生活中，大多数现金流量都是先有支出后有收入的，在 $0<i<+\infty$ 范围内，常规投资方案大都属于这一类型。所以，当 $NPV(i)\geq 0$ 时，方案就可以接受。

由于 $NPV(i)$ 是 i 的减函数，基准收益率越大，方案被接受的可能性就越低。那么，当 i 达到其临界值即 $NPV(i)=0$ 时，此时的 i 为内部收益率。

4.4.3　基准收益率的选择与确定

基准收益率，也称基准折现率，是企业、行业或投资者以动态的观点确定的、可接受的投资项目最低标准的收益水平，即选择特定的投资机会或投资方案必须达到的预期收益率，是投资决策者对项目资金时间价值的估值。基准收益率的确定既受到客观条件的限制，又有投资者的主观愿望。基准收益率表明投资决策者对项目资金时间价值的估价，是投资资金应当获得的最低盈利率水平，是评价和判断投资方案在经济上是否可行的关键财务指标，是一个重要的经济参数。

确定基准收益率时，需综合考虑资金成本、项目风险、通货膨胀率等多个因素。资金成本不仅包括借贷资金的利息，也涵盖了自有资金的机会成本。项目风险要求在收益率中加入适当的风险溢价，以补偿潜在的不确定性和损失可能性。通货膨胀率的预期变化也会影响投资者对未来现金流的评估。在实际操作中，基准收益率可以通过资本资产定价模型、加权平均资本成本、典型项目模拟法或德尔菲专家调查法等不同方法确定。每种方法都有其特定的适用场景和优势，选择时需结合项目特性、行业标准和市场条件。政府投资项目还需符合政策导向和实现预期收益，确保投资决策与国家经济发展规划相一致。设定合理的基准收益率对于投资决策至关重要，它不仅影响项目的财务评价结果，也直接关系到投资效益的最大化和风险的合理控制。基准收益率主要取决于综合资金成本、投资的机会成本、投资的风险补贴率以及通货膨胀率等几个因素。

1. 综合资金成本

资金来源主要有借贷资金和自有资金两种。借贷资金要支付利息；自有资金要满足基准收益。因此，资金费用是项目借贷资金的利息和项目自有资金基准收益的总和，其大小取决于资金来源的构成及其利率的高低。

1）资金来源是借贷资金时，基准收益率必须高于贷款的利率，这是负债经营的先决条件。如果投资者能实现基准收益率，则说明投资者除了归还贷款利息，还有盈余，是成功的。

2）资金来源是自有资金时，其基准收益率由企业自行决定，一般取同行业的基准收益率，这是该行业的最低期望收益率。如果不投资于本项目，投资者可以投资于其他项目，而得到起码的收益。

3）如果资金来源是兼有借贷资金和自有资金时，则按照二者所占资金的比例及其利率求取加权平均值即综合利率作为基准收益率。综合资金费用率的计算过程和结果如表 4-7 所示。

表 4-7　综合资金费用率计算过程和结果

资金来源	年利率	年最低期望盈利率	年资金费用（万元）	综合资金率费用
银行贷款 40 万元	9%		40 × 9%=3.6	
自有资金 60 万元		15%	60 × 15%=9.0	
资金合计 100 万元			3.6+9.0=12.6	12.6%

由表 4-7 可知，资金费用率是借贷资金利息和项目自有资金最低期望盈利的综合费用率，值为 12.6%。

由此可以得出结论：基准收益率（最低期望盈利率）>资金费用率>借贷利率。

2. 投资的机会成本

投资的机会成本是指投资者把有限的资金不用于该项目而用于其他投资项目所创造的收益。投资者总是希望得到最佳的投资机会，从而使有限的资金取得最佳经济效益。因此，项目的基准收益率必然要大于它的机会成本，而投资的机会成本必然高于资金费用。否则，日常的投资活动就无法进行了。因此，基准收益率>投资的机会成本>资金费用率。

3. 投资的风险补贴率

任何项目投资都存在一定的风险。进行项目投资，投资决策在前，实际建设和生产经营在后。在未来项目建设和生产经营的整个项目寿命期内，内外经济环境可能会发生难以预料的变化，从而使项目的收入和支出与原先预期的有所不同。不利的变化会给投资决策带来风险，为了补偿可能发生的风险损失，投资者要考虑一个适当的风险补贴率，只有满足了风险补贴，才愿意进行投资。国外的风险补贴率一般取 2%~5%之间。

一般说来，资金密集项目的风险高于劳动密集项目的；资产专用性强的风险高于资产通用性强的；以降低生产成本为目的的风险低于以扩大产量、扩大市场份额为目的的。此外，资金雄厚的投资主体的风险低于资金拮据者的。随着市场经济的建立，以及国际国内市场竞争的日益激烈，项目投资的风险会越来越大，风险补贴率是投资者必须考虑的问题。因此，为了限制对风险大、盈利低的项目进行投资，可以采取提高基准收益率的办法来进行项目经济评价。

4. 通货膨胀率

所谓通货膨胀，是指在纸币流通条件下，因货币供给大于货币实际需求，即现实购买力大于产出供给，导致货币贬值，而引起的一段时间内物价持续而普遍上涨的现象。在预期未来存在通货膨胀的情况下，如果项目的支出和收入是按预期的各年时价计算的，项目资金的收益率中包含有通货膨胀率。为了使被选项目的收益率不低于实际期望水平，就应在实际最低期望收益率水平上，加上通货膨胀率。如果项目支出和收入在整个项目寿命期内是按不变价格计算的，就不必考虑通货膨胀对基准收益率的影响。

4.4.4 净年值

净年值（Net Annual Value, *NAV*），或称年值，是指按给定的折现率，通过等值换算将方案计算期内各个不同时点的净现金流量分摊到计算期内各年的等额年值。净年值计算公式为：

$$NAV = NPV\left(\frac{A}{P},i_0,n\right) = \sum_{t=0}^{n}(CI-CO)_t(1+i_0)^{-t}\left(\frac{A}{P},i_0,n\right) \tag{4-12}$$

说明：

1）经济含义。项目在寿命期内，附加收益的年金额。

2）判据。$NAV \geqslant 0$，项目可以考虑接受，$NAV < 0$ 时，项目不能接受。

3）净年值一般不用于单个方案的评价。

4）对于多个方案比较时，*NAV* 指标评价一般适用于现金流量和利率已知、初始投资额相等，但寿命期相差悬殊方案的比较，具有 *NAV* 最大值的方案是最优的。如果各方案 *NAV* 值均为负值，投资者最佳决策为不投资。

例 4-7 仍用例 4-5 的数据，计算方案的净年值。

解：根据例 4-5 的计算结果，运用式（4-12）计算可得：

$$NAV = 4\,153.5\times\left(\frac{A}{P},i_0,n\right) = 4\,153.5\times\left(\frac{A}{P},10\%,4\right) = 4\,153.5\times0.315\,5 = 1\,310\text{（万元）}$$

4.4.5 净终值

净终值（Net Future Value, *NFV*），或称净未来值，是指将各期的现金流量以投资计划中最后一期的货币价值来计算，然后将各期现金流量的终值加总。其数学公式为：

$$NFV = NPV\left(\frac{F}{P},i_0,n\right) = \sum_{t=0}^{n}(CI-CO)_t(1+i_0)^{-t}\left(\frac{F}{P},i_0,n\right) \tag{4-13}$$

净终值的判断准与净现值、净年值一样：$NFV > 0$，方案可以接受；$NFV = 0$ 时处于临界状态；$NFV < 0$，方案应该拒绝采纳。净终值立足于将来，有夸大事实的作用，当投资项目遇高通货膨胀率时，净终值容易显示出通货膨胀的影响效果。

在方案评价中，净现值、净年值、净终值的结果是等效的，实质上没有什么不同，只是计算的基准时间不同，三种判据所得的结论是一致的，但一般常用净现值较多。

4.4.6 费用现值

费用现值（*PC*），实际上是净现值的一个特例。其含义是指利用此方法所计算出的净现值只包括费用部分。这是因为有些项目的收益难以用货币直接计算，如安全保障、环境保护、劳动条件改善等等。对于这类项目，若各备选方案能够满足相同的需要，则只需比较它们的投资与经营费用，即只计算各备选方案的费用现值（*PC*）并进行对比，以费用现值较低的方案为最佳。其表达式为

$$PC=\sum_{t=0}^{n}CO_t\left(1+i_0\right)^{-t} \tag{4-14}$$

4.4.7 费用年值

费用年值（AC），也称年费用法。其含义是指通过计算各备选方案的年等额费用并进行比较，以年费用较低的方案为最佳方案的一种方法。其表达式为

$$AC=PC\left(\frac{A}{P},\ i_0,\ n\right) \tag{4-15}$$

4.5 效率型评价指标

4.5.1 净现值率

净现值率（Net Present Value Rate，$NPVR$）又称净现值比、净现值指数，是指项目净现值与原始投资现值的比率。净现值率是一种动态投资收益指标，用于衡量不同投资方案的获利能力大小，说明某项目单位投资现值所能实现的净现值大小。净现值率小，单位投资的收益就低；净现值率大，单位投资的收益就高，一般作为净现值的辅助评价标准。数学公式为：

$$NPVR=\frac{NPV}{I_P} \tag{4-16}$$

式中，$NPVR$ 为净现值率；I_P 为原始投资现值。

在经济评价中，净现值率判据同净现值判据一样，可用于单方案评价，同时它作为投资的效率指标，也可以用于多方案排序中的经济性优劣排序。

例 4-8 通过表 4-8 计算净现值率。

表 4-8 现金流量表 6

单位：万元

年末	0	1	2	3	4	5	6
初始投资	1 000	1 000	—	—	—	—	—
经营净现金流量	—	—	550	950	1 020	1 230	1 500
累计净现金流量	−1 000	−1 000	−1 450	−500	520	1 750	3 250
$(1+i_0)^{-t}$，$i_0=12\%$	1	0.892 9	0.797 2	0.711 8	0.635 5	0.567 4	0.506 6
净现金流量折现值	−1 000	−892.9	438.46	676.21	648.21	697.9	759.9
累计净现金流量折现值	−1 000	−1 892.9	−1 454.4	−778.23	−130.02	567.88	1 327.78

解：由表 4-8 可知，$I_p=1892.9$万元，$NPV=1327.78$万元

$$NPVR=\frac{NPV}{I_p}=\frac{1327.78}{1892.9}=0.7$$

4.5.2　内部收益率的含义

内部收益率（Internal Rate of Return，*IRR*）指项目在整个计算期内各年净现金流量的现值累计等于零（或净年值等于零）时的折现率。内部收益率是对项目在整个寿命期内的盈利能力进行分析的指标，因为其计算因素取决于项目内部，所以被称为内部收益率，是项目经济评价最重要的指标之一。

如果在项目周期内，按内部收益率计算项目每年的净现金流量，会一直存在未能收回的投资，在计算期结束时，投资才会被完全收回，此时的净现金流量等于零。所以，内部收益率越高，说明项目的投资回收能力越强，方案的经济性也就越好。

内部收益率作为效率型指标，其理论公式为：

$$\sum_{t=0}^{n}(CI-CO)_t(1+IRR)^{-t}=0 \tag{4-17}$$

在将内部收益率作为项目经济评价指标时，需要与项目的基准收益率 i_0 进行比较：当 $IRR \geqslant i_0$ 时，说明项目的收益率已经达到或超过项目基准收益率水平，项目可行；当 $IRR < i_0$ 时，说明项目的收益率没有达到项目基准收益率水平，项目不可行。

4.5.3　内部收益率的计算方法

在对内部收益率进行计算求解时，运用理论公式进行计算要解一元高次方程，计算过程烦琐，为解决这类问题，常运用直线内插法进行计算。

直线内插法的使用原理为：寻找 i_1 和 i_2，它们需要符合 $i_1 < i_2$、$NPV(i_1) > 0$、$NPV(i_2) < 0$ 且 $(i_2 - i_1)$ 应在 2%～5% 之间，对 $(i_2 - i_1)$ 的大小进行约束是为保证所求的 *IRR* 的误差不宜过大，在坐标图中画出 $NPV(i)$ 曲线，标注 i_1、i_2、$NPV(i_1)$、$NPV(i_2)$，如图 4-8 所示。

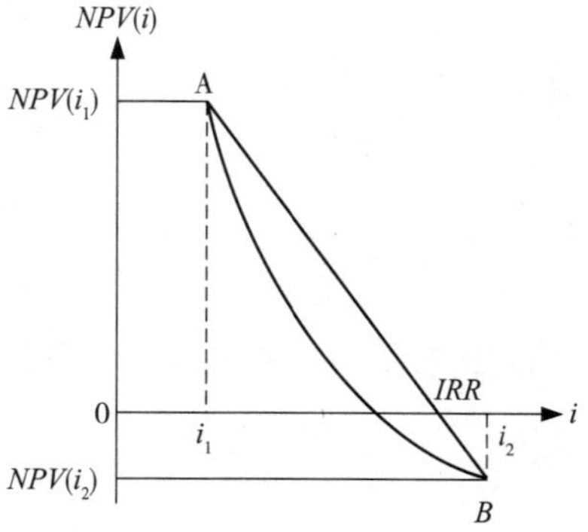

图 4-8　内插法求 *IRR* 图解

通过分析的内容，可以看出净现值为零时的利率必定在 i_1 和 i_2 之间，即 $i_1 < IRR < i_2$。后根据直线内插法公式对 *IRR* 进行求解：

$$IRR = i_1 + \frac{NPV(i_1)}{NPV(i_1)+\left|NPV(i_2)\right|}(i_2 - i_1) \tag{4-18}$$

例 4-9 某项目计算期内现金流量如表 4-9 所示，基准收益率为 10%，使用内部收益率指标判断该项目经济上是否可行。

表 4-9 现金流量表 7

单位：万元

年份	0	1—4	5
净现金流量	-5 000	1 000	1 500

解：求 IRR 值：

$$NPV(i) = -5\,000 + 1\,000 \times \left(\frac{P}{A}, IRR, 5\right) + 500 \times \left(\frac{P}{F}, IRR, 5\right) = 0$$

取 $i = 3\%$：

$$NPV(3\%) = -5\,000 + 1\,000 \times \left(\frac{P}{A}, 3\%, 5\right) + 500 \times \left(\frac{P}{F}, 3\%, 5\right)$$
$$= -5\,000 + 1\,000 \times 4.579\,7 + 500 \times 0.862\,6$$
$$= 11(\text{万元}) > 0$$

由净现值函数规律可知 $NPV(i)$ 值随着 i 的增加而减少，为使现值为 0 或者为负，取 $i = 4\%$：

$$NPV(4\%) = -5\,000 + 1\,000 \times \left(\frac{P}{A}, 4\%, 5\right) + 500 \times \left(\frac{P}{F}, 4\%, 5\right)$$
$$= -5\,000 + 1\,000 \times 4.451\,8 + 500 \times 0.821\,9$$
$$= -137.25(\text{万元}) < 0$$

由上面计算可知，$NPV(3\%) > 0$，$NPV(4\%) < 0$，所以内部收益率必然在 $3\% \sim 4\%$ 之间，带入式（4-18）求得：

$$IRR = i_1 + \frac{NPV(i_1)}{NPV(i_1) + |NPV(i_2)|}(i_2 - i_1)$$
$$= 3\% + 1\% \times \frac{11}{11 + 137.25}$$
$$= 3.07\%$$

因为 $IRR = 3.07\% < 10\%$，所以该方案在经济上应该予以拒绝。

4.5.4 内部收益率的几种情况

内部收益率公式（4-17）是一元高次（n 次）方程，若令（$1+IRR$）$^{-1}=x$；令（$CI-CO$）$_t=f_t$（$t=0,1,2,3,\cdots,n$），则内部收益率方程式可以简写为以下形式：

$$f_0 + f_1x + f_2x^2 + \cdots + f_nx^n = 0 \tag{4-19}$$

这是一元 n 次方程，n 次方程应该有 n 个解（其中包括复数根和重根），其中负根无经济意义，只有正实数根才可能是项目的内部收益率，而方程的正实根可能不止一个。

根据笛卡儿符号规则判断 n 次方程式正实数根的数目，不超过其系数数列符号变更的次数。

例 4-10 假定某投资方案的现金流量表如表 4-10 所示，其内部收益率为 20%，试计算该投资方案的内部收益率。

表 4-10 现金流量表 8

单位：万元

年份	0	1	2	3
净现金流量	-100	470	-720	360

解：根据现金流量表绘制现金流量图（如图 4-9 所示）以及资金收回图（如图 4-10 所示）。

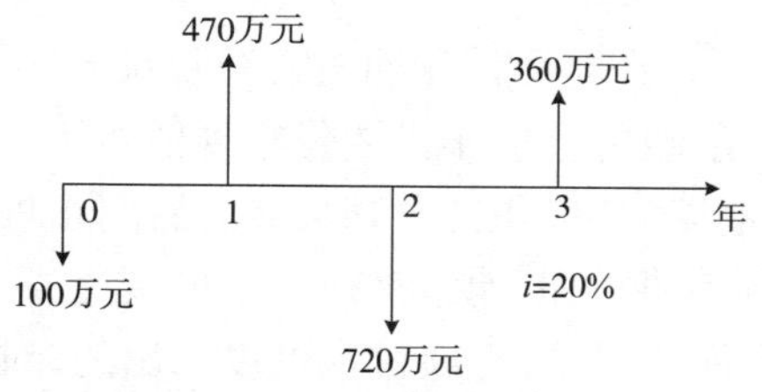

图 4-9 现金流量图 5

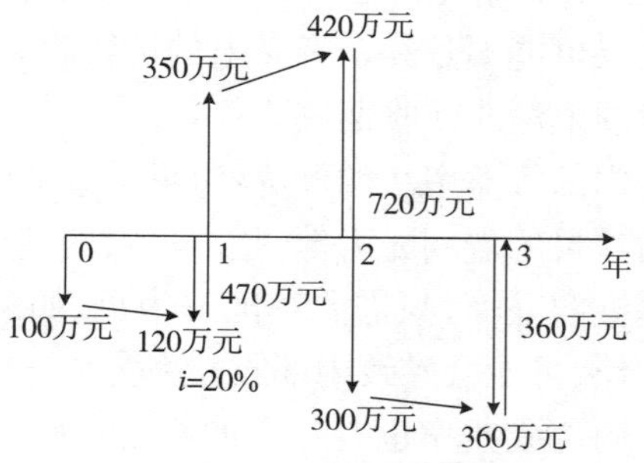

图 4-10 资金收回图

从图 4-10 中可以看出，初始投资 100 万元，第 1 年、第 3 年的收益分别为 470、360 万元，在第 2 年还有 720 万元的投资。第 1 年年末以 20%利率占用的待收回投资 120 万元+收回资金 470 万元=350 万元，即收回投资后获利 350 万元；第 2 年年末又投资 720 万元，以同样利率占用的收益 420 万元-投资资金 720 万元=-300 万元，即尚未收回的投资额为 300 万元；第 3 年年末以同样利率占用的待收回资金 360 万元-收回资金 360 万元=0 万元。至此，以 20%利率占用的投资全部得到收回。可见内部收益率是未收回的投资所赚得的利率，它不仅受项目初始投资规模的影响，而且受项目寿命周期内各年净收益大小的影响。

在项目的整个寿命期内，按折现率 $i = IRR$ 计算，在项目寿命期结束时，投资恰好完全回收。

当基准收益率 $i = 20\%$ 时：

$$NPV = -100 + 470\left(\frac{P}{F},20\%,1\right) - 720\left(\frac{P}{F},20\%,2\right) + 360\left(\frac{P}{F},20\%,3\right) = 0$$

当基准收益率 $i = 50\%$ 时：

$$NPV = -100 + 470\left(\frac{P}{F},50\%,1\right) - 720\left(\frac{P}{F},50\%,2\right) + 360\left(\frac{P}{F},50\%,3\right) = 0$$

当基准收益率 $i = 100\%$ 时：

$$NPV = -100 + 470\left(\frac{P}{F},100\%,1\right) - 720\left(\frac{P}{F},100\%,2\right) + 360\left(\frac{P}{F},100\%,3\right) = 0$$

综上所述，该投资方案现金流量的正负号在项目寿命期内发生多次变化时，项目有多个正实数解。那么它们是不是该投资方案的内部收益率呢?

运用 *IRR* 进行项目经济可行性检验时，因为 *IRR* 指标的性质，存在一定的使用特例，需要讨论 *IRR* 解的情况，情况如下。

1)唯一 *IRR* 正解：对于常规投资方案净现值曲线，只存在唯一 *IRR* 正解。

2)多个 *IRR* 解：在某些情况下，特别是当项目的现金流包含多次换向(即现金流从正到负，或从负到正多次变化)时，属于非常规投资方案，如例 4-10 所示的情况，根据笛卡儿符号规则，现金流量的符号改变三次，满足方案的解有三个，即 20%、50%和 100%，此时难以确定哪个值是该投资方案的内部收益率。这种情况下，一般认为内部收益率指标已失效，不能用它来进行项目的评价和选择。

3)*IRR* 解不存在：如果项目的现金流结构特殊，可能不存在内部收益率，或者 *IRR* 的计算结果可能不是经济意义上的可行解。在这种情况下，可能需要使用其他方法来评估项目，如净现值法或回收期法。

内部收益率法的优势：考虑资金的时间价值及项目在整个计算期内的经营状况，可直观表明项目的盈利能力等；是由项目的现金流量分布情况决定的，不需要像净现值指标一样确定基准收益率，只需要基准解为负，如果项目的现金流为负，并且没有足够的后期正现金流来补偿，可能会导致内部收益率为负，这表明项目预期将亏损，通常被视为不可接受。

内部收益率也有一定的不足：计算过程较为烦琐；不是所有项目都可以求出的，对于非常规项目(投资项目的现金流量是交错型)，可能存在无解的情况；在进行多方案评价时，容易出现与净现值结论相反的情况，此时以净现值评价指标的结果为准。

4.5.5 投资收益率

投资收益率又称投资利润率，是指投资方案在达到设计生产能力后一个正常年份的年净收益额与方案投资总额的比率。它是评价投资方案盈利能力的静态指标，表明投资方案正常生产年份中，单位投资每年所创造的年净收益额。运营期内各年净收益额变化幅度较大的方案，可计算其运营期年均净收益额与投资总额的比率。其数学公式为：

$$I = \frac{A}{P} \tag{4-20}$$

式中，I 为投资收益率；A 为年净收益额或年均净收益额；P 为投资总额。

投资收益率的优点是：指标的经济意义明确、直观，计算简便，在一定程度上反映了投资效果的优劣，可适用于各种投资规模。

投资收益率的缺点是：没有考虑资金时间价值因素，忽视了资金具有时间价值的重要性；指标计算的主观随意性太强，换句话说，就是正常生产年份的选择比较困难，如何确定有着不确定性和人为因素；不能正确反映建设期长短及投资方式不同和回收额的有无对项目的影响；分子、分母计算口径的可比性较差，无法直接利用净现金流量信息；只有投资收益率指标大于或等于无风险投资收益率的投资项目才具有财务可行性。因此，以投资收益率指标作为主要的决策依据不太可靠。

投资收益率反映投资的收益能力。当该比率明显低于公司净资产收益率时，说明其对外投资是失败的，应改善对外投资结构和投资项目；而当该比率远高于一般企业净资产收益率时，则存在操纵利润的嫌疑，应进一步分析各项收益的合理性。

4.6 本章小结

本章介绍了工程经济性判断的基本指标，常用的指标有静态投资回收期、动态投资回收期；净现值、净年值、净终值、费用现值、费用年值；净现值率、内部收益率、投资收益率等。项目投资决策的实质是对未来的投资收益和投资风险进行权衡，比如净现值表示投资会带来多少收益，体现累计收益；净现值率表示资金的利用效率好坏，体现盈利能力；投资回收期表示资金的回收速度，体现风险大小。

单方案评价是指为了评价工程技术方案的经济效果，根据方案计算期（研究期）内的现金流量，计算有关指标，以确定该方案经济效果的好坏。其核心在于评估一个独立方案的经济可行性和风险，帮助决策者全面了解投资的潜在价值和不确定性，从而做出更加明智的决策。

但是单方案评价存在诸多缺陷，比如只考虑一个方案，可能错过更好的方案；过于依赖对未来现金流的预测以及基本收益率的选择，预测失误可能会导致误导性的结果；单方案评价没有考虑市场条件的变化对项目现金流的影响。对于这些局限性，可以通过引入多方案评价以提供更全面的决策支持。多方案评价考虑两个或更多的替代方案，允许决策者比较它们的相对优势和劣势。

练习题

1. 单项选择题（在备选答案中选择 1 个正确的选项）

1）在评价投资方案经济效果时，与静态评价方法相比，动态评价方法最大的特点是（　　）。

A. 考虑了资金时间价值　　B. 适用于投资方案的粗略评价

C. 适用于逐年收益不同的投资方案　　D. 反映了短期投资效果

2）某投资方案的数据为：第 1 年年初投资是 2 500 万元，第 1 年年末投资是 2 000 万元，第 2-10 年各年年末的净现金流量均为 1 200 万元，其静态投资回收期为（　　）年。

A. 3.75　　B. 3　　C. 2.75　　D. 3.5

3）某项目有常规的现金流量，当基准收益率为 12%时，*NPV* 为 500 万元。那么基准收益率变为 20%时，*NPV* 将（　　）。

A. 等于 500 万元　　B. 小于 500 万元　　C. 大于 500 万元　　D. 都有可能

4）如果项目在经济上可行，则通常应该满足的条件是（　　）。

A. $NPV < 0, IRR \geqslant i_0$　　B. $NPV < 0, IRR \leqslant i_0$

C. $NPV \geqslant 0, IRR \leqslant i_0$　　D. $NPV \geqslant 0, IRR \geqslant i_0$

5)某开发项目各年净现金流量:第 1 年年初投资为 1 000 万元,第 2 年年初的净现金流量为 300 万元,第 3 年年初的净现金流量为 300 万元,第 4 年年初、第 5 年年初的净现金流量均为 400 万元,第 6 年年初净现金流量为 600 万元,其静态投资回收期为(　　)年。

A. 3　　B. 3.5　　C. 2　　D. 2.5

6)某项目的基准收益率 i_0=14%,其净现值 NPV=18.8 万元。现为了计算其内部收益率,分别用 i_1=13%, i_2=16%, i_3=17%进行试算,得出 NPV_1=33.2 万元, NPV_2=−6.1 万元, NPV_3=−10.8 万元。则采用内插法求得的最接近精确解的内部收益率为(　　)。

A. 15.31%　　B. 15.51%　　C. 15.53%　　D. 15.91%

2. 多项选择题(在备选答案中选择 2 个或 2 个以上正确的选项)

1)静态投资回收期指标不足之处为(　　)。

A. 只考虑回收之前的效果,不能反映回收之后的情况

B. 不考虑资金时间价值,无法正确地辨识项目的优劣

C 经济意义明确、直观、计算复杂

D. 不便于投资者衡量建设项目承担风险的能力

E. 在一定程度上不能反映投资效果的优劣

2)投资项目经济评价中,净现值指标的优点主要表现在(　　)。

A. 考虑了资金的时间价值,对项目进行动态分析

B. 考查了项目在整个寿命期内的经济状况

C. 直接以货币额表示项目投资的收益性大小,经济意义明确直观

D. 净现值指标可以从动态角度直接反映项目投资的实际收益水平

3)净现值和内部收益率作为评价投资方案经济效果的主要指标,两者的共同特点有(　　)。

A. 均考虑了项目在整个计算期内的经济状况

B. 均取决于投资过程的现金流量而不受外部参数影响

C. 均可用于独立方案的评价,并且结论是一致的

D. 均能反映投资过程的收益

E. 均能直接反映项目在运营期间各年的经营成果

4)在下列投资项目评价指标中,属于静态评价指标的有(　　)。

A. 净年值　　B. 借款偿还值　　C. 投资收益率　　D. 内部收益率

E. 偿债备付率

5)某投资方案的基准收益率为 10%,内部收益率为 15%,则该方案(　　)。

A. 净现值大于零　　B. 该方案不可行　　C. 净现值小于零　　D. 该方案可行

E. 无法判断是否可行

3. 填空题

1)某建设项目,当 $i_1 = 20\%$时,净现值为 70.92 万元;当 $i_2 = 23\%$时,净现值为−65.14 万元,则该建设项目的内部收益率为(　　　)%。(四舍五入,小数点后保留两位小数)

2)净现值率是(　　　)与投资现值的比值。

3)基准收益率主要取决于(　　　　)、(　　　　)、(　　　　)以及(　　　　)。

4)为了限制对风险大、盈利低的项目进行投资,在进行项目经济评价时,可以采取提高(　　　　)的方法。

5)当方案的 *NPV*(　　　　)时,说明该方案能满足基准收益率要求的盈利水平。

6)若某项目的动态投资回收期刚好等于项目计算期,则必然有内部收益率(　　　　)基准收益率。

4. 判断题

1)对于计算年限不等的投资方案比较,净年值指标比净现值指标更具适用性。(　　)

2)对于常规项目,其净现值的大小与折现率的高低有直接关系。折现率越大,净现值就越小;折现率越小,净现值就越大。随着折现率的提高,净现值逐渐变小,由正变负。(　　)

5. 计算题

1)某公司准备购入一设备以扩充生产能力。需投资 25 000 元,使用寿命为 5 年,采用直线法计提折旧, 5 年后设备净残值收入 3 000 元。5 年中每年销售收入 12 000 元,经营成本第一年 5 000 元,以后随着设备陈旧,将逐年增加修理费 200 元,另需垫支营运资金 3 000 元,所得税率为 25%,完成表 4-A。

表 4-A　投资方案现金流量表

单位:元

项目＼时间	0	1	2	3	4	5
(1)销售收入						
(2)固定资产余值						
(3)流动资金回收						
(4)固定资产投资						
(5)流动资产投资						
(6)经营成本						
(7)折旧						
(8)税前利润						
(9)所得税						
(10)税后净利						
(11)现金流量						

2)某项目的投资及年收益如表 4-B 所示,绘制其现金流量图并计算该项目的静态投资回收期。

表 4-B　项目投资及年收益

单位:万元

项目	0	1	2	3	4	5
A	-750	200	250	150	100	300

3)某设备的购买价为 4 万元,每年的运行收入为 1.5 万元,年运行费为 0.35 万元，4 年后该设备可按 0.5 万元转让。基准利率为 20%,问此设备投资是否值得。

4)某项目,年投资及收益如表 4-C,试求该项目的内部收益率。

表 4-C　项目年投资及收益

单位:万元

项目	0	1	2	3	4
A	−20	5	6	6	9

扫码获取答案

第 5 章 多方案的经济评价

学习要点及目标

1. 学习要点：多方案之间的分类及其关联性；互斥方案的比较与选择；独立方案的比较与选择；一般相关方案的比较与选择。

2. 思政元素：生态文明建设；绿水青山就是金山银山；多方位评价角度、辩证思想。

3. 案例引入：北京大运河森林公园规划项目；自动化驾驶的决策机制。

4. 思政目标：树立正确的人生观，正确选择自己的人生，认知国情教育、培养爱国情怀；了解多方位评价思维，运用辩证思想看待社会和世界。

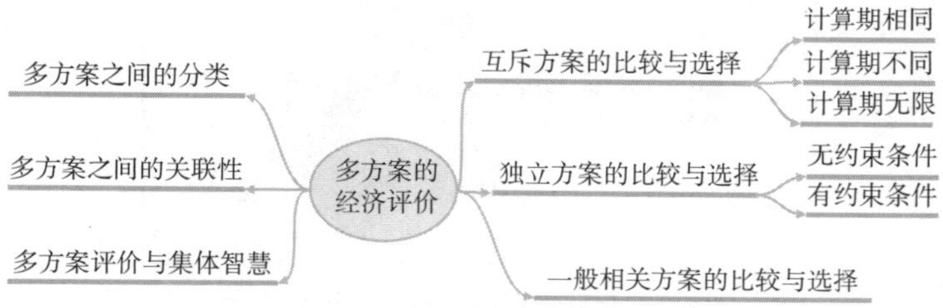

图 5-1　多方案的经济评价思维导图

5.1　引例——北京大运河森林公园规划

孟子曰：“鱼，我所欲也；熊掌，亦我所欲也。二者不可得兼，舍鱼而取熊掌者也。生，亦我所欲也；义，亦我所欲也。二者不可得兼，舍生而取义者也……”就像孟子所说，在现实生活中，事物之间是可能存在矛盾的，人们往往需要在多种事物中选择一个，不可兼得。而类比在多方案的选择过程中，如果选择其中一个方案，那么就不能选用其他的方案，此类方案称为互斥方案，此时就需要采用多方案评价法进行方案的选择。

图 5-2 为北京大运河森林公园规划方案，在这片区域规划之前，土地利用存在多种可能方案，如投资兴建公园或者投资开发地产，二者只能选其一。最终，北京市政府根据通州的发展规划，充分践行“绿水青山就是金山银山”的生态文明理念，选择了建设大运河森林公园。而在公园规划区域内，各个片区选用何种绿植是互不干扰的，这就引出了独立方案的概念，即方案间互不干扰，一个方案的执行不影响其他方案的执行，在选择方案时可以任意组合，直到资源得到充分运用为止。严格来讲，若方案间加法法则成立，则这些方案就是彼此独立的。公园建成后，极大地改善了通州的环境，成为北京副中心的“绿肺”。通过这一案例分析，可以看出互斥方案与独立方案的区别。

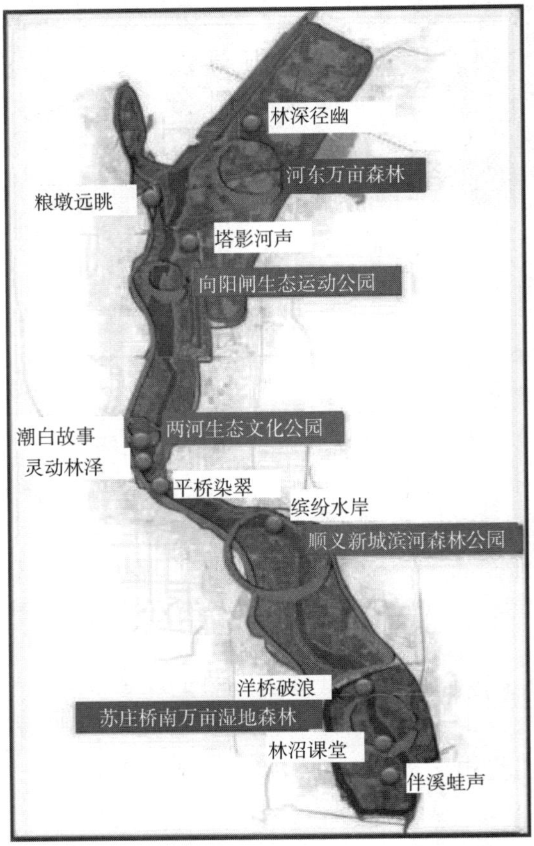

图 5-2 北京大运河森林公园规划方案

5.2 多方案之间的分类及其关联性

多方案原则是指对于每一个决策问题,咨询者应该提供二种以上的方案供决策者选择。如果只有一种方案,属于前面讲的单方案评价问题;多方案是多目标的必然反映,现代决策问题特别是社会、经济、科技决策问题大多是多目标决策问题,而且有些目标之间还是矛盾的,几乎不存在一种方案对所有的目标都是有利的,这就需要对多个备选方案进行比较权衡,如何运用技术经济评价方法对多方案做出选优和排序是本章要讲述的核心内容。

多方案比选,是指通过选择适当的经济评价方法或指标,对根据实际情况提出的各个备选方案进行经济效益比较,最终选择出最佳的投资方案。多方案比选中不仅要考虑单方案的经济性,还要考虑项目群整体最优。工程项目的比较与优选是工程项目建设前期工作中的重要内容。

5.2.1 多方案之间的分类

依据方案之间的性质不同,可以简单地将多方案类型分为互斥方案、独立方案和相关方案三种。

1. 互斥方案

互斥方案就是在若干备选方案中,各个方案彼此可以相互代替,因此方案具有排他性,选择其中任何一个方案,则其他方案必然被排斥。其中互斥关系产生的原因:①资金的约束;②资源的限制;③项目的不可分性。例如:3 个投资项目 A、B、C,它们都是不可分的,所需资金分别为 100 万元、80 万元和 80 万元,得到的 *NPV* 分别是 30 万元,20 万元和 20 万元;如果公司可利用的资金限额为 160 万元,那么若采用具有最高净现值 30 万元的 A 项目(大项目)就要放弃能够得到共计 40 万元的 B 和 C 两个小项目。

互斥方案常见于采购、建筑、目标选择中,常见案例如下:

1)实验室需要做生物实验,培养皿是买进口的还是国产的;

2)市区内有一片空地,是建造商场、住宅还是学校;

3)国际奥委会选择哪座城市举办 2036 年奥运会。

2. 独立方案

独立方案就像从一群素不相识的人中选择合作伙伴,选取何人都不会产生积极或消极的"化学反应",即多方案之间互不干扰、在经济上互不相关,选取任何方案都不会对其他方案产生影响,也不会影响其他方案的选择。诸方案之间没有排他性,只要条件(如资金)允许,就可以选择符合条件的方案,几个方案可以共存,如购买铣床、办公家具和铲车构成了三个独立项目。上一章介绍的单方案评价也属于特殊的独立方案评价。

3. 相关方案

相关方案,顾名思义就是方案之间是存在一定联系的,对某种方案的选择会对其他方案产生影响,有时拒绝或接受某一方案,会显著改变其他方案的现金流量或影响其他方案的拒绝或接受。例如:建造一座建筑物(方案 A)和增加一个空调系统(方案 B),建筑物本身是有用的,增加空调系统后,使建筑物更有用,但不能说采用方案 A 也包括方案 B。因此,可以把问题转化为对有空调的建筑物(方案 AB)和没有空调的建筑物(方案 A)这两个互斥方案的经济比较问题。再例如,购买电脑打印机就必须购买电脑,但是在购买电脑时可以不买打印机。

5.2.2 多方案之间的关联性

根据上文内容,可以看出在分析多个方案中,除了独立方案,互斥方案和相关方案的方案之间都会存在一定的关联性,这些相关性会影响方案之间的性质。

1. 经济关联性

经济关联性是方案之间最重要的联系,表示为在不考虑其他因素的情况下,一个方案的选择结果,会对另外一个方案的经济效果产生影响。对应相关方案和互斥方案的内容,经济关联性也可以分为经济正相关、经济负相关两种。

经济效果存在正相关关系的两个方案,一个方案的执行会提升另外一个方案的经济指标,例如在大型商场附近新建地铁站,二者可以互相提升人流量和收入。

经济效果存在负相关关系的两个方案,一个方案的执行会降低另外一个方案的经济指标,只能二者选其一。

2. 技术关联性

技术关联性是指方案之间存在一定的技术限制，一个方案的存在与否将直接影响另一个方案的技术实施情况。技术关联性经常表示为技术的不可分割性，例如实施公路测速的方案，其中视频监控系统或速度测定系统就必不可少，否则公路测速的方案就不可能实施，这就是技术的不可分割性。

3. 资源关联性

资源关联性是在资源有限的情况下，进行方案的选择时，必须考虑资源是否足够实施方案，这就会对多方案的评价过程产生影响。

4. 其他关联性

其他关联性是指除经济、技术、资源外的其他关联性，例如政治、环境等。“双碳”目标成为当今时代主题，必须考虑多个方案之间碳排放的关联性，假设一个方案的选用将大幅度提升另一个方案的碳排放量，那么这两个方案就不能同时选取，它们就是互斥方案。

5.3 互斥方案的比较与选择

在介绍多方案评价时，先介绍互斥方案的评价方法，因为互斥方案的评价结果具有唯一性，其他相关方案的分析过程可以转换为多个互斥方案之间的分析。需要特别注意一点，尽管方案之间存在互斥性，但要进行比较的方案必须具有可比性。例如：在建造一个多功能体育馆安装馆内设备时，设计师必须在液晶电视或投影仪中选择一种。由于受预算限制，二者只能择其一，故而这两种方案就是互斥的。

本例中，两种方案各有利弊，在这种情况下，就需要对两个方案进行多方案评价，计算其不同方案下的成本，选择成本较小的方案，这就是本章节需要学习的内容——多方案评价。

在对互斥方案进行分析时，投资者既需要进行合格性检验，即判断方案的经济可行性；还需要进行最优性检验，即对可行方案进行经济性排序，选出最优。通过以上两种检验，才能保证选出的方案是可行且最优的。

互斥方案根据其计算期不同划分为计算期相同的互斥方案、计算期不同的互斥方案和计算期无限的互斥方案，下面将根据方案的计算期不同介绍互斥方案的比较方法。

5.3.1 计算期相同的互斥方案的比选

在对计算期相同的互斥方案进行比较时，不需要考虑时间的限制，面对评价指标单一的情况，可以直接引用单方案评价时的评价指标，例如净现值、投资回收期、内部收益率等，比较不同方案的指标大小来选取最优方案。当需要对不同方案进行相对效果检验时，可以运用差额分析法或最小费用法进行比较。

1. 净现值或净年值比较法

当互斥方案的结果一致或满足相同的需求时，可以仅通过计算净现值或净年值来进行方案比较，判断标准为选取净现值或净年值最大的方案为最优方案，即费用现值或费用年值最小的方案。

用净现值评价方案时，应选择净现值最大且大于零的方案，计算过程为：首先计算各个方案的净现值，剔除净现值小于 0 的不具备经济可行性的方案；然后比较合格方案的净现值大小，选择净现值最大的作为最佳方案。

运用净年值进行比较时，其计算和比较过程同于净现值的过程，将净现值替换为净年值即可。

例 5-1 某投资公司想要从两个生产项目方案中选择一个进行投资，方案的净现金流量如表 5-1 所示。方案的基准收益率为 10%，用净现值法评价选择方案。

表 5-1 净现金流量

单位：万元

方案	净现金流量				
	0	1	2	3	4
方案 1	−4 000	1 000	1 000	3 000	3 000
方案 2	−7 000	1 000	2 000	6 000	4 000

解：计算方案 1 的净现值：

$$NPV(1) = -4\,000 + 1\,000\left(\frac{P}{F},10\%,1\right) + 1\,000\left(\frac{P}{F},10\%,2\right) +$$

$$3\,000\left(\frac{P}{F},10\%,3\right) + 3\,000\left(\frac{P}{F},10\%,4\right) = 2\,038.4（万元）$$

计算方案 2 的净现值：

$$NPV(2) = -7\,000 + 1\,000\left(\frac{P}{F},10\%,1\right) + 2\,000\left(\frac{P}{F},10\%,2\right) +$$

$$6\,000\left(\frac{P}{F},10\%,3\right) + 4\,000\left(\frac{P}{F},10\%,4\right) = 2\,801.7（万元）$$

$NPV(1)$和 $NPV(2)$均大于 0，且 $NPV(2)>NPV(1)$，因此方案 2 较优，选择方案 2。

2. 差额分析法

在对互斥方案进行评价时，有可能遇到一对互斥方案，它们的净现值和内部收益率大小是相反的，如果选用单指标评价，就会选出不同的方案，为解决这种情况，可以使用差额分析法。常用的判断指标为差额净现值或差额内部收益率。

（1）差额净现值

当互斥方案其他因素一致时，两两比较方案之间的差额净现值，根据其正负来选取最优方案。以 ΔNPV 表示差额净现值，当 $\Delta NPV > 0$ 时，表示前一个方案比后一个方案的经济效果好，应选取前者。

需要注意的是，上文提到，在进行互斥方案比较时，需要判断方案的经济可行性，在差额净现值评定过程中，首先要计算每个方案的净现值（NPV），$NPV > 0$ 的方案为合格方案，在进行差额净现值计算前，应剔除不合格的方案。

例 5-2 某个公司工地需要建设一个新项目，因为资金有限，只能从三个方案中选择一个，方案信息如表 5-2 所示。方案的基准收益率为 15%，使用差额净现值法对方案进行评价选择。

表 5-2　互斥方案

单位:万元

方案	初始投资	年现金流入	寿命	方案	初始投资	年现金流入	寿命
0	0	0	0	2	−10 000	2 800	10
1	−16 000	3 800	10	3	−20 000	5 000	10

解:

1)将方案按初始投资金额,从小到大排列,即方案 0、方案 2、方案 1、方案 3。

2)选取初始投资最小的方案为目前最优方案,本题中为方案 0。

3)将方案 0 与排列顺序的下一个方案(方案 2)进行比较,计算两者的差额净现值:

$$\Delta NPV(15\%)_{2-0} = -10\,000 + 2\,800 \times \left(\frac{P}{A}, 15\%, 10\right) = 4\,052.64(\text{万元}) > 0$$

差额净现值大于 0,证明方案 2 优于方案 0,将方案 2 作为目前最优方案,剔除方案 0。

4)继续将目前最优方案与下一个方案进行对比。

方案 2 与方案 1 进行对比:

$$\Delta NPV(15\%)_{1-2} = -6\,000 + 1\,000 \times \left(\frac{P}{A}, 15\%, 10\right) = -981.2(\text{万元}) < 0$$

差额净现值小于 0,方案 2 优于方案 1,剔除方案 1,继续保持方案 2 为目前最优方案。

方案 2 与方案 3 进行对比:

$$\Delta NPV(15\%)_{3-2} = -10\,000 + 2\,200 \times \left(\frac{P}{A}, 15\%, 10\right) = 1\,041.36(\text{万元}) > 0$$

方案 3 优于方案 2,剔除方案 2,将方案 3 作为目前最优方案。

至此,所有互斥方案比选完成,方案 3 为最优方案。

(2)差额内部收益率

差额内部收益率是互斥方案的差额净现值为零时的收益率。引用该指标的原因是因为内部收益率受现金流量分布的影响较大,当净现值相同的互斥方案的现金流量图差距过大时,它们的内部收益率也会不同,这就和上文运用净现值选择方案的结论相矛盾,所以在运用内部收益率选择方案时,必须引入差额内部收益率。

差额内部收益率的使用过程(如图 5-3 所示):在使用差额内部收益率时,应使初始投资差额为负值,这样才能保证新方案是常规投资项目,内部收益率指标才能用于方案评价。例如,A 和 B 两个方案进行比较时,方案 A 投资额小,方案 B 投资额大,构建新的方案应为(B−A),则依次按下列过程进行比较。假定方案的基准收益率为 15%, O 点的内部收益率为 $\Delta i = 18.4\%$,基准收益率在 Δi 的左侧,方案 B 优于方案 A;假如基准收益率大于 O 点的内部收益率,比如基准收益率为 20%,则方案 A 优于方案 B。

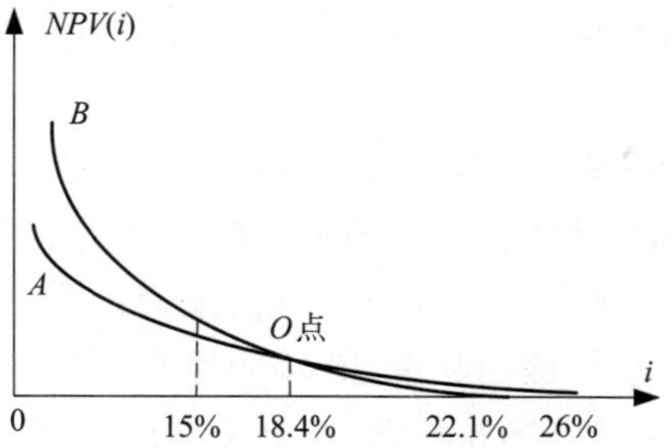

图 5-3 方案 A、B 的现值函数曲线

综上，如果基准收益率 $i_0<\Delta i$，则投资额大的方案优；如果基准收益率 $i_0>\Delta i$，则投资额小的方案优。所以，在两个方案必须比选时，可以通过计算差额内部收益率来比较。

例 5-3 仍用例 5-2 的数据，使用差额内部收益率法对方案进行评价选择。

解：方案 0 与方案 2 进行比较：

$$-10\,000+2\,800\times\left(\frac{P}{A},i,10\right)=0$$

得：

$$\Delta i_{2-0}=25\%>15\%$$

方案 2 优于方案 0，剔除方案 0，选取方案 2 为目前最优方案。

方案 2 与方案 1 进行比较：

$$-6\,000+1\,000\times\left(\frac{P}{A},i,10\right)=0$$

得：

$$\Delta i_{1-2}=10.5\%<15\%$$

方案 2 优于方案 1，剔除方案 1，方案 2 仍是目前最优方案。

方案 3 与方案 2 进行比较：

$$-10\,000+2\,200\times\left(\frac{P}{A},i,10\right)=0$$

得：

$$\Delta i_{3-2}=17.6\%>15\%$$

方案 3 优于方案 2，剔除方案 2，选取方案 3 为目前最优方案。

所有方案比较完成，方案 3 为最优方案。

3. 最小费用法

上述两种方法都适用于已知互斥方案现金流的情况下进行方案评价，但是很多现实案例难以换算成具体数字进行比较，例如教育、环境保护等项目，只能估计其是否符合项目需求，难以进行精确的经济效益计算，不能用净现值或差额分析法进行方案评价。

为解决此类问题，需要假定各方案的收益相同，计算各方案的成本，选取成本最小的方案实施，所以此类方法被称为最小费用法，分为费用现值比较法和费用年值比较法。因为费用现值和费用年值存在转换关系，对于相同计算期的互斥方案评价过程，选用其中一种方法计算即可,两种方法所得结果相同。

(1)费用现值比较法

费用现值是只计算方案成本费用净现值的特殊净现值法,其计算流程和净现值法相似,最后比较各个方案的费用现值,选取费用现值最低的方案为最优方案。

例 5-4 某家庭想要找一处住所,经调查发现,某套商品房建筑面积 120 平方米,售价 60 万元,需要一次性付款,可获得该商品房 30 年使用权,且每年年末将返还 1.2 万元,共返还 30 年。如果选择租房,每月房租 6 000 元,租金按年付且每年年底支付,建筑面积 120 平方米。假设资金的机会成本为 10%,两种住房的基础设施相同,用费用现值法选择最佳方案。

解:计算买房的费用现值:

$$PC(\text{买房}) = 60 - 1.2\left(\frac{P}{A}, 10\%, 30\right) = 48.69(\text{万元})$$

计算租房的费用现值:

$$PC(\text{租房}) = 0.6 \times 12 \times \left(\frac{P}{A}, 10\%, 30\right) = 67.87(\text{万元})$$

$$PC(\text{租房}) - PC(\text{买房}) = 67.87 - 48.69 = 19.18(\text{万元})$$

租房的费用现值大于买房的费用现值,选取费用现值小的方案,所以选择买房。

(2)费用年值比较法

费用年值是计算各方案寿命周期内的年等额费用,并选取费用年值最低的方案为最优方案。

例 5-5 仍用例 5-4 的数据,用费用年值法选择最优方案。

解:计算买房的费用年值:

$$AC(\text{买房}) = 60 \times \left(\frac{A}{P}, 10\%, 30\right) - 1.2 = 5.166(\text{万元})$$

计算租房的费用年值:

$$AC(\text{租房}) = 0.6 \times 12 = 7.2(\text{万元})$$

$$AC(\text{租房}) - AC(\text{买房}) = 7.2 - 5.166 = 2.034(\text{万元})$$

买房的费用年值小于租房的费用年值,应选择买房。

综上,无论运用费用现值还是费用年值,两个方案结果相同。

5.3.2 计算期不同的互斥方案的比选

对计算期不同的互斥方案进行比较时,不能直接使用净现值等方法进行比较,因为各方案在时间问题上不具有可比性,所以需要先对方案进行处理,以满足可比性要求。处理方法分为设定合理的分析区间或选取合适的方案重复更新假设,常用的计算方法有净年值法、最小公倍数法和研究期法三种。

1. 净年值法

净年值法就是计算每个方案在计算期内的净年值或费用年值,根据计算结果进行评价。在运用净年值法对方案进行评价分析时,有一个前提条件:因为计算和比较的内容是每个方案的一个计算期的年值，所以为了保证评价的准确性，比较的每个方案在其计算周期内，都是重复出现的，方案的年值保持不变。

例 5-6 一家专注于可再生能源的公司正在考虑投资太阳能项目，可供选择的备选互斥方案有项目 X 和项目 Y。每个项目都有不同的寿命期和预期收益，如表 5-3 所示。方案的基准收益率为 10%，运用净年值法选择最优方案。

表 5-3 寿命不同的互斥方案

单位：万元

项目	初始投资	年现金流入	寿命
X	−300	96	6
Y	−120	52	4

解：计算项目 X 净年值：

$$NAV(X)=96-300\times\left(\frac{A}{P},10\%,6\right)=27.12（万元）$$

计算项目 Y 净年值：

$$NAV(Y)=52-120\times\left(\frac{A}{P},10\%,4\right)=14.14（万元）$$

项目 X 的净年值大于项目 Y 的净年值，选择项目 X。

2. 最小公倍数法

净年值法是只计算方案的一个周期，以一个周期进行比较，而最小公倍数法是将不同方案的周期转换为相同寿命周期进行比较，转换后的周期就是各个方案寿命周期的最小公倍数。最小公倍数法和净年值法相似，都需要假设方案在周期结束后，仍会以相同的方式进行投产。

例 5-7 仍用例 5-6 的数据，运用最小公倍数法计算最优方案。

解：两个项目寿命的最小公倍数为 12，项目 X 就重复 2 个周期，项目 Y 就重复 3 个周期。计算两个项目的净现值。

计算项目 X 的净现值：

$$NPV(X)=-300-300\times\left(\frac{P}{F},10\%,6\right)+96\times\left(\frac{P}{A},10\%,12\right)=184.77（万元）$$

计算项目 Y 的净现值：

$$NPV(Y)=-120-120\times\left(\frac{P}{F},10\%,4\right)-120\times\left(\frac{P}{F},10\%,8\right)$$
$$+52\times\left(\frac{P}{A},10\%,12\right)=96.37（万元）$$

项目 X 的净现值大于项目 Y 的净现值，选择项目 X。

3. 研究期法

上述两种方法都需要假设各个方案是重复进行的，但是在一些情况下并不符合实际需求，伴随时代发展和技术进步，很多现实案例不会重复实施，净年值法和最小公倍数法就很难选择最优方案。

为解决上述问题，需要使用研究期法进行方案的评价。研究期法就是选定一个合适的分析期作为每个方案的计算期，通过计算比较每个方案在计算期内的净现值，来选取最优方案。在使用研究期法前，需要制定一个合适的分析期，分析期可以是方案中期限最长或最短的寿命期，也可以是计划规定的寿命年限。

5.3.3 计算期无限的互斥方案的比选

现实生活中，对于公路、铁路或建筑等大型工程项目，可以通过大修或反复更新使其寿命延长至很长的年限，比如 100 年以上，甚至可以做到寿命无限。而一般经济分析指标对时间过长的现金流量是不敏感的，所以对于计算期无限的工程项目首先应计算其资金化成本，然后再计算净现值或年费用来选取最优方案。

项目资金化成本是指项目在无限长的计算期内等额年费用的折算现值。按无限期计算的资金化成本相当于在一定单利情况下，每年取得的永恒收入，它的现值大小，用 CW 表示，其计算公式为：

$$\begin{aligned} CW &= \lim_{n\to\infty} A\left(\frac{P}{A},i_0,n\right) = A\lim_{n\to\infty}\frac{(1+i_0)^n-1}{i_0(1+i_0)^n} \\ &= A\left[\lim_{n\to\infty}\frac{(1+i_0)^n}{i_0(1+i_0)^n} - \lim_{n\to\infty}\frac{1}{i_0(1+i_0)^n}\right] = \frac{A}{i_0} \end{aligned} \tag{5-1}$$

式中，CW 为资金化成本；A 为等额年费用；i_0 为基准折现率。

通过项目资金化成本计算公式，可以求出计算期无限后的项目总净现值，计算公式为：

$$NPV = NAV\left(\frac{P}{A},i_0,n\right) = NAV\frac{(1+i_0)^n-1}{i_0(1+i_0)^n}$$

当 $n\to\infty$ 时，有：

$$NPV = \frac{NAV}{i_0} \tag{5-2}$$

或者：

$$NAV = NPV \times i_0 \tag{5-3}$$

例如，当年利率为 10%时，年收入恒为 1 200 元的现值（资金化成本）是多少？此时可以用式（5-2）计算得，现值应是 12 000 元。

例 5-8 拟建造一座旅游观景台，当地管理人员提出两种设计方案。甲方案：运用钢筋混凝土制造，需要投资 35 万元，每年保养费用为 2 000 元。乙方案：运用木头制造，投资 20 万元，以后每 3 年需要花费 1 万元，每 12 年需要花费 4 万元，每 36 年需要花费 10 万元。若年利率为 5%，在永久使用情况下，哪个方案更经济？

解：计算方案的净现值来对方案进行比选。

画出两个方案的现金流量图，如图 5-4 所示。

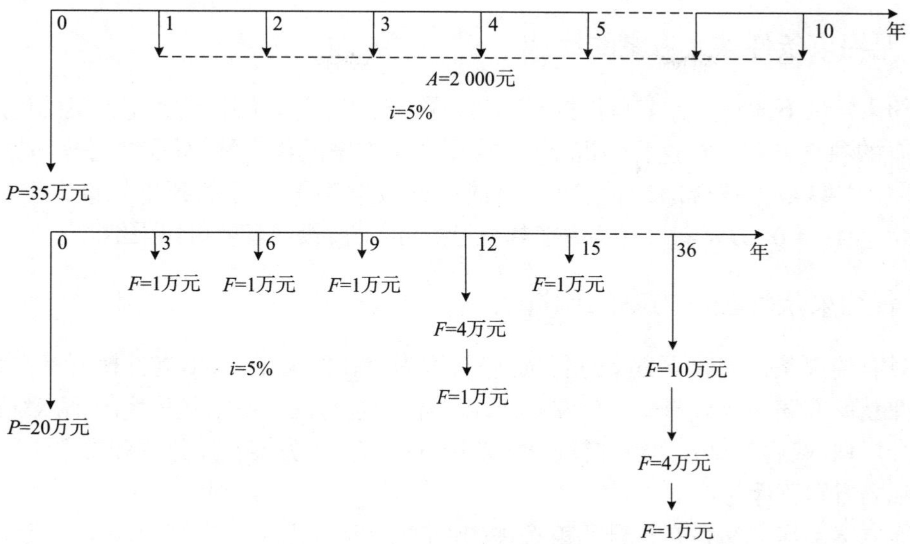

图 5-4 现金流量图

1)计算两个方案的净现值:

$$NPV(5\%)_1 = 35 + \frac{0.2}{5\%} = 39(\text{万元})$$

$$NPV(5\%)_2 = 20 + \frac{1\times\left(\frac{A}{F},5\%,3\right) + 4\times\left(\frac{A}{F},5\%,12\right) + 10\times\left(\frac{A}{F},5\%,36\right)}{5\%}$$

$$= 33.45(\text{万元})$$

$$NPV(5\%)_1 - NPV(5\%)_2 = 39 - 33.45 = 5.55(\text{万元})$$

方案 2 比方案 1 节省 5.55 万元,所以方案 2 更经济,应选择方案 2。

2)计算两个方案的净年值:

$$NAV(5\%)_1 = 35\times 5\% + 0.2 = 1.95(\text{万元})$$

$$NAV(5\%)_2 = 20\times 5\% + 1\times\left(\frac{A}{F},5\%,3\right) + 4\times\left(\frac{A}{F},5\%,12\right) + 10\times\left(\frac{A}{F},5\%,36\right)$$

$$= 1.672\,4(\text{万元})$$

$NAV(5\%)_2 < NAV(5\%)_1$,应选择方案 2。

5.4 独立方案的比较与选择

因为独立方案具有相互独立、互不干扰的特性,在对独立方案进行评价选择时,选取的方案数量不固定,可以选择任何一个或多个方案,甚至可以不选或全选。在对独立方案进行评价时,首先要对其进行分类,根据有无约束条件,可以将独立方案分为无约束条件和有约束条件下的独立方案。

5.4.1 无约束条件独立方案的比选

无约束条件下的独立方案是指投资部门的资金、技术等足够目前所有方案的使用,可以选择所有的独立方案。在这种情况下,不需要考虑方案的优先性,只需要考虑方案是否可行,即检验方案是否符合净现值、净年值或内部收益率等指标的评价标准,评价标准为 $NPV \geq 0$ 、$NAV \geq 0$ 、$IRR \geq i_0$,只要方案具有经济可行性,投资者就可以采纳。

5.4.2 有约束条件独立方案的比选

在对有约束条件的独立方案进行选择时,因为存在约束条件,不能选择所有方案,但也不需要像互斥方案一样只选择一个方案,所以为保证选择的方案组是最优的,应对独立方案进行组合规划,然后再对方案组进行选择,常用方法有独立方案互斥化法和排序法。

1. 独立方案互斥化法

独立方案互斥化法是在符合约束条件的情况下,将独立方案尽可能多地组成独立方案组,然后将各个方案组视为一组满足约束条件的互斥方案,之后就利用上文介绍的互斥方案比较法对独立方案组进行比较,选择最优方案。

方法具体步骤如下:

1)对方案进行可行性研究,剔除经济不可行的方案;

2)在符合约束条件的情况下,列出可行方案的所有组合,形成若干个组合方案;

3)将所有方案组按初始投资额从小到大排列,按互斥方案的比较方法进行比较选择。

例 5-9 某工业园区计划进行扩建,以适应日益增长的市场需求和提升园区的竞争力。园区管理方提出了三个独立的扩建方案,每个方案都需要一次性投资,投资上限为 6 500 万元,项目计算期为 5 年,并设定了 10%的基准折现率,方案的现金流量如表 5-4 所示,请运用独立方案互斥化法对三个方案进行比较。

表 5-4 三个方案的基础数据 单位:万元

方案	1	2	3
初始投资	1 500	3 000	2 500
年净收益	450	1 000	750

解:首先列出所有方案组,去除不符合约束条件的方案组,然后计算各个方案组的净现值(如表 5-5 所示)。

表 5-5 方案组合情况 单位:万元

方案组			初始投资	年净收益	净现值
1	2	3			
否	否	否	0	0	0
是	否	否	1 500	450	205.86

续表

方案组			初始投资	年净收益	净现值
1	2	3			
否	是	否	3 000	1 000	790.8
否	否	是	2 500	750	343.1
是	是	否	4 500	1 450	996.66
是	否	是	4 000	1 200	548.96
否	是	是	5 500	1 750	1 133.9
是	是	是	7 000	0	0

经计算，方案组(2+3)的净现值最大，为最优方案组。

此题只要算出前面三个独立方案的净现值和净年值，就可以直接通过相加减的方式计算出各种组合方案的净现值和净年值。

2. 排序法

因为独立方案具有数量不固定性，当独立方案较多时，它们所组成的方案组也会呈指数增长，在这种情况下，独立方案互斥化法的工作量会较大，如果没有智能算法的帮助，其很难满足现实需求，为快速找寻到最优方案组合，排序法应运而生。

排序法是设立一个评价指标，将所有独立方案按指标从大到小排列，从指标最大方案开始依次选择，直到组成的方案组合无限接近于约束条件为止。常用的评价指标是净现值率。净现值率排序法是将净现值率作为评价指标，运用排序法对独立方案进行比较选取。当运用净现值率排序法对方案进行选择时，可能出现与净现值结论相反的情况，这时候应以净现值为最大准则。

例 5-10 假设某城市发展公司计划投资建设智慧城市基础设施项目。公司希望通过一系列独立的项目来提升城市的智能化水平，改善市民的生活质量。由于预算限制，公司需要在 5 个独立方案中做出选择，以确保最大化投资回报并将预算控制在 9 000 万元内。每个方案的寿命期相同，方案的现金流量如表 5-6 所示，请运用净现值率排序法确定最优方案组。

表 5-6 方案信息

单位：万元

方案	初始投资 （发生在第 1 年年初）	*NPV*	*NPVR*(%)
1	2 000	170.4	8.52
2	3 000	312.24	10.41
3	2 500	268.76	10.75
4	2 700	296.51	10.98
5	3 200	317.42	9.92

解：将 5 个方案按 *NPVR* 从大到小排列，顺序为 4 > 3 > 2 > 5 > 1。

按此顺序将初始投资额相加到无限接近于 9 000 万元,最优方案组合为 4、3、2,总投资为 8 200 万元,净现值为 877.51 万元。

5.5 一般相关方案的比较与选择

在对相关方案进行选择比较时,因为方案之间的相关性,选择一个方案必定会对另外一个方案产生影响,所以必须先明确方案之间的相关性,然后再运用各种方法进行相关方案的选择。

一般相关方案常用来表示现金流量相关性方案,即一个方案的接受情况将对其他方案的现金流量产生影响。因此,需要将方案按现金流量之间的影响性转换为独立方案或互斥方案,然后按现金流量的指标进行计算和选择。

计算步骤一般为:

1)识别方案之间的相关性,确定方案之间现金流量的相互影响作用;

2)将正相关的方案转换为独立方案;将负相关的方案转换为互斥方案;

3)将转换后的方案组成互斥方案组,按照互斥方案的比较方法进行选择。

例 5-11 为了满足两地交通运输增长的需求,拟在两地之间新建一条铁路或公路,也可以考虑同时建设这两个项目。如果同时建设这两个项目,它们的现金流量将会受到分流的影响。基准收益率为 10%,有关数据如表 5-7 所示。

表 5-7 项目有关数据资料 单位:万元

方案	0	1	2	3~32
只建铁路	−20 000	−20 000	−20 000	12 000
只建公路	−12 000	−12 000	−12 000	8 000
两个项目都建	−32 000	−32 000	−32 000	13 500

解:先将两个相关方案组合成三个互斥方案,再分别计算其净现值,结果如表 5-8 所示。

表 5-8 各方案净现值计算结果 单位:万元

方案	0	1	2	3~32	*NPV*
只建铁路	−20 000	−20 000	−20 000	12 000	38 775
只建公路	−12 000	−12 000	−12 000	8 000	29 497
两个项目都建	−32 000	−32 000	−32 000	13 500	17 634

根据净现值最大的方案为最优方案的评价标准,由表 5-8 的计算结果可知,只建铁路为最优方案。

5.6 多方案评价与集体智慧

集体智慧是将众人的智慧集合起来,共同解决一个问题,发挥出比单人智慧更好的效果。斯科特·佩奇(Scott Page)提出过“多样性预测定理”,即群体误差等于平均个体误差-预测多样性,该定理通过实验证明多样化的群体总是能比群体中的普通个体做出更准确的预测。“多样性预测定理”科学地证明了集体智慧的优越性,并给出集体智慧最适合解决的问题——较复杂性问题。

一个问题越复杂,解决问题所需工作量越大,个人智慧就越容易出现错误,而集体智慧可以通过人数优势弥补这个问题,所以集体智慧更适合解决复杂问题,而多方案评价就属于复杂问题。

5.6.1 多方案的提出过程

在多方案的提出过程中,已经运用到集体智慧,方案提出的主要方法有:模糊目标法、书面咨询法、检查提问法、特征列举法、缺点列举法、希望点列举法、头脑风暴法。其中的头脑风暴法也被称为 DS 法,就是运用集体智慧的方法。

5.6.2 从多方案评价中理解集体智慧

多方案评价因为方案之间相关性的不同,分为不同种类的多方案评价,需要运用的方法也不同,从问题难度、评价工作量上看,多方案评价都属于复杂问题的范畴。对于复杂问题,可以运用集体智慧进行求解。

假设某公司需要进行计算机系统投资,有下列投资方案。

A 方案:自己开发软件系统(必须购买计算机系统)。

B 方案:购买 IBM 公司的计算机系统。

C 方案:购买 Intel 公司的计算机系统。

D 方案:购买 Intel 公司的软件系统。

E 方案:购买 IBM 公司的软件系统。

F 方案:不购买任何计算机系统。

该公司有几种方案进行投资呢?

这个案例内容较为简单,但里面蕴含了互斥方案、相关方案、独立方案,面对这个问题,个体很快就可以列出所有可行方案。该问题涉及的公司只有 2 家,提出的方案只有 6 个,能形成的互斥方案组也只有 8 个,但在现实案例中,需要调研的公司有上百家,所能组成的方案组数以千计。在这种情况下,单人智慧无论多优秀都会出现方案漏项、错误对比等情况,而集体智慧具有人数优势,通过分工合作,几个人负责组合比对一部分的方案,可以快速、高质量地比对出较优的方案。

5.6.3 集体智慧在复杂问题中的运用效果

社会学家预邓肯·沃茨(Duncan Watts)的团队曾发表过一篇论文《任务复杂度调控群体

协作》,对集体智慧在不同复杂程度的问题中所取得的效果进行研究,本文中假设参与实验的群体和最优个体不存在交叉,即最优个体不属于群体。团队通过实验证明:无论任务的复杂度如何,群体都比最优个体产生更多的解答,且在任务复杂度最高时差异最明显;伴随着任务复杂度的提升,集体智慧的效率逐渐提升;无论任务的复杂度如何,群体的探索半径都优于最优个体的探索半径;群体的答案质量没有超过最优个体的答案质量。由于群体和集体都是指人们为了共同的目标而组织起来的形式,在这里为论述方便不做严格意义上的区分。

从以上可以看出,集体智慧在复杂问题中主要起到的作用有:提升问题解答的效率;扩大思考范围;提升答案的数量;提出较优方案,为后续方案发展奠定基础。

5.7 人工智能时代多方案评价的应用

5.7.1 多方案评价在车辆自动驾驶中的应用

随着科技的发展,人工智能时代的到来,自动化成为重点发展方向。人们曾经幻想的自动化驾驶汽车已经实现。那么车辆自动驾驶与多方案评价有关系吗?

答案是显而易见的。目前的自动化驾驶系统以感知环境的传感器技术、图像识别技术来获取周围的信息数据,将数据与空间模型相结合,利用专家规则式或人工智能(AI)式进行处理,实现科学化、自动化的决策。除此之外,自动化驾驶还需要人机交互技术、通信安全技术、定位技术等。其中,AI 式就利用了多方案评价。

自动化驾驶的决策机制是通过模拟人类的大脑,利用算法对场景进行理解,做出相对应的措施,例如自动化驾驶车辆准备超越正前方一辆私家车时,私家车左侧前方有一辆大型运输车,私家车与大型运输车距离约一米半左右,这时就要研究是否超车,如果超车,这就涉及简单的多方案评价。

当然自动化驾驶技术中的多方案评价并非仅局限于上面的简单案例,在车辆行驶过程中,可能出现非常复杂的问题,一般人脑是凭经验和感觉去处理,但人工智能能够借助科学和准确的算法支持,结合多方案评价思想,以较快的速度、较高的精度选出最合理的驾驶方案,以保证车上乘客的安全。

5.7.2 多方案评价与自动化决策

自动化决策是指通过程序自动分析、评估个人习惯、兴趣爱好、经济水平、健康情况等因素,并据此进行决策的行为。当运用自动化决策进行消费者营销分析时,其会运用程序自动对消费者的个人信息进行分析、评估,进而实现精准营销。虽然自从自动化决策诞生以来,因为其对消费者信息构成潜在威胁,一直饱受争议,但是自动化决策确实可以有效帮助互联网平台、企业创造用户价值和提升市场需求。

自动化决策的主要过程是利用 AI 技术分析收集到的数据,通过分析数据特征选择合适的算法模型,利用模型做出合理的决策,其中模型选择就涉及多方案评价的内容。

模型选择指在多个模型中选择最优的模型,以达到性能的最优化,所以不同模型之间属于互斥方案，毕竟模型只能选择一个。当然，模型选择与本文介绍的内容有所不同，自动化决策所涉及的问题不仅是经济性问题，模型选择上不能只考虑经济指标，模型选择常用方法有：K 折交叉验证法、留一法交叉验证、AIC/BIC 准则、偏差-方差分析和集成学习，如果学生们对于算法研究和模型选择有兴趣，可以自行学习了解。

5.8 本章小结

多方案是现实生活中最常见的方案情况，因为现实社会的复杂性，单方案选择的情况几乎不存在，在一个项目的规划、设计过程中，存在多种相互影响的方案，如果这些方案经单方案评价后都属于可采纳的方案，那么只能通过净现值、差额内部收益率或者净年值等指标对多方案进行比较评价，从中选择出最优方案。

通过本章内容的学习，读者可以掌握方案分类以及方案组合；掌握三种计算期情况下方案的比选以及判别准则；掌握最小公倍数法与净年值法；掌握无限寿命方案的比选等。了解在面对多方案可供选择的情况下，投资者进行多个方案评价和选择的过程：首先根据方案之间的相关性，将方案划分成互斥方案、独立方案、相关方案三种；然后根据方案的种类正确选取不同的求解指标和求解方法；最终选择出最优方案。

练习题

1. 单项选择题（在备选答案中选择 1 个正确的选项）

1）对互斥方案进行评价时，需要考虑互斥方案之间的（　　）是否相等。

A. 投资金额　　B. 年利率　　C. 寿命周期　　D. 内部收益率

2）某企业对 A、B 两个投资项目进行经济评价，总投资资金为 100 万元，其中 A 项目需要资金 80 万元，B 项目需要资金 60 万元。则应将两个方案视为（　　）。

A. 独立型方案　　B. 互斥方案　　C. 相关方案　　D. 组合方案

3）某公司面临两个投资方案 A 和 B 的选择。预计项目寿命为 5 年，方案 A 需要初期投资 100 万元，年净现金流量为 30 万元；方案 B 需要初期投资 200 万元，年净现金流量为 60 万元。假设公司的贴现率为 10%，请用净现值法评价这两个方案，哪个更为可取？（　　）

A. 方案 A　　B. 方案 B　　C. 无法确定　　D. 两个方案都不行

4）项目（方案）之间具有相容性，只要条件允许，就可以任意选择项目群中的有利项目，而且投资、经营成本与收益具有可加性，则项目（方案）的类型是（　　）。

A. 独立型方案　　B. 互补型方案　　C. 互斥型方案　　D. 层混型方案

5）在进行多方案评价时，如果运用 *NPV* 和 *IRR* 指标所得结果不相等，应选择（　　）所得方案。

A. *NPV*　　B. *IRR*　　C. 两个都要考虑　　D. 选取其他指标

6）已知甲、乙两个方案为互斥方案，且两个方案计算期相同。已知 *NPV*（甲）=120 万元，NPV（乙）=150 万元，那么应选择（　　）。

A. 甲方案　　B. 乙方案　　C. 甲乙均可　　D. 不能确定

2. 多项选择题（在备选答案中选择 2 个或 2 个以上正确的选项）

1）在对相关方案进行评价时，需要将相关方案转换成（　　）进行评价。

A. 经济依存方案　　B. 互斥方案　　C. 独立方案　　D. 现金流相关方案

2）计算期不同的互斥方案的比选，处理方法分为设定合理的分析区间或选取合适的方案重复更新假设，常用的计算方法有（　　）。

A. 净年值法　　B. 最小公倍数法　　C. 研究期法　　D. 净现值法

3）在进行多方案评价时，决策过程中需要考虑的关键要素有（　　）。

A. 方案净现值　　B. 方案的初始投资额　C. 方案的品牌影响力　D. 方案的技术能力

3. 填空题

1）在进行多方案评价时，（　　）方案之间存在着唯一性，即只能选择其中一个。

2）在进行多方案评价时，既要进行（　　）检验，又要进行（　　）检验。

3）在对互斥方案进行评价时，如果互斥方案的寿命不同，一般需要选取一个计算期进行分析，这个方法是（　　）。

4）在进行多方案评价时，如果净现值和内部收益率所得方案不同，应选取（　　）所得的方案。

5）在进行多方案评价时，当独立方案较多，需要对方案进行排序时，常选用（　　）指标进行排列。

6）在进行多方案评价时，运用内部收益率验证方案的可行性时，需要所求方案的内部收益率（　　）基准收益率。

4. 判断题

1）方案 A、B 是互斥方案，如果 $IRR_{B-A} > i_0$，则方案 B 优于方案 A。（　　）

2）方案 A、B 是互斥方案，只要知道 $NPV(A) > NPV(B)$，就可以选择方案 A。（　　）

3）对于独立的常规投资项目，在某些情况下，存在多个财务内部收益率。（　　）

4）投资方案经济比选中，计算期相同的互斥方案可以采用净现值法。（　　）

5）在对计算期不等的互斥方案进行比选时，当参加比选的方案数目众多，最为简便的比选方法是净年值法。（　　）

6）在寿命期相等的互斥方案比选时，按照净现值和内部收益率计算得出的结论矛盾时，应采用内部收益率作为决策依据。（　　）

5. 简答题

1）多方案之间的关系种类有哪些？它们的特点是什么？

2）对无约束条件的独立方案进行评价时，需要进行什么操作？

3）计算期相同的互斥方案可以用哪些方法进行比较？

4）多方案之间存在哪些关联性？

5）在对互斥方案进行评价时为什么既要进行可行性检验，又要进行最优性检验？

6. 计算题

1）某项目有A、B两种不同的工艺设计方案，均能满足同样的生产技术需要，但各方案的投资及年运营费用不同，具体如表5-A所示，在 i_0=10%的情况下，对方案进行比选。（计算结果保留两位小数）

表5-A　A、B两方案的投资费用数

单位：万元

方案	投资（第1年年末）	2—5年运营费用	6—10年运营费用
A	750	280	280
B	820	200	300

2）某项目有两个方案A、B，均能满足同样的需要，但各方案的投资及年运营费用不同、具体如表5-B所示，在 i_0=10%的情况下，对方案进行比选。

表5-B　两个方案的投资费用数据

单位：万元

方案	期初投资	1—5年运营费用	6—10年运营费用
A	70	13	13
B	100	10	10

3）有两种疏浚灌溉渠道的技术方案，一种是用挖泥机清除渠底淤泥，另一种在渠底铺设永久性混凝土板，数据见表5-C，利率为10%，试比较两个方案的优劣。

表5-C　两种技术方案数据表

单位：元

方案A	费用	方案B	费用
购买挖泥设备（寿命10年）	65 000	河底混凝土板（无限寿命）	650 000
挖泥设备残值	7 000	年维护费用	1 000
挖泥作业年经营费用	40 000	混凝土板维修（5年一次）	10 000
挖制水草年度费用	18 000		

4）从矿山到选矿厂运输矿石有两种可行方案，资料如表5-D所示，请选择最优方案。（i=15%）

表5-D　两种可行方案数据表

单位：万元

方案	方案A		方案B
	矿车	道路	架空索道
投资	45	23	175
年维修费	6	0.3	2.5
残值	5	2	10

续表

方案	方案 A		方案 B
	矿车	道路	架空索道
经济寿命	8	12	24

5）现在有两个项目 A、B 的寿命期分别为 3 年和 5 年，各自寿命期内的净现金流量如表 5-E 所示，计算各方案的净现值、净年值。（基准收益率为 10%）

表 5-E　各自寿命期内的净现金流量　　单位：万元

方案	0	1	2	3	4	5
A	−350	100	100	100	100	100
B	−220	100	100	100	—	—

扫码获取答案

第6章 不确定性分析

学习要点及目标

1. 学习要点：不确定性与风险的概念；盈亏平衡分析；敏感性分析；概率分析。

2. 思政元素：科学决策勇于担当；挑战精神、创新精神、职业精神、劳模精神。

3. 案例引入：红海航道危机。

4. 思政目标：引导学生正确地认识风险，培养风险意识，了解如何在未来的人生道路中规避风险，当风险来临时，懂得如何面对风险并勇于承担；增强学生的抗挫折能力、处理风险的能力；培养学生面对困难不放弃、开拓进取的优良品格。

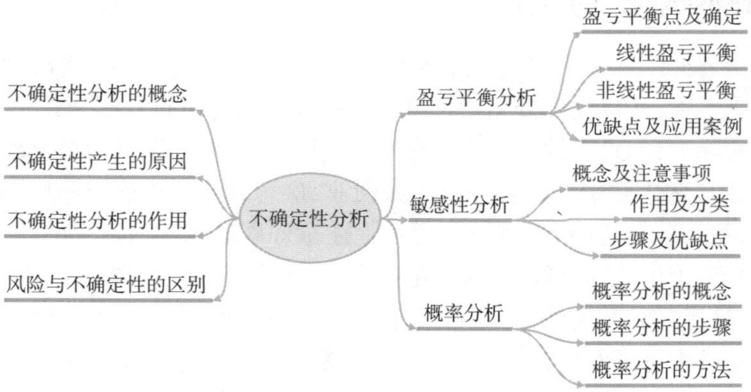

图 6-1 不确定性分析思维导图

6.1 引例——红海航道危机

红海航道作为全球海运线路中的重要航道，与苏伊士运河共同组成“欧亚水上通道”，是世界上最繁忙的水道之一，全球近 12%的海运贸易都要经过此航道。然而，这条全球运输航道自 2023 年 11 月起变得不太平。也门胡塞武装多次袭击红海及附近水域，造成航运船队受损，多数运输船队不得不绕路航行，运输时间和成本急剧增加，全球供应链受损程度已超过新冠肺炎疫情初期阶段。

假设某投资公司计划投资一家新型国际航运企业，如果其在项目实施前，未进行不确定性分析，出现像“红海航道危机”这样的不确定性因素，其项目的盈利必将受损，难以达到确定性分析阶段计算出的项目收益，这就是凸显出不确定性分析的作用。确定性分析揭示项目收益，不确定性分析揭示项目风险，这两部分共同构成了完整的项目评价体系。

6.2 不确定性分析的概述

6.2.1 不确定性分析的含义

投资者在投资工程项目前,会收集大量数据对项目进行分析,以了解项目的盈利情况、发展过程等,这些内容是投资者进行投资的重要依据。但是,作为一个未开工的项目,大量数据都源于对工程项目未来情况的预测,例如投资情况、项目寿命、销售收入、成本等,在分析过程中,这些数据是固定不变的,但是伴随项目进程的发展,由于项目内部条件或外部环境发生变化,实际的项目数据也可能发生改变,并将造成项目决策结果的偏差。为避免这类现象的发生,对影响方案效益评价指标的不确定性因素进行分析的过程即为不确定性分析。

不确定性分析是对项目实施过程中可能出现的不确定性因素进行分析,研究工程项目中各种因素的变化和波动对其经济效益的影响,预测项目可能出现的风险,评价项目的可靠性,帮助投资者权衡项目的收益和风险情况,为其进行可靠的投资决策提供依据。

6.2.2 风险与不确定性的区别

因为本书主要介绍针对工程项目经济效果的评价指标与方法,对于工程项目而言,风险与不确定性区别不大,所以大部分书籍都将不确定性分析与风险分析合并讨论,合成为不确定性分析。但实际上,不确定性与风险是存在一定区别的,本小节针对此问题进行讨论。

风险一词在日常生活中经常被提及。如失业、疾病、伤残、车祸、空难等随时可能发生,通过购买保险,我们就可以有效地减轻、避免上述意外事故对生活造成的伤害;不可以把鸡蛋同时放在一个篮子里,家庭理财应该分散投资;为了促进企业资源的最优配置要做风险管理等。风险,就是指某种特定的危险事件(事故或意外事件)发生的可能性及其产生的后果的组合。从其定义中可以看出,风险是由两个因素共同作用组合而成的,一是该风险发生的可能性,即风险概率;二是该风险事件发生后所产生的后果。日本学者武井勋结合其对风险的研究,归纳出风险具有的三个基本因素:风险与不确定性是存在差异的;风险是可以被测量的;风险是客观存在的。由此可见,风险是可以被提前测量、客观存在且能导致项目发生经济损失的变化,而不确定性是不可被测定的,即风险的概率是已知的,但不确定性的概率是未知的,这就是两者之间的差别。当然,两者也存在联系,不确定性是风险存在的必要条件,针对一个工程项目,如果其在实施之前,人们就提前预测并解决可能造成经济损失的变化因素,那么也就不存在风险,所以风险必须是在人们不可提前预测解决但又清楚其可能发生的情况下才能存在的。实际上,本章介绍的不确定性分析是对项目实施过程中客观存在的对项目经济产生损失的因素进行分析的过程,其实质是进行风险分析。

6.2.3 不确定性产生的原因

产生不确定性因素的原因很多,一般可以分为主观原因和客观原因两种。

1. 主观原因

1)所依据的基础数据不足。在前期进行可行性研究时,所获取的基础数据可能是不全面的或者存在误差的，例如现金流量数据不足，这将直接影响工程研究经济效果评价的结果。

2）预测方法的局限性。随着时间的推移，旧有方法出现落后趋势，如果仍沿用原来的方法进行统计和预测，就会出现预测不准确的现象。

3）无法以定量形式来表示定性因素。部分因素发生变化的概率是无法用确切的数值来表示的，例如气候、环境等因素的变化。

2. 客观原因

1）科学技术的进步。现代科技飞速发展，新技术、新材料、新工艺日新月异，一个新产品或新发明的诞生，可能跨领域对其他产品产生冲击。在项目可行性研究中，不可能对新产品的出现及其影响进行准确预测，从而造成项目的不确定性。

2）经济形势的变化。在市场经济条件下，国家的宏观经济调控政策、经济发展本身都将对未来市场形势产生影响，以及通货膨胀都将影响到工程项目经济评价中的物资价格，进而导致项目的不确定性。

3）其他外部环境因素。例如，政府政策的影响，新的法律、法规的确定，以及国家政治经济形势的变化等，都会对项目的经济效果产生影响。

在实际的使用过程中，很多因素不可能面面俱到，所以需要着重分析和把握那些对工程项目影响较大的关键因素。

6.2.4 不确定性分析的作用

对项目进行不确定性分析可以有效地减少不确定因素对项目经济效果的影响，提高项目的风险防范能力与项目投资决策的科学性和可靠性。具体如下。

1）进行不确定性分析有助于投资者对工程项目的不同方案做出选择。既要比较不同方案的正常效果，还要比较不同方案在各种因素影响下发生变化的效果，然后从中选取最佳方案，而不是只注重方案正常情况下所得到的效果。

2）进行不确定性分析有助于投资者对工程项目各种因素的影响程度及趋势有一定的估计。在项目实施过程中，对重要因素及关键因素给予充分的考虑和控制，以保证项目能取得预期的经济效果。

6.2.5 不确定性分析的方法和内容

不确定分析是对生产、经营过程中各种事前无法控制的外部因素变化与影响所进行的估计和研究。为了做出正确决策，需要进行技术经济综合评价、计算各因素发生的概率及其对决策方案的影响，从中选取最佳方案。

不确定性分析的方法主要有以下方法。

1）盈亏平衡分析法——寻找盈亏平衡点。

2）敏感性分析法——确定不确定性因素可能造成的结果。

3）概率分析法——研究不确定性因素变化的范围，对项目风险进行定量研究。

根据研究内容不同，不确定性方法的选择也会不同。通常情况下，项目进行财务评价时，三种方法都可以使用；而对项目进行国民经济评价时，只可以使用敏感性分析法和概率分析法。

6.3 盈亏平衡分析

6.3.1 盈亏平衡分析的概念

盈亏平衡分析又称量、本、利分析，是用于研究成本、销售收入与利润三者关系的一项重要分析方法，是根据产品的产量、成本、利润之间的相互关系来进行综合分析，确定盈利为零时的临界值，即项目的盈亏平衡点，用来预测利润、控制成本、判断经营状况的数学分析方法。

在工程项目不确定性分析过程中，项目的经济效果往往受到许多因素的影响，当因素发生改变时，项目的盈亏情况也有可能发生改变。通过盈亏平衡分析，找出该项目盈亏转换的临界点，进而判断在各种不确定性因素的作用下该方案的盈亏情况，为投资者提供科学的依据。

根据生产成本及销售收入与产量之间是否呈现线性关系，盈亏平衡分析可以分为线性盈亏平衡分析和非线性盈亏平衡分析两种。

6.3.2 线性盈亏平衡分析

1. 线性盈亏平衡的概念

线性盈亏平衡分析用于分析生产成本及销售收入与产量之间呈线性关系的项目，即项目的收益与成本均是产量的线性函数。

进行线性盈亏平衡分析时，项目必须符合如下四个前提条件：

1）产品产量等于销售量，即不存在滞销等情况；

2）生产量发生变化时，单位产品价格需保持不变，使销售收入与销售量成线性函数；

3）生产量发生变化时，固定成本保持不变，可变成本应与生产量成正比例关系，从而使总生产成本与生产量成线性函数；

4）该项目应该只有一个产品，多产品情况下，不同产品应可以换算成单一产品进行计算。

根据操作流程不同，线性盈亏平衡分析的方法可以分为图解法和解析法。

2. 线性盈亏平衡分析——图解法

图解法，顾名思义就是通过画出盈亏平衡图来进行线性盈亏平衡分析的方法。

一个简单的线性盈亏平衡分析图如图 6-2 所示。

图解法的操作流程如下。

1）以产量 Q 为横坐标，销售收入 B 或成本 C 为纵坐标，画出一个坐标图。

2）计算项目不含税销售收入 B（以下简称总收入或销售收入），P 为产品单价，V 为单位变动成本，从原点开始，在坐标图上画出销售收入线。

3）画出固定成本线和变动成本线。因为固定成本 F 保持不变，所以固定成本线是一条平行于横轴的水平线；变动成本为 VQ，变动成本随着产量增加而增加，是从原点出发的一条斜线。

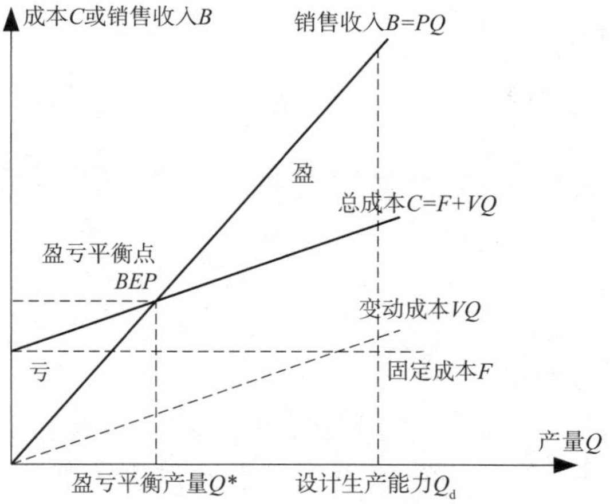

图 6-2　线性盈亏平衡分析图

4)计算项目总成本 C,从固定成本线与纵坐标的交点开始,画出成本线。

5)标出盈亏平衡点(Break-even Point,BEP)和盈亏平衡产量 Q^*。盈亏平衡点也称盈亏临界点,通常用来形容销售收入等于成本被完全使用时的产量,即销售收入线与总成本线的交点上的产量。

6)分析盈亏平衡图。当销售收入线在成本线上方时,产量大于盈亏平衡产量,项目盈利;当销售收入线在成本线下方时,产量小于盈亏平衡产量,项目亏损。当盈亏平衡产量越低,项目的盈利可能性越大,项目风险就越小。

3. 线性盈亏平衡分析——解析法

与图解法不同,解析法是通过数学计算的方式得到盈亏平衡点的。

常见的盈亏平衡点计算公式(以盈亏平衡产量表示盈亏平衡点)如下:

$$Q^* = \frac{F}{P - V - t} \tag{6-1}$$

式中,Q^* 为盈亏平衡产量;t 为产品销售税金及附加;F 为固定成本;P 为单位产品价格;V 为单位产品变动成本。

盈亏平衡点除了用盈亏平衡产量表示,还可以用生产能力利用率、销售单价、单位产品变动成本表示,具体的计算公式如下。

1)用生产能力利用率表示盈亏平衡点:指盈亏平衡点产量(或销售量)占企业正常销售量的比重。计算公式为:

$$E^* = \frac{Q^*}{Q_d} \times 100\% = \frac{F}{(P - V - t)Q_d} \tag{6-2}$$

式中,E^*为盈亏平衡生产能力利用率;Q^*为盈亏平衡产量;Q_d 为正常销售量(指正常市场和正常开工下的销售量)或设计生产能力。

国外经验认为,$E^*<70\%$,项目抗风险能力强。

2)用销售单价表示盈亏平衡点:该方法用于按设计生产能力进行生产或销售的企业。计算公式为:

$$P^* = \frac{F}{Q_d} + V + t \tag{6-3}$$

式中，P^*为盈亏平衡销售单价。

3）用单位产品变动成本表示盈亏平衡点：该方法用于按设计能力进行生产或销售，且销售价格已定。计算公式为：

$$V^* = P - \frac{F}{Q_d} - t \tag{6-4}$$

式中，V^*为盈亏平衡单位产品变动成本。

例 6-1 一家汽车零部件制造企业计划扩大生产规模，以满足日益增长的市场需求。企业计划通过增加投资来提升年产量至 40 万件，单位产品价格为 340 元，固定成本为 600 万元，单位产品可变成本为 260 元，该产品销售税金及附加的合并税率为 10%。请用产量、生产能力利用率、单位产品价格表示项目的生产平衡点。

解：1）计算盈亏平衡产量：

$$Q^* = \frac{6\ 000\ 000}{340 - 260 - 340 \times 10\%} = 130\ 400（件）$$

2）计算盈亏平衡生产能力利用率：

$$E^* = \frac{13.04}{40} \times 100\% = 32.6\%$$

3）计算盈亏平衡销售单价：

$$P^* = \frac{6\ 000\ 000}{400\ 000} + 260 + P^* \times 10\%$$

$$P^* = 305.56（元）$$

在项目经济评估过程中，盈亏平衡点可以用来反映项目风险的大小。以盈亏平衡点的产量为例，一个项目盈亏平衡点越低，意味着该项目达到盈亏平衡需要的产品就越少，项目的实际销量越容易超过盈亏平衡点的产量，从而使项目盈利，这表明只要市场变化不大，该项目难以变成亏损状态，即该项目适应市场变化的能力较强，抗风险能力也较强，所以盈亏平衡点的高低可以反映项目风险的大小。

6.3.3 非线性盈亏平衡分析

1. 非线性盈亏平衡的概念

线性盈亏平衡分析作为最基础的分析方法，有利于学生学习领悟，但是该方法具有一定的局限性。在现实生活中，企业的产品收入与销售量之间、成本与产量之间，往往呈现非线性关系，无法进行线性盈亏平衡分析，因此要进行非线性盈亏平衡分析。

2. 收入和支出与产品产量之间呈非线性关系的原因

在实际的生产过程中，收入和支出与产品产量之间会受到多种因素的影响。例如，当产量扩大到一定水平时，原材料、能源等供给价格将会上涨，造成项目成本与产量之间呈非线性关系；由于市场容量的限制，当产品产量增长到一定程度后，其产量的高低会影响市场的供求关系，造成产品的售价下降，导致产品单价与产量之间呈负相关；根据报酬递减规律，可变成本会随着生产规格的不同而与产品呈现非线性关系；还会有一些辅助性的生产费用随着产量变化而呈现梯形分布。

3. 非线性盈亏平衡分析过程

非线性盈亏平衡分析图如图 6-3 所示，基于此图进行非线性盈亏平衡分析。

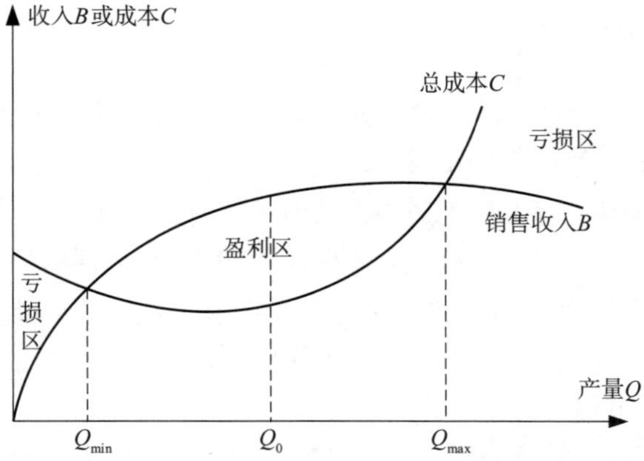

图 6-3　非线性盈亏平衡分析图

非线性盈亏平衡与线性盈亏平衡不同在于它有两个盈亏平衡点，相同之处是盈亏平衡点仍表示项目总收入与总成本相等的情况。那么，假设产品产量与销售量都为 Q，则项目总收入 B 与项目总成本 C 的计算公式为：

$$B(Q)=a_1Q^2+b_1Q+c_1 \tag{6-5}$$

$$C(Q)=a_2Q^2+b_2Q+c_2 \tag{6-6}$$

根据 B 与 C 的计算公式以及两者相等的特点，整理可得到计算公式：

$$(a_1-a_2)Q^2+(b_1-b_2)Q+(c_1-c_2)=0 \tag{6-7}$$

对此一元二次方程进行求解，可以得到两个解，即非线性盈亏平衡的两个盈亏平衡点 Q_{min} 和 Q_{max}。根据图 6-3 可知，当产量在两点之间时，该项目盈利；如果 $Q<Q_{min}$ 或 $Q>Q_{max}$，该项目亏损。

例 6-2　已知某项目的销售收入与产销量之间的关系为 $B=(60-0.003\,5Q)Q$，固定成本为 6 万元，总成本与产销量之间的关系为 $C=60\,000+(35-0.001Q)Q$。求：1）项目的盈亏平衡点；2）利润最大时的产量。

解：1）因为项目平衡点时 $B=C$，所以：

$$(60-0.003\,5Q)Q=60\,000+(35-0.001Q)Q$$

求得：$Q_1=4\,000$ 元，$Q_2=6\,000$ 元。

2）对利润 $NB=B-C$，求 Q 的导数：

$$NB=B-C=(60-0.003\,5Q)Q-60\,000-(35-0.001Q)Q$$

$$=0.0\,025Q^2+25Q-60\,000$$

$$\frac{\mathrm{d}NB}{\mathrm{d}Q}=\frac{\mathrm{d}\left(-0.002\,5Q^2+25Q-60\,000\right)}{\mathrm{d}Q}=-0.005Q+25$$

令 $\frac{\mathrm{d}NB}{\mathrm{d}Q}=0$，$-0.005Q+25=0$，得 $Q=5\,000$元，因此得出利润最大时的产量为 5 000 元。

6.3.4 盈亏平衡分析法的优缺点

盈亏平衡分析法作为工程项目不确定分析方法之一被广泛采用,该方法的优点包括。

1）成本效益。对于小型的投资决策,使用复杂方法所产生的成本可能会超过方法所带来的效益,而盈亏平衡分析法的成本较小,所以仍然是有效的评估工具。

2）简单直观。盈亏平衡分析法作为一种相对简单的方法,可以通过盈亏平衡分析图展现市场需求变化,帮助决策者快速了解项目对市场需求变化的适应能力。

3）了解项目的风险能力。通过盈亏平衡分析,投资者可以了解到项目可能存在的风险,为投资者提供决策依据。

盈亏平衡分析法虽然能够衡量项目风险的大小,但是不能提示产生风险的原因,同时它还存在一些缺点。

1）过于理想化的假设。盈亏平衡点的计算基于一系列理想化的假设条件,如销售量等于生产量,其他因素保持不变且已知。这些假设在实际操作中很难完全满足,从而降低了分析的准确性。

2）缺乏时间价值考虑。该分析没有考虑资金的时间价值,即没有考虑投资项目在整个生命周期内现金流量变化对项目盈亏的影响,这可能导致分析结果与实际情况存在偏差。

3）存在局限性。虽然盈亏平衡分析可以提供项目总体的抗风险能力,但它不能反映各风险因素的影响程度。此外,它只能考察项目正常生产年份的情况,而不能全面评估项目整个生命周期的现金流量变化对项目经济效益的影响。

4）无法给出解决方案。如何降低固定成本,需要采取哪些可行的方法或通过哪些有利的途径来达到这个目的,盈亏平衡分析无法给出答案。

6.3.5 盈亏平衡分析法的应用案例

上述内容主要介绍的是盈亏平衡分析法在项目经济效益评价过程中的运用,而盈亏平衡分析法的用处不止如此,对于不同的产品、不同的研究对象,盈亏平衡法起到的作用和意义也是不同的。

案例：2023 年,生态环境部发布《2021、2022 年度全国碳排放权交易配额总量设定与分配实施方案（发电行业）》,这篇以控制温室气体排放为目的,对全国碳排放权交易市场年度配额进行分配的报告中,将盈亏平衡值作为各类机组配额盈亏平衡时的基准值,以该基准值作为制定各年度供电、供热基准值的重要依据。引入盈亏平衡值的概念,可以简单、清楚地展示市场碳排放的供需平衡值,便于企业更好地实行碳排放改革。

通过盈亏平衡点,可以计算不同企业实行低碳转型的成本以及资金成本,对于负债率高、贷款利率高的企业,绿色金融利率的定价合理性更为重要。这就要引入两个新概念,绿色溢价和绿色溢价比例。

绿色溢价是指某项经济活动的清洁能源成本与化石能源成本之差,负数则意味着化石能源的成本较高,经济主体需要向清洁能源转换,从而降低碳排放。绿色溢价比例是绿色溢价与化石能源成本之比,通过绿色溢价比例可以对不同行业的低碳转型成本进行定义,便于对企业转型成本进行计算。

从以上应用案例中可以了解到盈亏平衡点能够清晰地展示出像碳平衡基准等模糊的事物,拓宽了盈亏平衡点的应用范围。

6.4 敏感性分析

6.4.1 敏感性分析的概念及注意事项

在对项目进行技术经济评价的过程中,由于项目内部因素、外部环境发生改变,项目包含的不确定性因素也可能发生改变,例如产品产量、产品销售单价、投资额、各种生产费用要素等,而不同的不确定性因素发生改变时,对方案的经济效果产生的影响是不同的,敏感性分析就是用来确定不确定性因素的改变对项目经济效果指标的影响程度。

敏感性分析(也称为敏感度分析)是一种不确定性分析技术,用于评估和量化关键指标对项目或模型中不确定因素的敏感程度。敏感性分析的实质是在确定性分析的基础上,通过进一步分析,预测项目的主要不确定性因素的变化对项目评价指标的影响,从而找出敏感因素(使项目经济大幅度变动的影响因素),确定评价指标对该因素的敏感程度,从而对项目风险的大小进行评估,为投资者的决策提供数据支持。

敏感性分析的过程中,需要注意几个问题:

1)必须存在一个定性或定量的指标来反映敏感因素对效益指标的影响程度;

2)敏感性分析是针对一个或几个效益指标来寻找其对应的敏感因素,具有针对性;

3)必须做出因这些因素变动对投资方案承受能力产生影响的判断。

6.4.2 敏感性分析的步骤

1. 确定需要进行敏感性分析的经济指标

因为投资效果可以用多种指标表示,所以在对项目进行敏感性分析时,首先要确定需要分析的经济指标。这些指标必须根据投资项目的特点和实际需要来确定,而且由于不同的项目投资者关心的目标不同,因此一般选择最能反映经济效益的综合性评价指标作为分析评价的对象。例如,投资回收期、净现值、内部收益率等可能作为敏感性分析的指标。一般来说,敏感性分析应与方案经济评价指标一致,不能超出确定性分析的指标范围另设指标。

2. 选择并分析对指标有影响的不确定性因素

在实际分析过程中,影响项目经济指标的不确定性因素很多,而且这些因素的影响程度各有不同,为准确分析不确定性因素,只需要分析在成本效益中占比多、对经济效益影响大或者发生变化可能性大的因素,通常包括项目投资、寿命期、成本、产品单价、产品销量等。

敏感性因素的选择原则如下：①要事先把很少发生变化的因素剔除在外。对于不同行业、不同规模和不同技术水平的项目，选择的因素应有所不同。②一般发生在项目寿命期初期、金额大的因素比发生在寿命期后期、金额小的因素对项目的经济评价指标影响要大得多。例如，投资一般都列为应做敏感性分析的因素，而固定资产残值则通常不用做敏感性分析。③优先选择在对项目自始至终起作用的效益和成本（费用）构成中所占比例大的因素以及在项目实施过程中有可能发生较大变化的因素。

3. 计算各个不确定性因素对经济指标的影响程度

首先，选取一个需要计算的敏感性因素，假设其他因素保持不变，按照一定的变动幅度改变需要计算的敏感性因素，研究经济评价指标随此敏感性因素变化产生的新数值；然后，将其与该指标的原始数值进行比较，得出该指标的变化率；最后，对每一个因素按上述方法逐一计算，分析敏感性因素对项目经济效果指标的影响。

敏感性系数 β 计算公式如下：

$$\beta=\frac{\text{被影响因素的变动幅度}}{\text{影响因素的变动幅度}}=\frac{\dfrac{\Delta F(X)}{F(X)}}{\dfrac{\Delta X}{X}}=\frac{\dfrac{F(X_1)-F(X_0)}{F(X_0)}}{\dfrac{X_1-X_0}{X_0}} \tag{6-8}$$

式中，X_0 表示影响因素的原值；X_1 表示影响因素的未来值；$F(X_0)$ 表示被影响因素的原值；$F(X_1)$ 表示被影响因素的未来值；$\Delta X=X_1-X_0$ 表示影响因素的变动差额；$\Delta F(X)=F(X_1)-F(X_0)$ 表示被影响因素的变动差额。

为了更好确定各因素对项目的不确定性影响，可以使用相对测定法或绝对测定法进行研究。

1）相对测定法。假设要分析的因素均从确定性经济分析中所采用的数值开始变动，且各因素每次变动的幅度相同，比较在同一变动幅度下各因素的变动对经济评价指标产生的影响，据此判断方案经济评价指标对各因素的敏感程度。

2）绝对测定法。假设要分析的因素只向对经济评价指标产生不利影响的方向变动，并设定该因素已达到最差值，然后计算在此条件下的经济评价指标，如果计算出的经济评价指标已超过项目可行的临界值，使方案变得无法接受，从而改变项目的可行性，则表明该因素是敏感因素。

4. 绘制敏感性分析图，并对方案进行综合分析

在完成上述分析后，可以将因素变化对项目经济效益指标的影响程度绘制成敏感性分析图。敏感性分析图以评价指标为纵坐标，以不确定性因素的变化率为横坐标，分析图中每一条斜线的斜率表示经济评价指标对该不确定性因素的敏感程度，斜率越大，敏感度越高。每条斜线与横轴的相交点的不确定性因素变化率即为该因素的临界点，表示方案经济效果指标达到最低要求允许的最大变化幅度。通过敏感性分析图，决策者可以了解不确定性因素变化的可能性并预测因素变化将对项目造成的风险，便于采取相应的防范措施。

6.4.3　敏感性分析的分类及作用

敏感性分析根据所研究的因素数量不同，可以分为单因素敏感性分析和多因素敏感性分析两种。

1. 单因素敏感性分析

单因素敏感性分析是对单一不确定性因素变化的影响进行分析，即假设所有不确定性因素之间相互独立互不影响，敏感性分析每次只研究一个因素，其他因素保持不变，以确定该可变因素对经济评价指标的影响和敏感程度。

例 6-3 某施工公司承接修建一座应急处理中心，估计寿命周期为 10 年，计划年初投资 140 万元，每年收益 35 万元，每年支出 5 万元，估计到期时设备残值为 2 万元，基准折现率为 15%，各参数的最大变动范围为-20%~20%，试对年初投资额、年收益、年支出、残值进行敏感性分析。

解：计算在初始条件下，项目的净现值为：

$$NPV=-140+(35-5)\left(\frac{P}{A},15\%,10\right)+2\left(\frac{P}{F},15\%,10\right)=11.0584\text{（万元）}$$

假设投资额变化的百分比为 a，投资额变化对方案净现值的影响为：

$$NPV=-140(1+a)+(35-5)\left(\frac{P}{A},15\%,10\right)+2\left(\frac{P}{F},15\%,10\right)$$

假设年收益变化的百分比为 b，年收益变化对方案净现值的影响为：

$$NPV=-140+\left[35(1+b)-5\right]\left(\frac{P}{A},15\%,10\right)+2\left(\frac{P}{F},15\%,10\right)$$

假设年支出变化的百分比为 c，年支出变化对方案净现值的影响为：

$$NPV=-140+\left[35-5(1+c)\right]\left(\frac{P}{A},15\%,10\right)+2\left(\frac{P}{F},15\%,10\right)$$

假设残值变化的百分比为 d，残值变化对方案净现值的影响为：

$$NPV=-140+(35-5)\left(\frac{P}{A},15\%,10\right)+2(1+d)\left(\frac{P}{F},15\%,10\right)$$

计算每个不确定性因素在最大变动范围内的方案净现值，并将计算结果列于表 6-1 中。

表 6-1 敏感性分析表

单位：万元

不确定性因素	变动幅度				
	−20%	−10%	0	+10%	+20%
投资额	39.058 4	25.058 4	11.058 4	−2.941 6	−16.941 6
年收益	−24.073 2	−6.507 4	11.058 4	28.624 2	46.190 0
年支出	16.077 2	13.567 8	11.058 4	8.549 0	6.039 6
残值	10.959 52	11.008 96	11.058 4	11.107 84	11.157 28

根据敏感性分析表的内容，绘制敏感性分析图（如图 6-4 所示）。

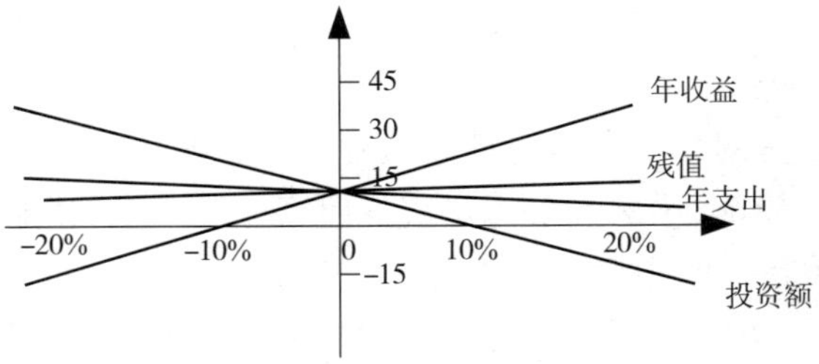

图 6-4　敏感性分析图

分析：根据图 6-4，可以看出年收益变化对净现值的影响最大，其次是投资额，再次是年支出，残值变化对净现值的影响最小。

单因素敏感性分析在计算过程中必须假定其他因素不变，但有些问题可能有两个或两个以上的不确定因素在同时改变，此时单因素敏感性分析就很难准确反应项目承担风险的状况，这时就需要多因素敏感性分析。

2. 多因素敏感性分析

多因素敏感性分析是在假定其他不确定性因素不发生变化的条件下，计算分析两种或两种以上不确定性因素同时发生变动对项目经济效益指标产生的影响，来确定敏感性因素及其极限值。其中，每次考虑两个因素同时变化对方案效果影响的分析，称为双因素敏感性分析，是多因素敏感性分析的特例。多因素敏感性分析一般是在单因素敏感性分析的原理和基础上进行的，但是多因素敏感性分析必须进一步假定同时变动的两个或多个因素是相互独立且变化概率相同的。

例 6-4　某服装加工厂，计算投资一种新型服装生产线，初始投资额为 1 000 万元，寿命周期 10 年，项目预计残值 60 万元，衣服价格 40 元/件，年经营费用 100 万元，基准折现率为 10%，年生产数量为 10 万件，试对该项目的初始投资额和产品价格进行双因素敏感性分析。

解：假设初始投资额变化百分率为 x，产品价格变化百分率为 y，以净现值为分析指标：

$$NPV=-1\,000\times(1+x)+\left[40\times(1+y)\times10-100\right]\left(\frac{P}{A},10\%,10\right)+60\left(\frac{P}{F},10\%,10\right)$$

$$=-1\,000x+2\,457.84y+843.38$$

取净现值的临界值，即 $NPV=0$，上式转换为

$$-1\,000x+2\,457.84y+843.38=0$$

$$x=2.457\,84y+0.843\,38$$

以两因素的变动量为 ±10% 和 ±20% 作图，绘制出如图 6-5 所示的双因素敏感性分析图。从图 6-5 可以看出，$x=2.457\,84y+0.843\,38$ 为一条 $NPV=0$ 的临界线。如果投资额与价格同时变动时，所影响的 NPV 值落在临界线的左上方，该方案可行；如果在临界线的右下方，则方案不可行；如果在临界线上，方案勉强可以接受。

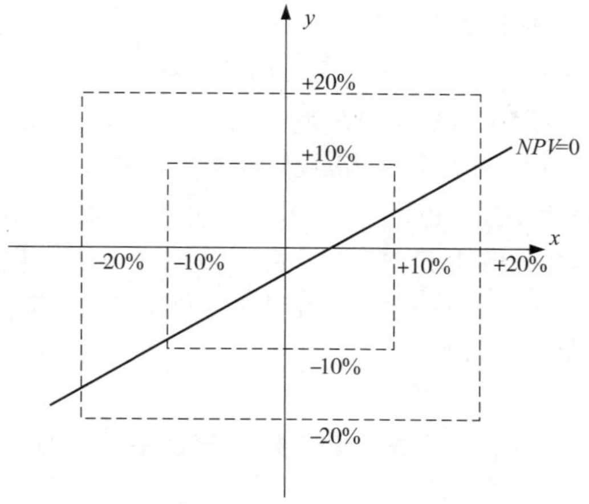

图 6-5　双因素敏感性分析图

3. 敏感性分析的作用

确定影响项目经济效益的敏感因素，寻找出影响最大、最敏感的主要变量因素，进一步分析、预测或估算其影响程度，找出产生不确定性的根源，采取相应有效措施；计算主要变量因素变化引起项目经济效益评价指标变动的范围，使决策者全面了解建设项目投资方案可能出现的经济效益变动情况，以减少和避免不利因素造成的影响，改善和提高项目的投资效果；通过各种方案敏感度大小的对比，选择敏感度小的即风险小的项目作为投资方案；通过对可能出现的最有利与最不利的经济效益变动范围的分析，为投资决策者预测可能出现的风险，并对原方案采取某些控制措施或寻找可替代方案，以及为最后确定可行的投资方案提供可靠的决策依据。

6.4.4　敏感性分析的特点

敏感性分析可以测量各种不确定性因素的变动对投资方案效益的影响，有利于决策者了解投资方案的风险根源和风险程度；可以从各种不确定性因素中寻找出最敏感的因素，使评估人员能将注意力集中于这些关键因素上；可以在多方案比较中，进行投资方案的优选。

但是，敏感性分析在一定程度上带有主观性、猜测性。它无法确定某一不确定性因素真正的变化范围及其在该范围内变化的可能性大小，以及对项目经济效益造成的风险程度大小；同时也不能确定项目寿命周期的变化对决定性因素的影响。多因素敏感性分析在技术和实际工作中也存在一定的难度，尚有待研讨解决的问题。

6.4.5　敏感性分析的应用案例

某养老院项目总体工程计算期 15 年，其中建设期 2 年，运营期 13 年。目前，项目总投资 36 015.04 万元，其中自筹资金 11 015.04 万元，银行贷款 25 000 万元（年利率 6%）；运营期间年平均经营成本费用为 6 311.49 万元，其中固定成本 3 900.77 万元，可变成本 2 410.72 万元；运营期间年平均营业收入 11 033.37 万元，销售税金及附加 606.84 万元；期末回收资产 11 753.66 万元。项目全部投资财务内部收益率为 11.44%（税后），动态投资回收期 11.40 年（含建设期）。

首先，选择需要分析的不确定性因素，并设定其变动范围。建设投资在实际工程中虽很少发生变化，但是由于其金额较大，一旦发生变动，内部收益率将受到重大影响；养老院的入住率是根据市场调研预估的，在将来运营期内很有可能发生变化，营业收入也会随之变化，而营业收入是内部收益率变化的关键影响因素；经营成本在年总成本费用中占比大，并且难以预测其变化的幅度。因此，选用建设投资、经营成本和营业收入作为不确定性因素，以财务内部收益率作为分析指标，借用 Excel 工具进行敏感性分析。根据养老院建设行业实际情况，考虑到各个变量在实际工程中可能会出现的变化幅度，设定不确定性因素的变化率为 ±5%和 ±10%。分析结果见表 6-2。

表 6-2　单因素变化对财务内部收益率的影响

变化率 F	项目财务内部收益率	经营成本		建设投资		营业收入	
		原值	比较值	原值	比较值	原值	比较值
−10%	11.44%	13.14%	1.70%	12.56%	1.12%	8.21%	−3.23%
−5%	11.44%	12.26%	0.82%	12.00%	0.56%	9.85%	−1.59%
5%	11.44%	10.67%	−0.77%	10.86%	−0.58%	12.96%	1.52%
10%	11.44%	9.96%	−1.48%	10.28%	−1.16%	14.44%	3.00%

在单因素敏感性分析中，经营成本、建设投资、营业收入变化幅度在−10%至 10%范围内，财务内部收益率大于基准收益率 6%，说明投资方案可行，并具有较好的抗风险能力。运用公式（6-8）计算得建设投资、经营成本、营业收入的敏感性系数分别为 1.21%、0.91%、3.79%。显然财务内部收益率对营业收入的变化最为敏感，经营成本次之。

6.5　概率分析

6.5.1　概率分析的概念

通过敏感性分析，可以了解影响项目效果的各种因素发生变化时对项目经济指标的影响程度，但是敏感性分析无法得出该因素发生变化的可能性大小，即不确定性因素在未来发生变化的概率，所以当需要验证不确定性因素的变化对项目经济评价指标产生影响的可能性大小时，就需要引入概率分析。

概率分析是使用概率预测分析不确定性因素和风险因素对项目经济效果的影响程度的一种定量分析方法。其实质是研究和计算各种影响因素的变化范围，以及在此范围内出现的概率和期望值。由于概率所引起的实际价值与估计价值或预期价值之间的差异，通常称为风险性，因此概率分析亦可称为风险分析。概率分析常用于对大中型项目的评估和决策中，通过计算项目目标值的期望值及目标值大于或等于零时的累积概率来测定项目风险的大小，为投资者提供决策依据。

6.5.2 概率分析的步骤

概率分析选择的评价指标不同,需要考虑的不确定性因素也不同,例如选用净现值作为风险概率分析的评价指标,需要考虑的不确定性因素就包括净现金流量、折现率和预期寿命等;而选用净现金流作为评价指标,不确定性因素就有建设投资、经营成本和盈利收入等。

概率分析一般按如下步骤进行:

1)选定一个或几个评价指标,例如内部收益率或净现值等;

2)选择需要进行概率分析的不确定性因素,例如投资、经营成本、销售价格等,可以选取敏感性分析中最为敏感的因素;

3)预测不确定性因素变化的取值范围及发生变化的个数;

4)根据测定的风险因素取值和概率分布,计算评价指标的相应取值和概率分布;

5)计算项目评价指标的期望值和项目可接受概率;

6)分析计算结果,验证结果的可行性,研究降低和控制不利影响的措施。

6.5.3 概率分析的方法

概率分析的方法很多,包括期望值法和决策树法等。

1. 期望值法

期望值法是通过计算项目净现值的期望值和净现值大于或等于零时的累积概率,来比较方案优劣、确定项目可行性和风险程度的方法。期望值法是概率分析中比较常用的方法。

在计算项目净现值的期望值时,应计算出方案的净现值,然后根据净现值与期望值的计算公式,计算该方案的期望值。

假设某方案在各种不确定因素综合影响下,净现金流量序列呈多种状态,于是第 j 种状态下的方案净现值为:

$$NPV_j = \sum_{t=1}^{n} Y_{tj}\left(1+i_0\right)^{-t} \tag{6-9}$$

式中,Y_{tj} 为第 t 年的净现金流量;i_0 为基准收益率;n 为项目计算期。

一般情况下,期望值的计算公式为:

$$EX = \sum_{i=1}^{n} X_i P_i \tag{6-10}$$

式中,EX 为随机变量 X 的期望值;X_i 为各种现金流量情况下的净现值;P_i 为各种现金流量情况下的概率值。

在对多个投资方案进行比较时,对于收益指标,期望值越大的方案越优;对于费用指标,期望值越小的方案越优。在有些情况下,仅依靠期望值很难做出决策,可以进一步计算期望值的标准差和变异系数来进行决策。

标准差表示随机变量实际值与期望值偏离的程度,它可以在一定程度上反映投资方案的风险大小。标准差 σ 的计算公式为:

$$\sigma=\sqrt{\sum_{i=1}^{n}P_i\left(X_i-EX\right)^2} \quad (6\text{-}11)$$

标准差作为一个绝对量,可以反映随机变量的离散程度,其大小与变量的数值及期望值的大小有关。一般情况下,标准差越小的方案风险越低。但需要对不同方案的风险程度进行比较时,标准差很难准确反映风险程度的差异,在这种情况下可以引进变异系数。变异系数作为一个相对量,可以更好地反映投资方案的风险程度。变异系数 V 的计算公式为:

$$V=\frac{\sigma}{EX} \quad (6\text{-}12)$$

当期望值与标准差的比较结果不一致时,则变异系数越小的方案风险越低。

例 6-5 某办公用品生产厂计划生产一种新型文具,需要从两种设计方案中选择一个进行生产,各方案的净现值、概率等信息如表 6-3 所示。请计算两种方案净现值的期望值、标准差和变异系数,并选出较优方案。

表 6-3 方案情况

单位:万元

销售情况	发生概率	方案净现值	
		方案 1	方案 2
差	0.13	2 100	1 300
中等	0.62	2 840	3 121
良好	0.25	3 341	3 854

解:计算两个方案净现值的期望值:

$$E_1\left(NPV\right)=2\,100\times0.13+2\,840\times0.62+3\,341\times0.25=2\,869.05\text{(万元)}$$

$$E_2\left(NPV\right)=1\,300\times0.13+3\,121\times0.62+3\,854\times0.25=3\,067.52\text{(万元)}$$

计算两个方案净现值的标准差:

$$\sigma_1=\sqrt{0.13\times\left(2\,100-2\,869.05\right)^2+0.62\times\left(2\,840-2\,869.05\right)^2+0.25\times\left(3\,341-2\,869.05\right)^2}$$
$$=364.82$$

$$\sigma_2=\sqrt{0.13\times\left(1\,300-3\,067.52\right)^2+0.62\times\left(3\,121-3\,067.52\right)^2+0.25\times\left(3\,854-3\,067.52\right)^2}$$
$$=750.03$$

如果运用净现值的期望值进行比较,选择方案 2;如果运用净现值的标准差进行比较,选择方案 1;由于期望值与标准差结果不一致,故运用变异系数进行比较:

$$V_1=\frac{364.82}{2\,869.05}=0.127$$

$$V_2=\frac{750.03}{3\,067.52}=0.245$$

$V_1<V_2$,最终选择方案 1。

2. 决策树法

决策树法是一种运用概率树模型对决策中的不同方案进行比较,从而获得最优方案的风险决策方法。决策树是利用一个树状的图形或决策模型进行决策的辅助工具,包括随机事件结果,资源代价和实用性。决策树法根据其需要进行讨论的决策次数分为单阶段决策树和多阶段决策树两种。单阶段决策是指决策问题只需进行一次决策活动,便可以选出理想的方案,一般只有一个决策节点。如果所需决策的问题比较复杂,通过一次决策不能解决,而是要通过一系列相互联系的决策才能选出最满意方案,这种决策就称为多阶段决策,目标是使各次决策的整体效果达到最优。单阶段决策树图如图 6-6 所示。

根据图 6-6 进行决策树的结构研究,决策树图从左向右展开,一般由三种点和两类枝组成。三种点为决策点、概率分叉点(自然状态点)、结果点,两类枝为方案分枝和概率枝。决策点为方形,是多种方案择优的结果,从决策点延伸出若干分枝为方案枝,每条分枝表示一种备选方案,方案枝连接圆形的概率分叉点,代表备选方案的损益期望值,从概率分叉点延伸出概率枝,用来表示每一种情况可能出现的概率,概率枝末端连接三角形的结果点,同时标注该方案的损益期望值。

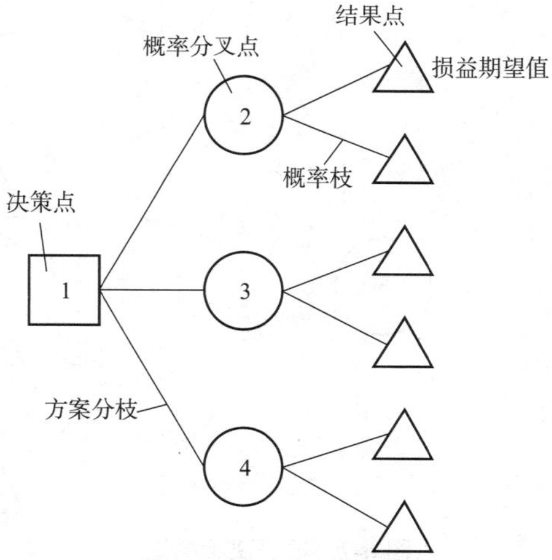

图 6-6　单阶段决策树图

运用决策树法的一般步骤为。

1)绘制决策树。按照上述内容,结合决策问题的具体条件,绘制决策树。绘制过程需要注意决策点和概率分叉点的标号为混合编号,按从左到右、从上到下的顺序编号。

2)运用期望值法进行研究。按编号逆时针计算概率分叉点的损益期望值,计算到决策点时比较损益期望值的大小,去除被淘汰的方案,直到剩下一个最佳方案为止。

例 6-6　某机械生产厂计划安装新的生产流水线,生产流水线要从普通流水线和智能流水线中选择一种实施,普通流水线需要投资 1 121 万元,智能流水线则需要投资 3 200 万元,其他详细信息如表 6-4 所示。倘若项目产品前三年销售情况良好,则后三年销售良好的概率变为 0.9;倘若前三年销售情况差,则后 7 年的销售情况一定为差。项目的基准收益率为 10%,请利用决策树法从两种生产线方案中选择一个最优的方案。

表 6-4　两种流水线情况　　单位:万元

销售情况	发生概率	方案净现值	
		普通流水线	智能流水线
差	0.31	−112	−81
良好	0.69	445	864

解:绘制项目的决策树,如图 6-7 所示。

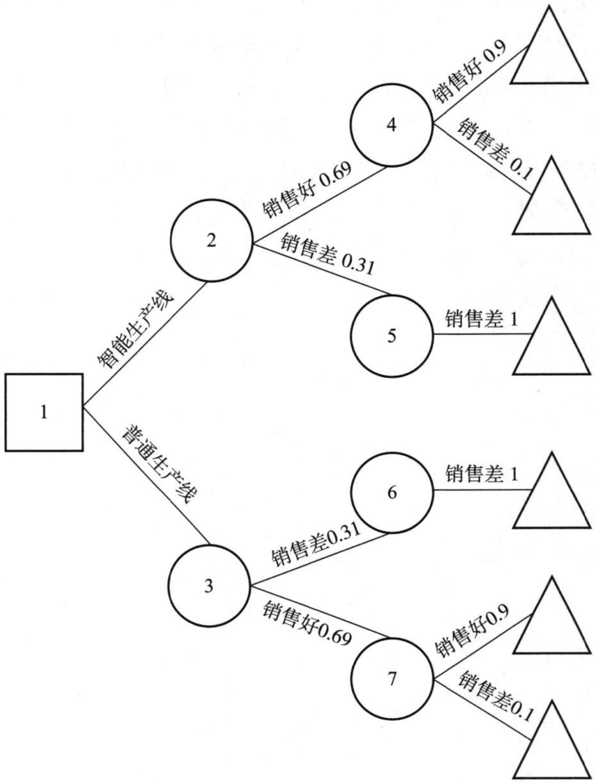

图 6-7　项目决策树图

用期望值准则决策的过程如下:

$$E_4=(864\times0.9-81\times0.1)\times\left(\frac{P}{A},10\%,7\right)\times\left(\frac{P}{F},10\%,3\right)=2\,814.55(\text{万元})$$

$$E_5=-81\times1\times\left(\frac{P}{A},10\%,7\right)\times\left(\frac{P}{F},10\%,3\right)=-296.27(\text{万元})$$

$$E_6=-112\times1\times\left(\frac{P}{A},10\%,7\right)\times\left(\frac{P}{F},10\%,3\right)=-409.65(\text{万元})$$

$$E_7=(445\times0.9-112\times0.1)\times\left(\frac{P}{A},10\%,7\right)\times\left(\frac{P}{F},10\%,3\right)=1\,423.91(\text{万元})$$

$$E_2=2\,814.55\times0.69-296.27\times0.31+(864\times0.69-81\times0.31)\times\left(\frac{P}{A},10\%,3\right)$$

$$=3\,270.34(\text{万元})$$

$$E_3 = 1\,423.91 \times 0.69 - 409.65 \times 0.31 + (445 \times 0.69 - 112 \times 0.31) \times \left(\frac{P}{A}, 10\%, 3\right)$$

$$= 1\,532.76\text{(万元)}$$

$$E_1 = \max\{3\,270.34 - 3\,200, 1\,532.76 - 1121\} = \max\{70.34, 411.76\} = 411.76\text{(万元)}$$

经计算,应选取普通流水线。

6.6 具有风险意识的人才培养

风起于青萍之末,浪成于微澜之间。重大风险往往会经历一个孕育生成、发展演变、升级失控的演化过程。现实中的诸多事例也表明,重大风险事件的发生往往都是量的积累的结果。——《国资报告:进一步提升风险防控意识和能力》

通过不确定性分析相关内容的学习,可以明确不确定性的重要性。在现实生活中,不确定性的作用同样重要,不过它被赋予了另外一个名字——风险。风险与不确定性从文字含义上是存在区别的,风险指可以提前预测未来可能会发生的事情及其可能造成的影响;不确定性是指不能提前预测未来可能发生的事情或不清楚事情发生的可能性。虽然在工程项目经济评价中将两者统一看待,但在现实生活中更注重风险预测及风险意识的培养。

6.6.1 风险防控意识的含义及其对个人的影响

风险防控意识指人们在进行各种活动或决策时,对可能出现的不确定性因素和潜在威胁进行认知和防范的能力。风险防控意识对于个人、企业乃至国家都至关重要,因为它有助于避免不必要的风险、降低损失并确保资源的有效利用及目标的顺利实施。

自"十四五"时期开始,党和国家重点关注风险防控意识的培养工作。美国安然公司的倒闭、"十三五"时期中国铁路物资股份有限公司濒临破产的惨剧历历在目,这些无不强调着风险防控意识的重要性。所以党和国家从加强战略预判和风险预警、抓住要害提高风险化解能力、构筑全面风险防控体系等方面,系统性搭建高质量发展防护网,进一步稳固、提升企业风险防范化解能力。

风险防控意识对个人的影响同样重要,主要包括以下方面。

1)个人安全保障。通过提高风险防控意识,个人能够识别和预防各种潜在的安全威胁,从而有效保护自己不受伤害。

2)应对突发事件。当面对各种突发事件时,具备风险防控意识的个人能够更快地做出反应,采取有效措施保护自己。

3)保护个人财产。风险防控意识有助于个人理解财务风险,例如投资风险、信贷风险等,避免个人的财产和经济损失。

4)促进职业发展。在工作过程中,良好的风险防控意识可以帮助个人识别职业风险,制定合理的职业规划,提高个人工作效率。

5)提升适应变化的能力。社会环境不断变化,有风险防控意识的人能够快速适应社会变化,避开风险、把握时机、应对挑战。

6)促进社会稳定。个人风险防控意识的培养有助于提升社会的抗风险能力,减少社会的冲突和矛盾，维护社会的稳定。

7）培养责任感。风险防控意识的培养有助于人们意识到自己的行为可能对他人和社会造成影响，从而提升个人责任感。

6.6.2 风险防控意识的培养

"凡事预则立，不预则废"，应注重风险防控意识的培养，打好防范和抵御风险的有备之战，提高化解风险的能力，从容应对挑战，保证个人、企业、社会持续健康的发展。

1. 项目投资或企业风险防控意识的培养

1）学习经验，全面提升风险预判能力。如今时代快速发展，风险大、盲点多的领域不断出现。企业应摸排风险隐患，用大概率思维面对小概率事件，防患于未然，同时积累预测风险的经验，为后续发展做足相关准备工作。

2）风险评估，围绕应对和化解风险出高招。面对风险，企业既应做到防范风险，也要准备应对和化解风险的办法。将综合监督和问题整改放在企业发展的重要位置上，将弱势、有风险的短板转换成对企业有帮助的潜力板，巧妙化解风险问题。

3）促进沟通，建立系统风险防控体系。面对风险问题，企业应运用系统观念推动风险预测、管理、解决的全面发展战略的实施，提升对风险的管理、掌控能力。建立风险防控体系，既可以解决旧有风险问题，又可以为后续的风险预测奠定基础。

2. 个人风险防控意识的培养

1）树立全局意识。现代社会的各种风险往往是复杂的风险综合体，因为不同风险具有相互叠加、彼此作用的性质，在对风险进行预测时，需要以系统性的全局思维，关注隐藏的风险问题。

2）具备预见意识。风险是对未来可能发生事物的预测，预见意识体现了对风险的敏锐洞察，对未来走向的前瞻预判，具备预见意识有利于了解风险的本质规律，科学预测风险发展方向和演变趋势。

3）培养底线意识。底线意识是风险预测的重要支柱，面对可能存在的风险，个人必须秉持强烈的忧患意识，将事物往最坏处打算，把各方面情况考虑周全，以保证能做最充分的准备。

4）增强斗争意识。面对风险问题时，不应出现退缩情况，风险不会因为个人逃避就消失，人们只有勇于直面困难、迎难而上，才能消除风险。

6.7 本章小结

不确定性是所有投资项目固有的内在特征，因而不确定性分析是项目经济评价中的一个重要内容。影响项目不确定性的因素主要是外部经济条件的变化以及决策者对项目情况的认知程度。因此，在选择合适的不确定性分析方法之前，首先应判断哪些是影响项目经济效果的主要因素。在此基础上，使用所介绍的方法进行分析。

在本章的学习过程中，了解不确定性分析的含义及产生不确定性的原因，理解风险分析和不确定性分析的关系；掌握盈亏平衡法的含义及盈亏平衡点的表示方法，理解线性盈亏平衡法和非线性盈亏平衡法的区别和使用过程;理解敏感性分析的概念,掌握敏感性分析的方法步骤;掌握概率分析的作用及其常用的方法。

练习题

1. 单项选择题(在备选答案中选择 1 个正确的选项)

1)盈亏平衡分析可以分为线性盈亏平衡分析和非线性盈亏平衡分析。其中,线性盈亏平衡分析的前提条件之一是(　　)。

A. 生产量等于销售量,且不存在滞销等情况

B. 单位可变成本随生产量的增加成比例降低

C. 生产量与销售量之间成线性比例关系

D. 销售收入是销售量的线性函数

2)在基本的量本利图中,销售收入线与(　　)线的交点是盈亏平衡点。

A. 变动成本　　B. 总利润　　C. 固定成本　　D. 总成本

3)项目盈亏平衡产销量越大,表示项目(　　)。

A. 投产后盈利越大　　B. 抗风险能力越弱

C. 适应市场变化能力越强　　D. 投产后的风险越小

4)盈亏平衡点越低,表明项目(　　)。

A. 适应市场变化能力越小　　B. 适应市场变化能力一般

C. 适应市场变化能力较差　　D. 适应市场变化能力越大

5)敏感性分析是考察项目涉及的各种不确定性因素对项目基本方案经济指标的影响,找出敏感性因素,估计项目效益对它们的敏感程度,粗略的预测(　　)。

A. 项目可能遭受的损失　　B. 项目可能承受的风险

C. 项目风险费用　　D. 项目风险的大小

6)敏感性分析最基本的分析指标是(　　)。

A. 外部投资率　　B. 敏感度系数

C. 内部收益率　　D. 不确定因素变化率

2. 多项选择题(在备选答案中选择 2 个或 2 个以上正确的选项)

1)一般情况下,(　　)是导致项目不确定性的原因。

A. 建设投资估算误差　　B. 生产工艺或技术的更新

C. 假设条件与实际情况相差太远　　D. 政策、法律的调整

2)敏感性分析在投资项目经济评价中的作用为(　　)。

A. 粗略预测项目可能承担的风险

B. 确定敏感性因素并估计其对项目影响发生的可能性

C. 估计敏感性因素对项目效益的影响程度

D. 估计敏感性因素可能出现的各种状况

E. 考察项目涉及的各种不确定性因素对项目效益的影响,并从中找出敏感性因素

2)下列关于项目盈亏平衡分析的表述,正确的是(　　)。

A. 盈亏平衡点可以采用公式计算法求取,也可以采用图解法求取

B. 在线性盈亏平衡分析中,总成本费用是产量的线性函数

C. 在盈亏平衡分析图中,销售收入线与固定成本线的交点即为盈亏平衡点

D. 盈亏平衡分析可以分为线性盈亏平衡分析和非线性盈亏平衡分析

3)项目不确定性分析包括(　　)。

A. 盈亏平衡分析　　B. 敏感性分析　　C. 盈利能力分析　　D. 概率分析

4)在进行项目的敏感性分析时,考察的不确定因素通常有(　　)。

A. 建设投资　　B. 产品价格　　C. 产品成本　　D. 内部收益率

5)下列有关盈亏平衡分析的说法正确的有(　　)。

A. 根据生产成本和销售收入与销量之间是否为线性关系,盈亏平衡分析可以分为线性盈亏平衡分析和非线性盈亏平衡分析

B. 当企业在小于盈亏平衡点的产量下生产时,企业是盈利状态

C. 一般来说,盈亏平衡分析只适用于项目的财务评价

D. 盈亏平衡分析不能揭示产生项目风险的根源

3. 填空题

1)某项目,生产能力为 6 万件,年固定成本为 5 600 万元,每件产品的销售价格为 3 600 元,每件产品的可变成本为 1 600 元,每件产品的销售税金及附加之和为 180 元,则该生产性建设项目的盈亏平衡产量为(　　)万件。

2)若某建设项目的设计生产能力为 10 000 件,在两个可实施方案 A 和 B 中, A 方案的盈亏平衡点为 7 000 件, B 方案为 9 000 件,则 A 方案(　　)B 方案。(请填优于,劣于或者等于)

3)某种生产要素的价格由 100 元上升到 130 元时,内部收益率由 20%下降到 14%,计算内部收益率对该生产要素价格的敏感性系数(　　)。

4)某产品生产固定成本 10 万元,可变成本每件 5 元,产销量为 10 万件,销售税金及附加为售价的 10%,盈亏平衡价格是(　　)元。

5)(　　)是使用概率预测分析不确定因素和风险因素对项目经济效果的影响的一种定量分析方法。

6)敏感性分析的一般步骤包括:①选择方案;②确定分析指标;③确定敏感性因素;④选择需要分析的不确定性因素;⑤分析所选不确定性因素的波动程度及其对评价指标可能带来的增减变化情况。这些步骤的正确顺序应为(　　)。

4. 判断题

1)计算敏感度系数的目的是判断各不确定性因素敏感度系数的相对大小。(　　)

2)敏感度系数越大,表示项目效益对该不确定性因素敏感程度越高。(　　)

3)在一定的基准收益率下,临界点越低,说明该不确定性因素对项目效益指标的影响越小。(　　)

4)如果某项目的产品销售价格从 1 000 元上升到 1 100 元,财务净现值从 2 000 万元增

加到 2 560 万元，则产品销售价格的敏感度系数应为 2.40。 （　　）

5）进行单因素敏感性分析，要假设各个不确定因素之间相互独立，当考察一个因素时，令其余因素保持不变。 （　　）

6）在投资项目可行性研究阶段进行敏感性分析时，可以使用借款偿还期作为经济分析指标。 （　　）

5. 简答题

1）为什么要进行不确定性分析？

2）简述不确定性分析的主要方法和内容。

3）简述敏感性分析的分类及内容。

4）简述风险与不确定性的关系。

5）介绍一下决策树法和决策树的结构。

6. 计算题

1）某公司计划生产一种新产品，经过市场预测以及历年来的资料分析，该产品的销售单价为 180 元，单位产品的可变成本为 55 元，固定成本为 450 万元，产品的税率为 20%，并且该公司的设计生产能力为 8 万件/年，求盈亏平衡点处的销售收入，并判断项目的抗风险能力如何。

2）某项目生产能力 3 万件/年，产品售价 3 000 元/件，总成本费用 7 800 万元，其中固定成本 3 000 万元，成本与产量呈线性关系。试求：①单位产品变动成本；②盈亏平衡产量；③盈亏平衡价格；④盈亏平衡单位产品变动成本？

3）某单位计划生产某一新型产品，根据统计分析和预测得到如下近似的关系式，$S(x)=100x-0.001x^2$，$C(x)=200\,000+4x+0.005x^2$，式中 x 表示产量，$S(x)$表示已考虑税收的销售收入，$C(x)$表示项目总成本，试求出盈亏平衡点的产量，并求出最大赢利点的产量。

4）某设备制造厂生产一种设备，售价 300 元，年固定费用为 38 万元，每生产一台设备的材料费为 104 元，支付工人工资 40 元，其他变动费用为 16 元，请做出如下决策。①要使工厂不亏本，每年至少要生产多少？②如果该工厂第一年内只能生产 2 000 台，按这一产量进行生产，企业能获利吗？如果是考虑在第一年允许亏损 6 万元以下的条件下进行生产，企业该如何操作？③如果企业要获得 10 万元/年的利润，至少应该生产多少？④如果企业最大生产能力为 1 万台/年，那么企业最高可得多少利润？

5）某企业生产某种产品，设计年产量为 6 000 件，每件产品的出厂价格估算为 50 元，企业每年固定性开支为 66 000 元，每件产品成本为 28 元。试计算：①企业的最大可能盈利；②企业不盈不亏时最低产量；③企业年利润为 5 万元时的产量。

扫码获取答案

第7章 项目可行性研究

学习要点及目标

1. 学习要点：本章以可行性研究报告为主线，重点讲授可行性研究的阶段、主要内容和工作程序等基础理论知识；理解企业的财务评价内容；掌握经济费用效益的识别和分析。

2. 思政元素：家国情怀、工匠精神和职业责任感；绿水青山就是金山银山。

3. 案例引入：“三北”防护林工程；凯里市鱼洞河流域环境治理项目。

4. 思政目标：培养学生树立生态经济意识，开展投资项目的生态经济评价，用“绿水青山就是金山银山”的理念指导可行性研究；培养学生树立正确进行项目可行性研究的观点，即不仅要技术上可能、经济上可行，还要进行社会评价、市场分析、生态互适度评价等，需要进行全方位的综合评价。

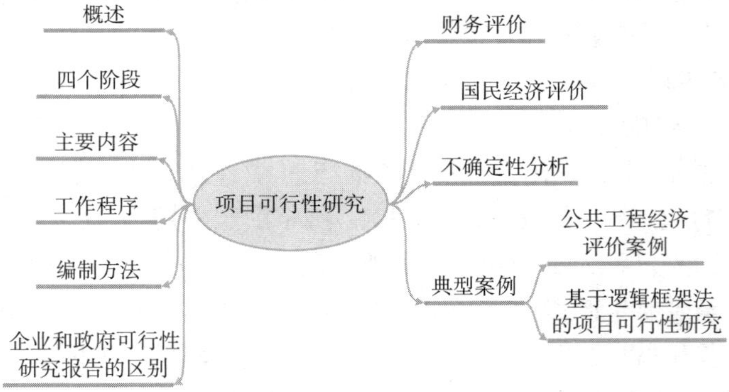

图 7-1　项目可行性研究思维导图

7.1　引例——“三北”防护林工程

1979 年，国家决定在西北、华北、东北（以下简称“三北”）风沙危害、水土流失严重的地区，建设大型防护林工程，即带、片、网相结合的“绿色万里长城”。工程建设范围囊括了陕西、甘肃、宁夏、青海、新疆、山西、河北、北京、天津、内蒙古、辽宁、吉林、黑龙江共 13 个省、自治区、直辖市，历时 73 年，分八期，面积占我国国土总面积的 45%，撑起了祖国的“半壁江山”。

在习近平生态文明思想的科学指引下，“三北”地区各级政府牢记“功成不必在我”的嘱托,持之以恒推进“三北”等重点生态工程建设。“三北”防护林工程使“三北”地区的森林覆盖率大大提高,从根本上改善了生态环境和生产条件,被誉为“世界生态工程之最”。40多年来,“三北”工程累计完成造林保存面积3 014万公顷,工程区森林覆盖率由5.05%提高到13.57%,特色林果业、生态旅游业快速发展,工程建设取得巨大生态、经济、社会效益,成为践行“绿水青山就是金山银山”理念的成功典范。

“三北”工程,规模之大,时间之长,工程之难,效果之著,为世界瞩目。为顺利推进“三北”六期工程建设(2021—2030年),针对“三北”工程生态保护修复和水土流失综合治理项目编制可行性研究报告,报告中包括项目基本情况、建设背景、建设方案、投资估算、效益分析等有关情况。还有《甘肃省治沙研究所石羊河中下游防沙治沙林草综合治理项目可行性研究》、《临夏州“三北”工程重大林业有害生物防治能力提升项目可行性研究》等。可行性研究是建设前期工作的重要步骤,是编制建设项目设计任务书的依据。

历史经验表明,一个工程项目的成功不仅取决于技术的先进性和适用性,还取决于市场、资源、建设保障等多方面因素。更重要的是,项目必须在经济上有益,因此不仅要评估项目本身的效益,还要考虑其对整个国民经济的贡献。实践证明,可行性研究在提高项目管理水平、优化建设前期工作、减少项目决策失误以及提升投资综合效益方面发挥了重要作用。本章将系统学习可行性研究的相关内容。

7.2 可行性研究概述

7.2.1 可行性研究的起源与发展

美国是最早开始采用可行性研究方法的国家。20世纪30年代,美国开始开发田纳西流域,项目能否成功,对当时美国经济的发展影响重大。为保证田纳西流域的合理开发和综合利用,美国开创了可行性研究方法,并获得了成功。第二次世界大战以后,西方工业发达国家普遍采用这一方法,并将其广泛地应用到科学技术和经济建设领域,此方法已逐步形成一整套行之有效的科学研究方法。

我国在社会主义现代化建设初期,对于重大工程项目的决策多依赖于经验和直观判断,缺乏系统的技术经济分析。在“一五”计划期间,虽然进行了一定程度的技术经济分析,但多是在项目确定之后进行,缺乏对项目是否应当实施的全面评估,因此在项目选择上存在一定的盲目性。部分项目在未经充分论证的情况下匆忙进行,导致了巨大的经济损失和资源浪费。

在20世纪70年代建设的一些项目中,由于忽视了技术的成熟度和市场需求,仅仅基于片面的生产需求和主观决策,导致了许多项目经济效益低下。例如,一些大型工业项目虽然在建设和技术上取得了成功,但由于缺乏对配套条件和市场情况的充分考虑,长期无法发挥其应有的生产能力。

改革开放后,我国对过去的项目决策模式进行了深刻反思,认识到可行性研究在项目决策中的重要性。因此,1982年我国将可行性研究列为工业投资的重要程序。1983年,颁发《建设项目进行可行性研究的试行管理办法》(1991年修订),正式将工程项目的可行性研究纳入基本建设程序，未经可行性研究或研究程度不足的项目不得批准设计任务书，并对我国基本建设项目可行性研究的编制程序、内容、审批等进行了规定。1993 年，发布《建设项目经济评价方法与参数》，为在社会主义市场经济条件下，正确进行可行性研究，科学决策项目投资，提供了指导原则。

党的二十大报告指出，要加快构建新发展格局，着力推动高质量发展。高质量发展需要高质量的投资，高质量的投资需要高质量的投资决策，而可行性研究是投资决策的核心环节，加强投资项目可行性研究是提升投资决策科学化水平的必然要求，必须强化投资项目可行性研究的基础作用。

为着力推动高质量发展，巩固和深化投融资体制改革成果，进一步提升我国投资项目前期工作质量和水平，根据《政府投资条例》《企业投资项目核准和备案管理条例》等规定，在 2002 年《投资项目可行性研究指南（试用版）》基础上，国家发展改革委研究制定了《政府投资项目可行性研究报告编写通用大纲（2023 年版）》《企业投资项目可行性研究报告编写参考大纲（2023 年版）》和《关于投资项目可行性研究报告编写大纲的说明（2023 年版）》。

新大纲强调可行性研究工作应当贯彻投资项目全生命周期，注重从项目全生命周期出发统筹拟定项目投融资和建设实施方案。同时对绿色发展、共同富裕、数字经济等高质量发展内容进行补充完善，以及在可行性研究中加强经济、社会、环境等新评价理念的应用。国家关于可行性研究的最新政策体现了对投资决策科学化和法治化的重视，旨在通过提升项目前期工作质量，推动经济社会的高质量发展。

7.2.2 可行性研究的概念

可行性研究，也称为可行性分析，是在项目寿命周期中，位于项目策划决策阶段的一个重要内容。可行性研究是指在调查的基础上，通过市场分析、技术分析、财务分析和国民经济分析，对各种投资项目的技术可行性与经济合理性进行的综合评价。对与拟建项目有关的技术、经济和环境等各方面情况进行深入细致的调查研究；对各种可能拟定的技术方案和建设方案进行认真的技术经济分析与比较论证；对项目建成后的经济效益进行科学的预测和评价。

项目的可行性研究是对多因素、多目标系统进行的不断的分析研究、评价和决策的过程。它需要有各方面知识的专业人才通力合作才能完成。可行性研究不仅可以应用于建设项目，还可应用于科学技术和工业发展的各个阶段和各个方面。例如，工业发展规划、新技术的开发、产品更新换代、企业技术改造，以及开发、产品更新换代、企业技术改造等工作的前期，都可应用可行性研究。

可行性研究准备阶段的系统流程图如图 7-2 所示。

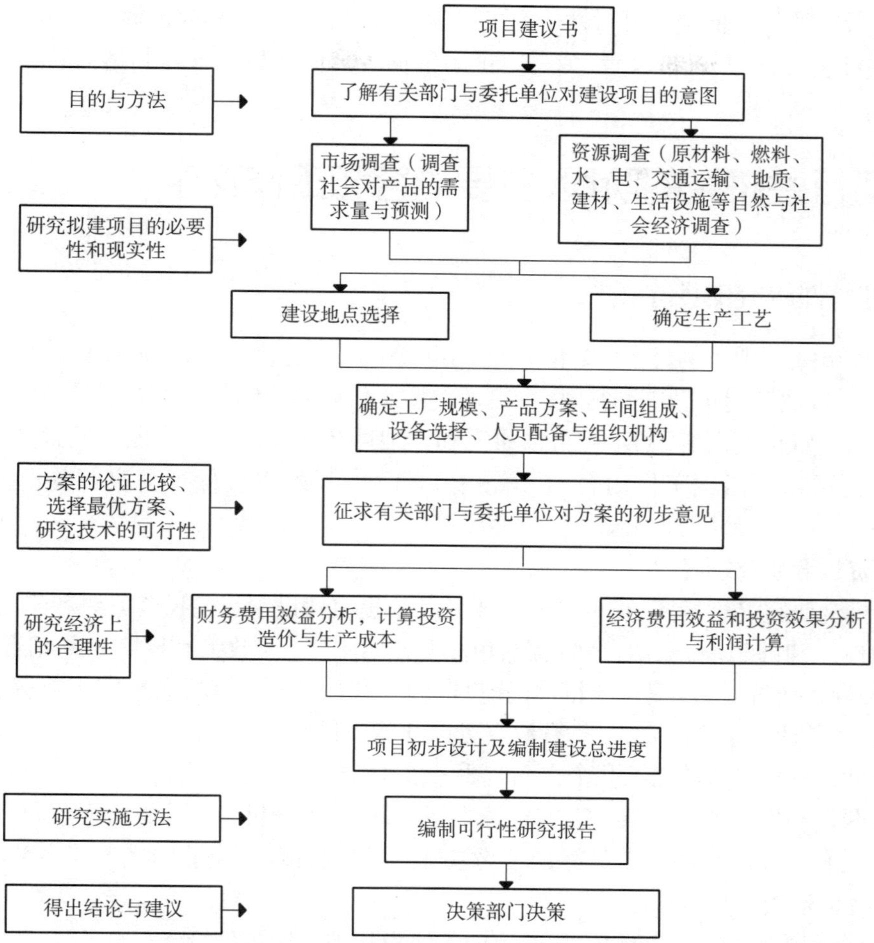

图 7-2　可行性研究准备阶段的系统流程图

7.2.3　可行性研究的作用

可行性研究是确保项目成功实施的关键步骤,它通过全面的分析和评估,为项目的各个阶段提供科学、客观的决策支持。可行性研究的作用主要体现在以下几个方面。

1)投资决策的重要依据。它帮助评估项目的潜在效益和风险,确保项目在经济上可行,从而支持投资决策。

2)项目审批的依据。在某些情况下,可行性研究的结果会直接影响到项目能否获得政府或相关机构的批准。

3)项目资金筹措的依据。银行和其他金融机构在提供贷款时,通常要求提交可行性研究报告,以评估项目的财务效益和还款能力。

4)编制设计任务书的依据。可行性研究为设计工作提供了必要的指导和输入,确保项目的设计符合经济、技术和市场的要求。

5)签订合同和协议的依据。可行性研究的结论有助于项目单位与相关单位就设计、工程承包、设备供应等问题签订合同或协议。

6）项目后评价的依据。可行性研究可以为项目的后期评估和改进提供参考。

7）项目组织管理、机构设置、劳动定员的依据。确保项目的管理和运营符合高效和规范的要求。

7.3 可行性研究的阶段、主要内容和工作程序

7.3.1 可行性研究的四个阶段

可行性研究对项目的经济、技术、法律和市场等因素进行研究，评估项目的可行性和实施潜力，为后续决策提供依据，是投资前期的主要工作内容。国外大型投资项目的可行性研究一般包括投资机会研究、初步可行性研究和详细可行性研究三个阶段。但我国可行性研究通常被包括以下四项工作内容，并形成相应工作阶段，以确保项目决策的全面性和科学性。

1. 投资机会研究阶段

投资机会研究又称投资机会论证，主要任务是提出建设项目的投资方向和建议，即在一个确定的地区和部门内，根据自然资源、市场需求、国家产业政策和国际贸易情况，通过调查、预测和分析研究，选择建设项目，寻找投资的有利机会。投资机会研究主要解决两个方面的问题：一是社会是否需要；二是有没有可以开展项目的基本条件。

投资机会研究一般从以下几个方面着手开展工作：

1）以开发利用本地区的某一丰富资源为基础，谋求投资机会；

2）以现有工业的拓展和产品深加工为基础，通过提升现有企业的生产能力与增加生产工序等途径创造投资机会；

3）以优越的地理位置、便利的交通运输条件为基础分析各种投资机会。

这个阶段所估算的投资额和生产成本的精确程度控制在 ±30% 左右，大中型项目的机会研究所需时间大约为 1~3 个月，所需费用约占投资总额的 0.2%~1%。

2. 初步可行性研究阶段

在项目建议书被国家发放部门批准后，投资规模大、技术工艺又比较复杂的大中型骨干项目需要先进行初步可行性研究。初步可行性研究也称为预可行性研究，是正式的详细可行性研究前的预备性研究。主要目的有：①确定是否进行详细可行性研究；②确定哪些关键问题需要进行辅助性专题研究。

初步可行性研究内容和结构与详细可行性研究基本相同，主要区别是所获资料的详尽程度不同、研究深度不同。对建设投资和生产成本的估算精度一般要求控制在 ±20% 左右，研究时间大约为 4~6 个月，所需费用占投资总额的 0.25%~1.25%。

3. 详细可行性研究阶段

详细可行性研究又称技术经济可行性研究，是可行性研究的主要阶段，是建设项目投资决策的基础。它为项目决策提供技术、经济、社会、商业方面的评价依据，为项目的具体实施提供科学依据。这一阶段的主要目标有：

1）提出项目建设方案；

2)效益分析和最终方案选择;

3)确定项目投资的最终可行性和选择依据标准。

这一阶段的内容比较详尽,所花费的时间和精力都比较大。建设投资和生产成本计算精度控制在 ±10% 以内;大型项目研究工作所花费的时间为 8~12 个月,所需费用约占投资总额的 0.2%~1%;中小型项目研究工作所花费的时间为 4~6 个月,所需费用约占投资总额的 1%~3%。

4. 评价和决策阶段

评价和决策是由投资决策部门组织和授权有关咨询公司或有关专家,代表项目业主和出资人对建设项目可行性研究报告进行全面的审核和再评价。其主要任务是对拟建项目的可行性研究报告提出评价意见,最终决策该项目投资是否可行,确定最佳投资方案。其内容包括:

1)全面审核可行性研究报告中反映的各项情况是否属实;

2)分析项目可行性研究报告中各项指标计算是否正确,包括各种参数、基础数据、定额费率的选择;

3)从企业、国家和社会等方面综合分析和判断工程项目的经济效益和社会效益;

4)分析判断项目可行性研究的可靠性、真实性和客观性,对项目做出最终的投资决策;

5)最后撰写项目评估报告。

7.3.2 可行性研究的主要内容

一般可行性研究的主要内容包括:项目概况;项目建设的背景和必要性;项目需求分析与产出方案;项目选址与要素保障;项目建设方案;项目运营方案 ;项目投融资与财务方案;项目影响效果分析;项目风险管控方案;结论与建议;附表、附图和附件。对于不同的项目类型,侧重点各有不同。可行性研究各部分的内容相互联系,共同构成有机整体,它们的逻辑关系如图 7-3 所示。

1. 项目概况

项目概况是对拟建项目的建设地点、建设内容和规模、总体布局、主要产出、总投资和资金来源、主要技术经济指标等内容的阐述,为项目决策机构对拟建项目的相关事项开展分析评价奠定基础。

编制依据主要说明拟建项目取得相关前置性审批要件、主要标准规范及专题研究成果等情况,为相关研究评价和数据提供来源和支撑。

2. 项目建设的背景和必要性

项目建设背景主要简述项目提出背景、前期工作进展等情况,便于项目决策机构掌握项目来源、工作基础和需要解决的重要问题等。规划政策符合性应体现经济社会发展战略和规划,从扩大内需、共同富裕、乡村振兴、科技创新、节能减排、碳达峰碳中和、国家安全、基本公共服务保障等重大政策目标层面进行分析,研究提出项目建设的必要性,评价项目与战略目标、政策要求的一致性。

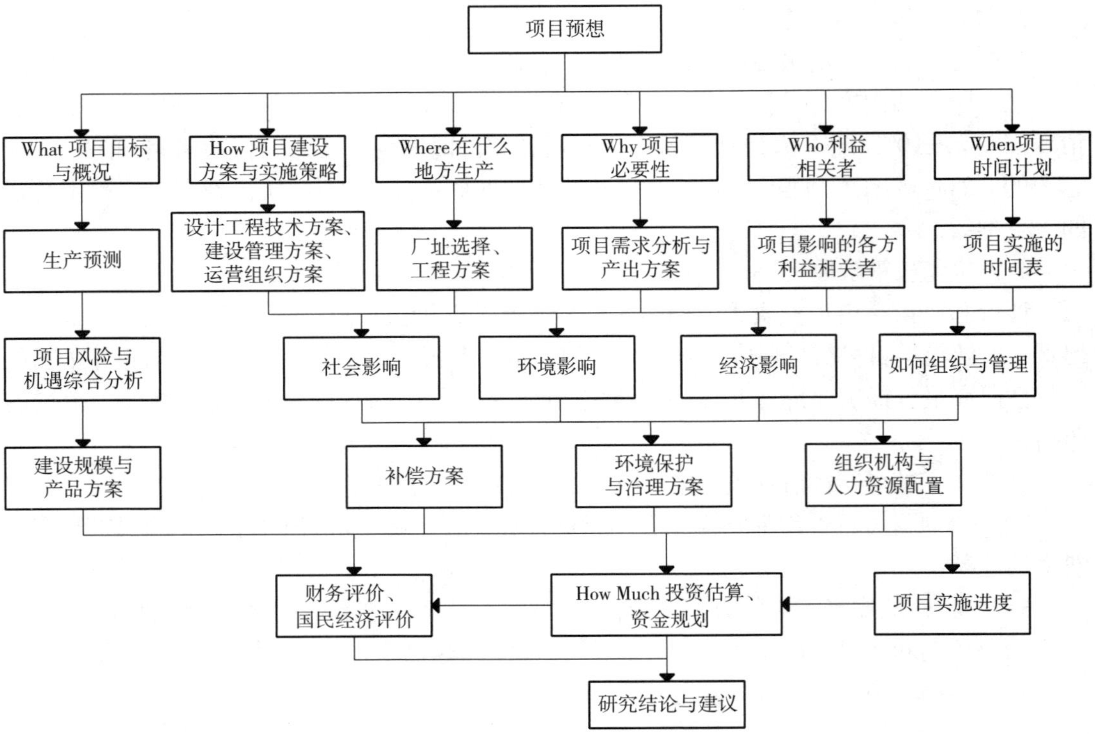

图 7-3　可行性研究内容的逻辑关系

项目建设必要性主要从宏观、中观和微观层面展开分析，研究项目建设的理由和依据。对于主要满足社会公共需求的非经营性项目，应进行社会需求研究，通过对项目的产出品、投入品或服务的社会容量、供应结构和数量等进行分析，为确定项目的目标受益群体、建设规模和服务方案提供依据。

3. 项目需求分析与产出方案

项目需求分析要根据经济社会发展规划、国家和地方标准规范以及项目自身特点，通过文案资料、现场调研、数字化技术等方法，分析需求现状和未来预期等情况，研究提出拟建项目近期和远期目标、产品或服务的需求总量及结构，为研究确定项目建设内容和规模提供支撑。

在需求分析基础上，阐述拟建项目总体目标及分阶段目标，提出拟建项目建设内容和规模，明确项目产品方案或服务方案及其质量要求，并评价项目建设内容、规模以及产品方案的合理性。企业投资项目还要研究项目商业模式，分析拟建项目收入来源和结构，判断项目是否具有充分的商业可行性和金融机构等相关方的可接受性，并研究项目综合开发等模式创新路径及其可行性。

4. 项目选址与要素保障

项目选址主要分析拟建项目所在地的自然环境、交通运输、公用工程等支撑项目建设的外部因素。项目选址要从宏观角度考虑地理位置与设施特点的关系。一般应考虑以下基本因素。

(1)市场接近性

项目选址应充分考虑目标市场的市场接近性,包括潜在客户群的分布、产品或服务的需求量、消费者的购买力,以及与竞争对手的距离和市场渗透策略。同时,需要对长期市场需求稳定性和市场变化趋势进行预测分析。

(2)公用工程与辅助工程

公用工程与辅助工程是指为项目主体工程正常运转服务的配套工程。公用工程主要有给水、排水、供电、通信、供热、通风等工程;辅助工程包括维修、化验、检测、仓储等工程。选址时必须评估该地区是否能够提供充足的原材料,包括水资源、能源供应(如电力、煤炭)以及其他生产必需品。例如,对于高耗水行业如发电和化工行业,水资源的充足性至关重要;对于制药和电子行业,水质要求高;而高耗电企业如电解铝厂则应考虑靠近电力供应充足的地区。

(3)总图布置研究、运输和消防

1)总图布置研究。研究内容包括确定各个单项工程建筑物、构筑物的平面尺寸和占地面积,合理划分功能区,确定各功能区和各单项工程的总图布置(平面布置和竖向布置),确定场内外运输、消防道路和火车专用线走向,选择码头和堆场的位置,计算土地利用系数、建筑系数和绿化系数。

2)运输。考虑到大型工业企业的物流需求,选址应考虑是否拥有良好的交通运输条件,包括运输成本、运输方式的多样性(如公路、铁路、水路)、运输网络的覆盖范围以及运输效率。同时,应考虑是否能够利用现有的运输基础设施,以及未来扩展的可行性。根据建设规模、产品方案、技术方案确定主要投入物和产出物的品种、数量、特性、流向,据此提出项目内外部运输方案,其内容包括运输量计算,运输方式选择,运输路线规划,运输设备选取和运输设施建设等。

3)消防。分析项目在生产运营过程中可能存在的火灾隐患,并确定消防部位,根据消防安全规范确定消防等级,并结合当地的消防设施状况,提出消防监控报警系统和消防设施配置方案。

(4)社会和经济环境

法律环境、政策支持、税收优惠等社会和经济环境因素对项目选址同样重要。需要评估当地的法律框架是否稳定,是否存在鼓励投资的政策措施,如税收减免、土地优惠、财政补贴等。此外,当地政府的服务效率、社区关系和人才供应也是重要的考虑因素。

(5)环境和可持续性

项目选址应符合环保要求,评估项目对当地生态系统的潜在影响,确保其符合可持续发展的原则。同时,应考虑项目对当地居民生活质量的影响,以及是否能够获得社区的支持。

(6)劳动力来源及培训

考虑当地劳动力市场的规模、技能水平、成本以及教育培训资源,确保项目能够获得所需的人力资源。对项目的组织机构设置及其适应性分析、人力资源配置、员工培训等内容进行研究,并对方案进行比选和优化,具体如下。

1)组织机构设置及其适应性分析。根据拟建项目的特点和生产运营的需要,提出项目组织结构的设置方案,并对其适应性进行分析。根据出资者特点,确定项目公司治理模式;

根据项目规模，确定管理层次；根据生产运营需要，设置职能部门。同时，分析项目法人的组建方案是否符合《中华人民共和国公司法》和国家有关规定。

2）人力资源配置。组织机构设置方案确定后，应确定生产人员、管理人员及其他人员的数量和配置方案，确定各类人员应具备的劳动技能和文化素质，提出员工选聘方案，测算职工工资和福利费用，确定人员工作制度等。

3）员工培训。研究提出员工培训计划，包括培训岗位、人数，以及培训的目标、内容、方法、时间、地点和培训费用。

（7）政策和法规

了解和评估当地政府的发展规划、建设许可要求、商业法规以及任何可能影响项目运营的法律和政策。

（8）风险评估

识别和评估与选址相关的所有潜在风险，包括自然灾害风险、政治风险、经济波动风险等，并制定相应的风险防范措施。

（9）要素保障分析

要素保障包括土地要素保障，以及水资源、能耗、碳排放强度和污染减排指标控制要求及保障能力等。对于新占用土地的投资项目，应当明确拟建项目选址或选线的土地权属、供地方式、土地利用状况、矿产压覆、占用耕地和永久基本农田、涉及生态保护红线、地质灾害危险性评估等情况。对于涉及新增占用耕地的项目，应明确耕地占补平衡落实方案。对于涉及耕地、永久基本农田、生态保护红线的项目，开展节约集约用地研究，评价土地资源节约集约利用水平。根据“要素跟着项目走”原则，重大项目应根据法规政策要求，提出要素予以特别保障的方案。企业投资项目应鼓励市场化配置资源，重点分析项目亟需的用地、用能、碳排放等要素的可得性。

5. 项目建设方案

项目建设方案主要从工程技术方案及工程实体建设的角度研究工程可行性，在绿色低碳、节约集约、智慧创新、安全韧性等方面加强比选。为有序推进项目实施，建设方案要对项目组织实施、工期安排、招标方案等进行分析，明确建设管理方案，并根据项目实际情况研究提出数字化方案，促进投资建设全过程数字化应用。同时，要对项目技术方案、设备方案、工程方案的合理性、先进性、适用性、自主性、可靠性、安全性、经济性等进行多方案比选，研究工程技术方案的可行性。根据生态文明建设、推进绿色发展、全面节约资源等要求，工程方案应重视节约集约用地、绿色建材、绿色建筑、超低能耗建筑、装配式建筑、生态修复等绿色及韧性工程的相关内容。

6. 项目运营方案

可行性研究要改变“重建设、轻运营”的做法，强调项目全生命周期的方案优化和系统性论证，既要重视工程建设方案的可行性研究，也要重视项目建成后运营方案的可行性研究。同时，还要结合项目的工程技术特点，遵循有关部门颁布的各类运营管理标准（包括强制性标准和参考性标准等），确保满足产品或服务质量、安全标准等要求。

运营方案要重视研究运营模式选择和创新。政府投资项目要评价市场化运营的可行性和利益相关方的可接受性，企业投资项目要确定生产经营方案，突出运营有效性。项目运营需要研究运营组织方案，并制定项目全生命周期关键绩效指标和绩效管理机制，提出项目主要投入-产出效率、直接效果、外部影响和可持续性等绩效管理要求，即绩效管理方案。项目运营要牢固树立安全发展理念，提出安全保障方案，明确安全生产责任和应急管理要求，强化运营单位主体责任，落实政府监管要求。

7. 项目投融资与财务方案

项目投融资与财务方案是在明确项目产出方案、建设方案和运营方案的基础上，研究项目投资需求和融资方案，计算有关财务评价指标，评价项目盈利能力、偿债能力和财务持续能力，据以判断拟建项目的财务合理性，分析项目对不同主体的价值贡献，为项目投资决策、融资决策和财务管理提供依据。

可行性研究阶段要切实提高投资估算的精度，对项目投资估算的准确度要求在 ±10% 以内，为项目全过程投资控制提供依据。政府投资项目的投资估算应依据国家颁布的投资估算编制办法和指标进行编制。投资估算要充分考虑项目周期内的有关影响和风险管理的费用安排，如环境保护与治理、社会风险防范与管控、节能与减碳、安全与卫生健康等相关建设投入和费用支出等。

8. 项目影响效果分析

可行性研究报告应重视经济社会、资源环境等外部影响效果的评价，并注意与节能评价、环境影响评价等专项评价的结果相衔接。

（1）经济影响分析

经济影响分析是从经济资源优化配置的角度，利用经济费用-效益分析或经济费用-效果分析等方法，评价项目投资的真实经济价值，判断项目投资的经济合理性，从而确保项目取得合理的经济影响效果，重大投资项目还要分析其对宏观经济、区域经济和产业经济的影响，包含了两个重要分析方式。一是财务评价，是指在国家现行的财税制度和市场价格体系下，从项目和投资者的角度，分析预测项目的财务效益与费用，计算财务评价指标，分析项目的盈利能力、偿债能力、抗风险能力和财务生存能力，从而判断项目在财务上的可接受性。财务评价的相关内容将在本章第 7.5 节展开论述。二是国民经济评价，是指针对财务现金流量不能全面、真实地反映项目经济价值，项目建设与运营外部性较强，需要对项目的间接效益和间接费用进行分析的重大投资项目进行评价。它遵循合理配置稀缺资源和社会经济可持续发展的原则，采用影子价格、社会折现率等国民经济评价参数，从国民经济全局的角度出发，考察工程项目的经济合理性。国民经济评价的相关内容将在本章第 7.6 节中阐述。

（2）社会影响分析

社会影响分析主要从项目可能产生的社会影响、社会效益和社会接受性等方面，研究项目对当地产生的各种社会影响，评价项目在促进个人发展、社区发展和社会发展等方面的社会责任，并提出减缓负面社会影响的措施和方案。

（3）生态环境影响分析

生态环境影响分析是从推动绿色发展、促进人与自然和谐共生的角度，分析拟建项目所在地的生态环境现状，评价项目在污染物排放、生态保护、生物多样性和环境敏感区等方面的影响。主要分析项目建设和生产运营过程中以及项目服务期满后的环境污染，以及导致环境质量恶化的主要因素。首先是环境污染因素分析，分析生产运营过程中产生的各种污染物源,计算污染物排放数量及其对环境的污染程度;其次是破坏环境因素分析,分析项目建设施工、生产运营和服务期满后可能对环境造成破坏的因素,预测其破坏程度;最后在分析环境影响因素及其影响程度的基础上,按照国家有关环境保护法律、法规的要求,研究提出治理方案。治理方案应根据项目的污染源和排放污染物的性质,采用不同的治理措施,列出所需的环保设施、环保设备和所需投资。

(4)资源和能源利用效果分析

资源和能源利用效果分析是从实施全面节约战略、发展循环经济等角度,分析论证除项目用地(海)之外的各类资源节约集约利用的合理性和有效性,提出关键资源保障和供应链安全等方面的措施,评价项目能效水平以及对当地能耗调控的影响。

(5)碳达峰碳中和分析

碳达峰碳中和分析通过估算项目建设和运营期间的年度碳排放总量和强度,评价项目碳排放水平,以及与当地"双碳"目标的符合性,提出生态环境保护、碳排放控制措施。

此外,根据项目特点和实际需要,还可以开展安全影响效果论证,更好统筹发展和安全,提升供应链韧性和安全水平,实现经济效益、社会效益、生态效益和安全效益相统一。

9. 项目风险管控方案

可行性研究应重视风险管控,确保有效规避项目全生命周期风险。风险识别与评价主要是识别项目存在的各种潜在风险因素,包括市场需求、要素保障、关键技术、供应链、融资环境、建设运营、财务盈利性、生态环境、经济社会、网络与数据安全等领域的风险,并分析评价风险发生的可能性及其危害程度,提出规避重大和较大风险的对策措施及应急预案,即风险管控方案和风险应急预案,建立健全投资项目风险管控机制。

10. 结论与建议

从建设必要性、要素保障性、工程可行性、运营有效性、财务合理性、影响可持续性、风险可控性等维度分别简述项目可行性研究的结论,重点归纳总结拟推荐方案的项目市场需求、建设内容和规模、运营方案、投融资和财务效益,并评价项目各方面的效果和风险,提出项目是否可行的研究结论。

针对项目需要重点关注和进一步研究解决的问题,提出相关建议。

11. 附表、附图和附件

根据项目实际情况和相关规范要求,研究确定并附具可行性研究报告必要的附表、附图和附件等。

7.3.3 可行性研究的工作程序

可行性研究的工作程序图如图 7-4 所示。

通常开展可行性研究一般包括以下五个工作程序。

1. 项目初步分析

包括项目概况、项目单位基本情况、编制依据和主要结论及建议。这一步骤旨在为项目的可行性研究打下基础,明确项目的基本信息和预期目标。

2. 项目建设必要性论证

涵盖项目建设背景、规划政策符合性分析以及项目建设必要性的综合论证。这一步骤重点评估项目与国家政策的一致性以及项目建设的社会需求和必要性。

3. 项目方案设计

涉及项目需求分析、产出方案设计、项目选址与要素保障、建设方案以及运营方案的研究。这一步骤要求深入探讨项目的技术和经济细节，确保项目方案的可行性和合理性。

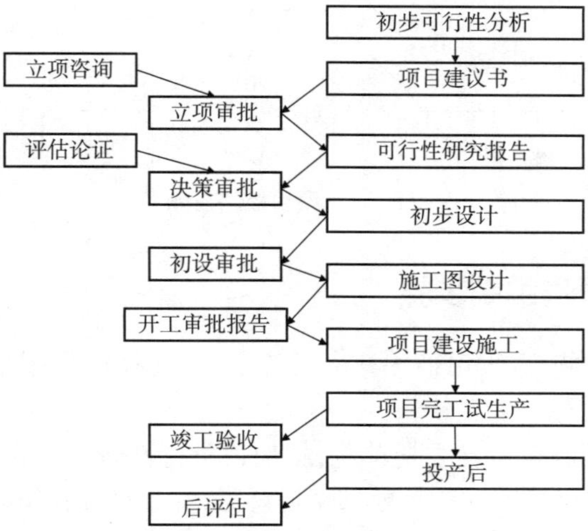

图 7-4　项目建设的工作程序图

4. 经济评价与风险分析

包括投融资与财务方案的制定、项目经济评价、项目影响效果分析以及项目风险管控方案的研究。这一步骤通过财务模型和风险评估来确定项目的经济效益和可持续性。项目经济评价包括财务评价和国民经济评价。

5. 综合评估与报告编制

形成研究结论及建议，编制完整的可行性研究报告，包括必要的附表、附图和附件。这一步骤是将前述分析整合并提出最终建议，为项目的最终决策提供依据。

7.4　可行性研究报告

可行性研究的最后成果是编制完成一份可行性研究报告。这份报告既是报审决策、向银行贷款的依据，也是向政府主管部门申请经营执照和同有关部门或单位合作谈判、签订协议的依据，还是投资者进行项目最终决策的重要依据。三者之间的关系如图 7-5 所示。

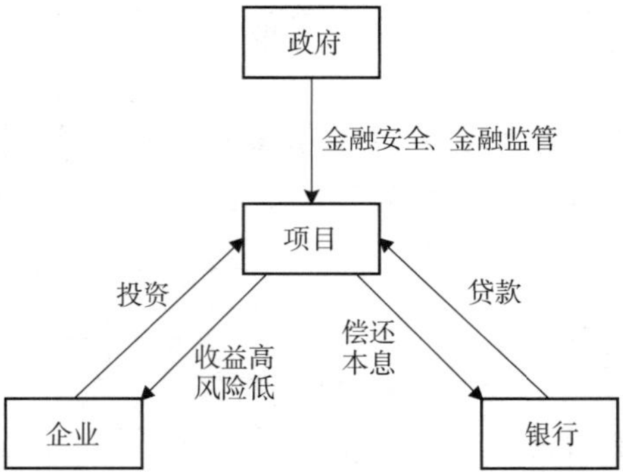

图 7-5　项目战略三角

7.4.1　可行性研究报告编制步骤

可行性研究从资料调查、理论推导到得出结论，一般来说，需要经过以下八个步骤。

1. 签订委托协议

可行性研究报告编制单位与委托单位，就项目可行性研究报告编制工作的范围、重点、深度要求、完成时间、费用预算和质量要求交换意见，并签订委托协议，据此开展可行性研究各阶段的工作。

2. 组建工作小组

根据委托项目可行性研究的工作量、内容、范围、技术难度、时间要求等组建项目可行性研究工作小组。一般工业项目和交通运输项目可分为市场组、工艺技术组、设备组、工程组、总图运输及公用工程组、环保组、技术经济组等专业组。为使各专业组协调工作，保证《可行性研究报告》总体质量，一般应由总工程师、总经济师负责统筹协调。

3. 制订工作计划

工作计划内容包括研究工作的范围、重点、深度、进度安排、人员配置、费用预算及《可行性研究报告》编制大纲，并与委托单位交换意见。

4. 调查研究收集资料

各专业组根据《可行性研究报告》编制大纲进行实地调查，收集整理有关资料，包括向市场和社会调查，向行业主管部门调查，向项目所在地区调查，向项目涉及的有关企业、单位调查，收集项目建设、生产运营等各方面必需的信息资料和数据。

5. 方案编制与优化

在调查研究、收集资料的基础上，对项目的建设规模与产品方案、选址方案、技术方案、设备方案、工程方案、原材料供应方案、总图布置与运输方案、公用工程与辅助工程方案、环境保护方案、组织机构设置方案、实施进度方案以及项目投资与资金筹措方案等，研究编制备选方案。进行方案论证比选优化后，提出推荐方案。

6. 项目评价

对推荐方案进行环境评价、财务评价、国民经济评价、社会评价及风险分析，以判别项目的环境可行性、经济可行性、社会可行性和抗风险能力。当有关评价指标的结论不足以支持项目方案成立时，应对原设计方案进行调整或重新设计。

7. 编写《可行性研究报告》

项目可行性研究的各专业方案,经过技术经济论证和优化之后,由各专业组分工编写。经项目负责人衔接协调综合汇总后,完成《可行性研究报告》初稿。

8. 与委托单位交换意见

《可行性研究报告》初稿形成后,与委托单位交换意见,修改完善,形成正式《可行性研究报告》。

7.4.2 可行性研究报告编制依据

根据国家相关政策,可行性研究报告的编制依据主要包括以下几个方面:

1)依据国家经济和社会发展的长期规划,部门与地区规划,经济建设的指导方针、任务、产业政策、投资政策和技术经济政策以及国家和地方法规等;

2)依据经过批准的项目建议书和在项目建议书批准后签订的意向性协议等;

3)依据由国家批准的资源报告,国土开发整治规划、区域规划和工业基地规划,对于交通运输项目建设要有有关的江河流域规划与路网规划等;

4)依据国家进出口贸易政策和关税政策;

5)依据拟建厂址当地的自然、经济、社会等基础资料;

6)依据有关国家、地区和行业的工程技术、经济方面的法令、法规、标准、定额资料等;

7)依据由国家颁布的建设项目可行性研究及经济评价的有关规定;

8)依据包含各种市场信息的市场调研报告;

9)体现宏观战略和规划,从生态环境保护、共同富裕、科技创新、乡村振兴、国家安全、基本公共服务保障等政策层面,研究提出项目建设的必要性,评价项目与战略目标、政策要求的一致性;

10)对于主要满足社会公共需求的公益性项目,应进行社会需求研究,包括对项目的产出品、投入品或服务的社会容量、供应结构和数量等进行分析;

11)依据发展规划、专项规划、区域规划、空间规划等要求,结合拟建项目功能和建设条件,研究选择项目建设选址地点;

12)针对预测、预报和预警项目中存在的各种潜在风险因素,提出规避重大和较大风险的对策措施及应急预案。

这些依据确保了可行性研究报告的科学性、合理性和适用性,为项目的决策奠定了坚实的基础。

7.4.3 企业投资项目和政府投资项目可行性研究报告的区别

企业投资项目可行性研究报告和政府投资项目可行性研究报告在国家政策中有明显的区别,主要体现在以下几个方面。

1. 编写大纲的依据

政府投资项目可行性研究报告应严格按照《政府投资项目可行性研究报告编写通用大纲(2023年版)》(以下简称《通用大纲》)进行编写。

企业投资项目可行性研究报告则按照《企业投资项目可行性研究报告编写参考大纲

（2023 年版）》编写。

2. 目的和侧重点

政府投资项目更侧重于经济社会综合效益，根据经济社会发展需要和财政可负担性，合理确定建设标准、建设内容、投资规模等，防范地方政府隐性债务风险。

企业投资项目更侧重于经济性，聚焦企业自主投资决策所关注的投资收益、市场风险规避等内容，引导企业提高投资决策的科学性和财务的可持续性。

3. 决策和管理

政府投资项目的可行性研究应突出公共财政，分析论证财政资金支持的必要性、支持途径和方式，以及资金筹措替代方案等。

企业投资项目则更注重项目业主、出资人、股东合法权益和价值实现，从财务管理的角度设计合理的投资模式和融资方案，评价项目的可融资性。

4. 审批流程

政府投资项目可行性研究报告是审批政府投资项目的基本依据；而企业投资项目可行性研究报告则在落实企业投资自主权的基础上，引导企业加强内部决策管理。

5. 编写内容的调整

企业投资项目在编写具体项目的可行性研究报告时，可以根据实际情况对大纲所要求的内容进行适当调整；而政府投资项目则应严格按照《通用大纲》进行编写。

6. 实施和监管

政府投资项目可行性研究报告被批准后，由项目法人负责资本金注入项目的具体建设实施工作；而企业投资项目的实施则更多依赖于市场化运作和企业的自主决策。

政府投资项目的可行性研究应聚焦经济社会发展需要，并关注社会效果评价；而企业投资项目的可行性研究则应突出经济性和可持续性，引导企业提高项目决策的科学性和财务的可持续性。

7.5 财务评价

7.5.1 财务评价的概念

财务评价是项目可行性研究中项目评价的第一个层次，是项目决策分析与评价中为判定项目财务可行性所进行的一项重要工作，是投融资决策的重要依据。财务评价根据国家现行财税制度和价格体系，分析计算项目的财务效益和费用，编制财务报表，计算财务指标，考察项目盈利能力、清偿能力等财务状况，以判别财务可行性。财务评价是评估投资项目在经济上是否可行的重要过程。它主要通过对项目的投资成本、投资回收期、财务回报率、现金流量以及敏感性等因素进行详细的分析和预测，从而评估项目的经济效益和风险水平。

7.5.2 财务评价的主要目的

财务评价的目的在于为企业的管理层、投资者及其他利益相关者提供关键的财务信息，以便他们能够做出更加明智的决策。通过对财务数据的深入分析，企业可以更好地理解其经济状况，进而优化资源配置，增强竞争力，并最终实现财务和战略目标的双重成功。

1. 衡量营利性项目的盈利能力和清偿能力

我国实行企业（项目）法人责任制后，企业法人要对建设项目从筹划、筹资、建设直至生产经营的全过程负责，承担投资风险。项目的利益相关者比如企业所有者和经营者，对项目盈利水平能否达到行业基准收益率或企业目标收益率，项目能否按银行要求偿还贷款等十分关心，因此有必要进行项目的财务评价。

2. 衡量非营利性项目的财务生存能力

对于非营利性项目，如公益性项目和基础性项目，很大程度上需要国家或地方财政的支持，例如给予政策性的补贴或税费减免等经济优惠措施，同样需要进行财务分析与计算。

3. 项目投资合作，谈判签约的重要依据

投资者只有在有利可图的情况下才会参与投资，因此为了吸引各类资本参与项目投资必须对项目的财务效益进行分析，明确项目的盈利能力和清偿能力。

4. 项目资金规划的重要依据

项目资金规划与项目的建设投资规模、资金的来源渠道、投资进度计划和筹资方案密切相关，而这些问题都要通过财务评价解决。

7.5.3 财务评价的步骤

财务评价是在财务分析的基础上，对项目的财务表现进行总结和判断。它涉及对财务分析结果的解释，包括投资回收期、净现值、内部收益率等关键财务指标的计算和评估。财务分析是评估公司财务状况和盈利能力的重要工具。它涉及对公司财务报表的深入研究，以确定其财务健康、效率和盈利能力。主要包括以下三项内容。

1. 财务评价前的准备

1）开展调研，熟悉拟建项目的基本情况，收集整理相关基础数据。

2）编制财务分析的辅助报表，比如建设投资估算表、流动资金估算表、营业收入估算表、税金及附加估算表和总成本费用估算表等。

2. 融资前分析

属于项目决策中的投资决策，是指不考虑债务融资条件下的财务分析，重在考察项目的盈利能力。融资前分析主要通过编制现金流量表，计算投资回收期、净现值和内部收益率等指标，分析项目的盈利能力，判断项目经济效果是否符合要求。如果符合要求，再考虑融资方案，进行融资后分析；如果不符合要求，则必须放弃项目或者修改方案设计，完善项目方案后，再做进一步的经济评价。

3. 融资后分析

属于项目决策中的融资决策，它是指基于资金筹措方案的财务分析，重在考察项目融资方案能否满足要求。融资后分析包括盈利能力分析、偿债能力分析和财务生存能力分析。

（1）盈利能力

盈利能力是指项目建成投产后产生利润的能力。相关财务分析指标有财务内部收益率、财务净现值、投资回收期、投资利润率、投资利税率和资本金利润率。详细介绍见第

4章。

（2）偿债能力

偿债能力是指项目偿还建设投资借款和清偿债务的能力。相关指标有资产负债率、流动比率、速动比率和借款偿还期。相关内容见第10章10.4节。

有些项目的盈利能力虽然很高，但由于资金筹措不足，应收账款拖欠等招致损失。因而在投资决策前期就应该认真分析项目的资金是否充裕，是否有足够的偿债能力，财务安排上的负债比例是否合适。

（3）财务生存能力

财务生存能力是指项目计算期内净现金流量用以维持正常运营、实现财务可持续性的能力。

财务生存能力分析以财务计划现金流量表为基础。财务可持续性应首先体现在有足够大的经营活动净现金流量；其次体现在各年累计盈余资金不应出现负值，若有负值，应进行短期贷款。因此，财务生存能力评价的指标是累计盈余资金，判别准则是：累计盈余资金不小于零，项目具有财务生存能力。

7.5.4 财务评价的方法

在进行项目投资决策时，准确评估项目的可行性和识别潜在风险至关重要。为了确保投资决策的正确性和科学性，掌握财务评价的指标和方法十分必要。

财务评价指标一般可以分作三大类：第一类是以时间单位计量的时间型指标，如投资回收期；第二类是以货币单位计量的价值型指标，如净现值、净年值、费用现值、费用年值等；第三类是反映资金利用效率的效率型指标，如投资收益率、内部收益率、净现值率等。这三类指标从不同角度考察项目的经济性，在对项目方案进行财务评价时，应当尽量同时选用这三类指标以较全面地反映项目的经济性。项目方案的决策结构多种多样，各类指标的适用范围和应用方法也不同，如表7-1所示。

表7-1 项目财务评价指标

指标类型	具体指标	分类
时间型指标	投资回收期	静态、动态
	差额投资回收期	静态、动态
价值型指标	净现值、净年值、净终值	动态
	费用现值、费用年值	动态
效率型指标	投资收益率	静态
	内部收益率	动态
	净现值率	动态

以下是四种常用的财务评价方法，它们各有侧重点，为投资者评估和选择投资项目提供了不同的视角。

1. 静态投资规模法

根据项目的投资规模，按照现行价格计算项目的成本和收益，不考虑资金的时间价值，主要用于项目可行性研究初始阶段的粗略分析和评价，以及技术方案的初选。常用的有静态投资回收期法、投资收益率法、差额投资回收期法等，具体计算方法详见第 4 章。这类方法适用于项目投资规模确定，且投资规模较为固定的情况。

2. 动态投资规模法

根据项目的投资规模和市场需求的变化情况，预测项目的收益并对项目的可行性进行分析。在分析项目或方案的经济效益时，要对发生在不同时间的效益、费用计算资金的时间价值，将现金流量进行等值化处理后计算评价指标。动态评价指标能较全面地反映投资方案整个计算期的经济效果。常用的有净现值法、净现值率法、费用现值法、净年值法、内部收益率法等，具体计算方法详见第 5 章。这类方法适用于项目投资规模具有较大浮动性的情况。

3. 成本效益分析法

成本效益分析法通过对项目的成本和效益进行综合评估，确定项目的可行性，常用的指标包括净现值、内部收益率、盈亏平衡点等。

4. 灵敏度分析法

灵敏度分析法通过对项目关键参数进行变动分析，得出项目的风险敏感性，从而对项目的可行性进行评估，常用的指标包括投资回收期、财务回报率等。

7.6 国民经济评价

7.6.1 国民经济评价的概念

国民经济评价是按合理配置资源的原则，从国家整体角度考察项目的费用和效益，分析项目的经济效率、效果和对社会的影响，评价项目在宏观经济上的合理性。国民经济评价和财务评价共同构成了完整的工程项目经济评价体系。

项目的国民经济评价，是立足于国民经济来分析和比较为项目付出的全部成本和从项目中可以获得的全部效益，并据此评价项目的经济合理性，从而选择对国民经济最有利的方案。该评价着重于对宏观经济效益的分析，目的在于促进国家资源的高效配置与合理利用，确保国民经济的持续健康发展。

对项目的国民经济评价立足于国家或社会的整体利益，采用费用-效益分析方法，运用社会折现率、影子汇率、影子工资和影子价格等经济参数，计算分析项目需要国家付出的代价和对国家的贡献，站在国民经济的角度考虑投资行为的经济合理性和宏观可行性。国民经济评价包括国民经济盈利能力分析以及对难以量化的外部效果和无形效果的定量分析。

1. 社会折现率

社会折现率是项目国民经济评价的重要通用参数，是项目经济可行性和方案比选的主要判别依据。它在项目国民经济评价中用来计算经济净现值的折现率，并作为衡量经济内部收益的标准值。

社会折现率表明社会对资金时间价值的估量，是建设项目经济可行性的主要判断依据。国家对各工程项目进行利益分析时，对项目将来要发生的费用和效益都需按社会折现率折算为现值。如折现率制定得太小，使能够通过审查的项目过多，会造成国家的有限资源不能合理利用，且因资源的利用过于分散，导致各工程项目都不能达到预期的效果。恰当的社会折现率有助于合理分配建设资金，引导资金投向对国民经济贡献大的项目，调控投资规模，促进资金在短期和长期项目间的合理配置。

2. 影子汇率

影子汇率即外汇的影子价格，反映外汇对于国家的真实价值，是项目国民经济评价的重要通用参数。它体现从国家角度对外汇真实价值的估量，在项目国民经济评价中用于外汇与人民币之间的换算。影子汇率取值的高低，直接影响项目（或方案）比选中的进出口抉择，影响对产品进口替代型项目和产品出口型项目的决策。

影子汇率由国家定期发布，供各类项目评价时统一使用。现行的影子汇率为 1 美元折算 8.74 元人民币。其他外币折算，应按照当时中国银行公布的外汇牌价换算成美元后，再按影子汇率计算。

3. 影子工资

影子工资是指国家和社会为建设项目使用劳动力所付出的代价。它由两部分组成：一是由于项目使用劳动力而导致别处被迫放弃的原有净效益；二是因劳动力的就业或转移而增加的社会资源消耗，如交通运输费用、城市管理费用等。这些资源的耗费并没有提高职工的生活水平。

在国民经济评价中，影子工资作为劳务费用计入经营成本。为方便起见，可将财务评价中的工资及提取的职工福利基金（合称为名义工资）乘以工资换算系数，求得影子工资。

影子工资换算系数是项目国民经济评价的通用参数，是影子工资与财务评价中名义工资的对比。根据我国劳动力的状况、结构以及就业水平，目前国家有关部门规定一般建设项目的影子工资换算系数为 1；对于就业压力很大的地区占用大量非熟练劳动力的项目，换算系数可小于 1；对于占用大量短缺的专业技术人员的项目，换算系数可大于 1。

4. 影子价格

影子价格是指依据一定原则确定的，能够反映投入物和产出物真实经济价值、反映市场供求状况、反映资源稀缺程度、使资源得到合理配置的价格。影子价格反映了社会经济处于某种最优状态下的资源稀缺程度和对最终产品的需求情况，有利于资源的最优配置。它反映了对这些货物真实价值的度量。影子价格以直接值和换算系数两种形式给出。

所谓影子价格，就是资源处于最优配置状态时的边际产出价值。一般而言，项目投入物的影子价格就是它的机会成本，项目产出物的影子价格就是它的支付意愿。

7.6.2 国民经济评价与财务评价的异同

财务评价注重的是项目的盈利能力和财务生存能力，而国民经济评价注重的是国家资源的合理配置以及项目对整个国民经济的影响。国民经济评价和财务评价是建设项目经济评价的两个层次，它们既有联系又有区别。国民经济评价既可以单独进行，也可以在财务评价的基础上进行。

1. 国民经济评价与财务评价的共同点

（1）评价目的的一致性

国民经济评价与财务评价都旨在实现资源最优利用，追求以最小的投入获得最大的经济产出。这种成本效益原则是两者共同遵循的基本原则，指导项目以高效的方式实现预定目标。

（2）基础工作的共通性

两种评价都要求进行详尽的基础工作，包括对市场需求的准确预测、项目选址的合理性分析、技术方案的可行性研究、投资估算的精确编制以及资金筹措。这些基础工作构成了项目评价的基础，确保了评价结果的可靠性和有效性。

（3）基本分析方法的相似性

在分析方法上，两种评价都采用了现金流量分析、编制基本报表、计算净现值和内部收益率等财务指标的方法。这些方法帮助评价者从不同角度量化项目的经济效益，为投资决策提供科学依据。

（4）计算方法的雷同性

两种评价方法在计算上都考虑了资金的时间价值，使用折现率将未来现金流折算为现值，从而更准确地评估项目的投资价值和盈利潜力。

2. 国民经济评价与财务评价的不同点

（1）评价目的不同

国民经济评价从国家或社会整体利益出发，评估项目对宏观经济的贡献和影响，包括社会福利、就业效应、区域发展等。财务评价主要关注项目对投资者或企业的财务回报，包括盈利能力、投资回报率、偿债能力等。

（2）评价范围不同

国民经济评价关注项目对整个经济系统的影响，包括直接效益、间接效益和外部效应。财务评价聚焦于项目本身的财务状况，包括成本、收益、现金流等财务指标。

（3）评价标准不同

国民经济评价使用影子价格、社会折现率等宏观经济参数来评估项目的真实社会成本和效益。财务评价依据市场利率、投资者要求的回报率等财务参数来进行项目盈利性和财务可行性的评估。

（4）关注点不同

国民经济评价关注项目对国家资源配置的影响、社会公平、环境保护、可持续发展等宏观层面的因素。财务评价关注项目的成本效益分析、资本结构、财务风险、投资回收期等微观层面的财务因素。

（5）效益与成本的识别不同

国民经济评价识别和评估项目产生的所有社会成本和效益，包括非市场效益，如环境改善、公共健康等。财务评价主要识别和评估项目对企业或投资者直接产生的财务成本和收益。

（6）决策依据不同

国民经济评价为政府是否批准项目提供依据，特别是在公共项目和基础设施项目中。

财务评价是为投资者或企业的投资决策提供依据，帮助其评估项目是否值得投资。

（7）风险评估不同

国民经济评价可能更多地考虑政策风险、宏观经济风险等对国家经济可能产生影响的风险。财务评价侧重于评估项目的财务风险，如市场风险、信用风险、利率风险等。

（8）计算基础不同

国民经济评价采用近似社会价值的经济合理价格（影子价格），使用社会折现率或国家基准收益率作为折现率。财务评价采用国内现行市场价格，国家长期贷款利率或部门基准收益率作为折现率。

（9）跟踪对象不同

国民经济评价跟踪货源流动，关注项目对整体经济资源的影响。财务评价跟踪货币流动，关注项目的财务现金流和收益。

7.6.3 项目的费用-效益分析

费用-效益分析方法是发达国家广泛采用的对项目进行经济评价的方法，也是联合国向发展中国家推荐的评价方法。所谓费用-效益分析，是指从国家和社会的宏观利益出发，通过对项目的经济费用和经济效益进行系统、全面的识别和分析，求得项目的经济净收益，并以此来评价项目的国民经济可行性。

费用-效益分析的核心是通过比较各种备选方案的全部预期效益和全部预计费用的现值来评价这些备选方案，并以此作为决策的参考依据。项目的效益和费用是两个相对的概念，都是针对特定的目标而言的。国民经济评价不仅要计算直接费用和直接效益，而且还要计算间接费用和间接效益。项目的效益是对国民经济的正贡献。费用-效益分析就是将直接费用、间接费用与直接效益、间接效益进行对比，从而判断该项目是否可行。

1. 经济费用和效益应遵循的原则

在进行经济费用-效益分析时，应遵循以下基本原则来确保分析的准确性和合理性。

（1）支付意愿原则

项目产出物的正面效果的计算遵循支付意愿原则，用于分析社会成员为项目所产出的效益愿意支付的价值。

（2）受偿意愿原则

项目产出物的负面效果的计算遵循受偿意愿原则，用于分析社会成员因接受这种不利影响所得到补偿的价值。

（3）机会成本原则

项目投入的经济费用的计算应遵循机会成本原则，用于分析项目所占用的所有资源的机会成本。机会成本应按资源的其他最有效利用所产生的效益进行计算。

（4）实际价值计算原则

项目经济费用-效益分析应对所有费用和效益采用反映资源真实价值的实际价格进行计算，不考虑通货膨胀因素的影响，但应考虑相对价格变动。在费用和效益货币化过程中，用于估算其经济价值的价格为影子价格。对于已经有市场价格的货物（或服务），不管该市场价格是否反映经济价值，代表其经济价值的价格称为影子价格，形象地说是指在日光下原有“价格杠杆”的“影子”;对于没有市场价格的产品,代表其经济价值的价格要根据特定环境、利用特定方法进行估算。影子价格的测算在建设项目经济费用-效益分析中占有重要地位。

2. 直接效益与直接费用(内部效果)

(1)直接效益

直接效益是指由项目本身的产出物产生的,并在项目计算范围内的经济效益。如工业项目生产的产品获得的销售收入,灌溉项目实现农业增产引起的农业收入增加额等。

直接经济效益的计算范围一般包括:

1)项目产出物满足国内新增需求时,表现为国内新增需求的支付意愿;

2)当项目产出物替代效益较差的其他厂商产品或服务时,被替代厂商减产或停产使资源得到节约而产生的效益即为该项目的效益;

3)当项目产出物造成增加出口或减少进口时,所增收或节支的国家外汇即为该项目的效益。

(2)直接费用

直接费用是指由项目使用投入物所产生的,并在项目计算范围内的经济费用,即项目投入的各种物料、人工、资金、技术以及自然资源带来的社会资源的消耗。

直接经济费用的计算范围一般包括:

1)其他部门为供应本项目投入物而扩大生产规模所耗用的资源费用;

2)当社会不能增加供给时,导致其他项目(或最终消费)投入物供应减少而放弃的效益;

3)当项目投入物导致增加进口或减少出口时,这种费用表现为外汇支出增加或收入减少。

3. 间接效益与间接费用(外部效果)

(1)间接效益

间接效益是指项目本身并未得益但对社会做出贡献的效益。这种效益是由项目引起的对国民经济其他部门的影响,但在项目的直接经济效益中并没有得到反映。例如:兴建大型水利工程除了发电,给当地农田灌溉、防洪、养殖业及旅游业带来的好处;交通项目给附近工厂、居民及商业带来的便利等。在货币流通系统中,这种间接效果会引起其他产品或服务的消费者真实收入的变化,即产生收入分配效果。

(2)间接费用

间接费用是指国民经济为项目付出代价,而项目本身并未实际支付的费用。如工业项目产生的废气、废水和废渣(以下简称“三废”)。

(3)外部效果

项目的间接效益和间接费用并未在直接效益和直接费用中得到反映,故统称为外部效果。在计算外部效果时,一般只计算一次性的外部影响效果,通常要考虑以下四个方面。

1)环境及生态影响效果。主要是指工业项目排放“三废”造成的环境污染和生态破坏,是一种间接费用。从项目本身讲,由此造成的损失并不计入成本,而从全社会的角度讲,这种破坏是全社会福利的损失,是实施该项目的成本。因此,做经济分析时,必须把这些成本计算在内。

2)技术扩散效果。通常包括技术培训和技术推广等,这是一种比较明显的技术外部效果,是一种间接效益。投资兴建一个技术先进的项目,会培养和造就大量的工程技术人员、管理人员或技术性较强的操作工人,由于人员流动和技术外流,最终会给整个社会经济的发展带来好处。由于这种效益通常是隐蔽的、滞后的,因此是难以识别和计量的,实际中大多只做定性的描述。

3)产业关联效果。包括对上游企业和下游企业的关联效果。对下游企业的关联效果主要是指生产初级产品的项目对以其产出物为原料的经济部门产生的效果。对上游企业的关联效果是指一个项目的建设会刺激那些为该项目提供原材料或半成品的经济部门的发展。例如,项目所需的原材料在国内没有生产,由于新项目的建设产生了国内需求,刺激了原料工业的发展。大多数情况下,项目对上、下游企业的关联效果可以在项目的投入和产出物的影子价格中得到反映,不应再计算其间接效果。也有些间接影响难以反映在影子价格中,需要考虑项目的外部效果。

4)价格影响。有些项目的产品大量出口,从而导致我国此类产品出口价格下降,减少了国家总体的创汇收益,成为项目的外部费用。如果项目产品增加了国内市场供应量,导致国内市场价格下降,消费者就得到了产品降价的好处,但这种好处一般不作为项目的间接效益。

4. 转移支付

从国民经济角度看,项目的某些财务收益和支出,并不真正反映经济整体有用资源投入和产出的变化,没有造成资源的实际增加或减少,只是表现为资源的使用权从社会的一个实体转到另一个实体手中,是国民经济内部的转移支出,不能计为项目的国民经济效益或费用。主要包括下面这些支出。

(1)税收

如增值税、资源税和关税等,对企业而言构成了其运营成本的一部分,对国家而言则是财政收入的来源。在企业与政府之间的资金流动中,税收本身并不减少国民收入总额,也不直接涉及社会资源的重新分配。因此,在进行国民经济评价时,税收不应被计入经济成本或收益。

(2)财政补助

如出口补助和价格补助,其资金流向与税收相反,是政府对企业的一种财务支持。尽管补助增加了企业的财务收入,但从宏观角度看,补助并未造成社会资源总量的增加或减少,国民收入的总量不会因此而有所改变。补助实质上是国家从已有的国民收入中分配一部分给企业。在国民经济评价框架下,政府提供的各类补助不应被视为成本或收益的一部分。

(3)利息支出

利息是资本利润的一种表现形式,代表了企业支付给贷款机构的资金使用成本。尽管利息是企业财务成本的一部分,但它并不代表资源的创造或消耗。因此,在国民经济评价中,利息支出不应当被视为经济成本或收益。

(4)折旧

折旧是对企业固定资产由于使用、磨损或技术陈旧导致的价值减少的会计处理。它反映了资产价值随时间的系统分摊,尽管折旧在财务上减少了企业的净利润,但它并不代表实际资源的消耗或经济价值的流失。

(5)土地费用

土地费用涉及企业为获取和使用土地资源所支付的成本,包括土地购买、租赁或征用等。这些费用在企业财务上体现为成本,但在国民经济层面上,它们更多地反映了土地资源的配置和使用权的转移,并不直接对应于社会资源的增减。

7.6.4 国民经济评价指标

国民经济评价指标是从宏观角度考察和分析拟建项目对国民经济的影响和贡献的一系列指标。这些指标有助于评估项目的经济合理性,确保资源的合理配置,并促进国民经济的健康发展。以下是一些主要的经济分析指标。

1. 经济净现值

经济净现值($ENPV$)是按给定的社会折现率将项目寿命年限内各年的国民收入净增量(净"现金"流量)贴现到某一基准年(建设初期)的现值之和。它的计算公式为:

$$ENPV=\sum_{t=0}^{n}(CI-CO)_t(1+i_s)^{-t} \tag{7-1}$$

式中,CI 为用影子价格计量的现金流入量;CO 为用影子价格计量的现金流出量;$(CI-CO)_t$ 为用影子价格计量的第 t 年的净现金流量;n 为项目寿命年限;i_s 为社会折现率。

判别准则:若 $ENPV \geqslant 0$,项目可以接受;否则应予以拒绝。

2. 经济内部收益率

经济内部收益率($EIRR$)是经济净现值为零时的内部收益率,即项目在建设和服务年限内各年净增国民收入现值累计之和为零时的折现率。其计算公式为:

$$\sum_{t=0}^{n}(CI-CO)_t(1+EIRR)^{-t}=0 \tag{7-2}$$

经济内部收益率是反映投资效率的指标。如果方案的经济内部收益率大于或等于社会折现率,则方案从国民经济角度看可以接受;反之,就应拒绝。

3. 经济外汇净现值

经济外汇净现值($ENPV_F$)是反映项目实施后对国家外汇收支直接或间接影响的重要指标,用于衡量项目对国家外汇真正的净贡献(创汇)或净消耗(用汇)。其计算公式为:

$$ENPV_F=\sum_{i=0}^{n}(FI-FO)_t(1+i_s)^{-t} \tag{7-3}$$

式中,FI 为外汇流入量;FO 为外汇流出量;$(FI-FO)_t$ 为第 t 年外汇净流入量。

4. 经济换汇成本

经济换汇成本(EFC)是指项目生产出口产品和(或)替代进口产品所耗费的国内资源价值的现值(人民币元)与外汇(美元)净收益的现值之比,亦即获取 1 美元净外汇收入或节省 1 美元耗费所需消耗的国内资源价值(人民币元)。其计算公式为:

$$EFC = \frac{\sum_{i=0}^{n} DR_i (1+i_s)^{-i}}{\sum_{i=0}^{n} (FI - FO)_i (1-i_s)^{-i}} \tag{7-4}$$

式中，DR_i 为项目在第 t 年为生产出口产品和(或)代替进口产品所投入的本国资源价值(包括投资、原材料、工资、其他投入物和贸易费用，按影子价格计算)。

若经济换汇成本小于影子汇率，表明项目生产出口产品和(或)替代进口产品的经济效益好；若经济换汇成本大于影子汇率，则经济效益不好。

当项目产出只有部分为外贸品(出口和进口替代)时，应将生产外贸品部分所耗费的国内资源价值从国内资源总耗费中划分出来，然后再将其用于式中计算。

经济换汇成本是分析评价项目实施后在国际上的竞争力，进而判断其产品应否出口的指标，其经济含义是 1 美元外汇所需的人民币金额。

7.6.5 公共工程经济评价案例

公共工程经济评价属于国民经济评价范畴，其经济决策不仅需要考虑公共工程的外部性，而且需要识别工程的间接费用和间接效益。公共工程经济决策一般采用费用-效益分析方法。如果效益-费用比大于 1，就应该建设；如果效益-费用比小于 1，说明工程的经济合理性不足，就应该放弃；如果效益-费用比正好等于 1，则工程处在建与不建的临界状态。效益-费用比的计算以数据为基础，数据的准确性和可靠性直接决定了决策结果。

案例：某城市有一条铁路线与城市主干道形成了平交道口，火车通行时经常造成拥堵，出现行人车辆违规穿越现象，引发事故造成财产损失。当地政府考虑建造跨越铁路的立交桥来消除平交道口，减少交通拥堵和事故损失。据估计，平交道口每天大约有 1 000 辆车因道口封闭而需要等待 2 分钟。车流量中卡车占 40%，时间延误的机会成本为 100 元/(辆·小时)。其他车辆时间延误的机会成本为 25 元/(辆·小时)。据统计，因行人、车辆违规穿越铁路道口引发事故，造成的经济损失大约为 1 万元/年。为保证交通安全，铁路公司在道口设置了岗亭，安排了值守人员，每年的人员工资、福利费为 8 万元，道口日常维护费为 1 万元。建造立交桥将耗资 800 万元，预期使用寿命为 40 年，残值为 60 万元。立交桥的年度维护成本将比现有平交道口高出 5 万元。本案例需要解决是否应该建桥、在什么条件下可以建、如何出资等问题。

首先，本案例中的工程项目为公共工程，不是收费桥梁，没有直接的经济效益，市场机制失灵，不会有私人投资者进行投资，但建设该工程能够产生显著的社会效益，因此在考虑财政资金的投入-产出效果的前提下，如果可行，本项目将由政府的财政资金出资。

接下来，需要运用效益-费用比对项目的经济合理性做出判断，以便解决是否应该建桥的问题。该项目的费用主要为投资和运行维护等直接费用。桥梁施工期间会对正常的道路通行产生负面影响而造成社会损失，工程施工也会导致环境污染，但由于建设期较短，一定程度上可控，间接费用可以忽略不计。若社会折现率为 8%，依据“有、无”对比原则，建桥的费用年值为：

$$AC = 800\times\left(\frac{A}{P},8\%,40\right)-60\times\left(\frac{A}{F},8\%,40\right)+5=71.86\text{(万元)}$$

该桥梁产生的效益主要为间接的社会效益,包括各类车辆不再等待的机会成本,以及事故减少所节约的经济损失。假定车辆通过桥梁的时间忽略不计,在建桥的情况下,各类车辆都可以节省 2 分钟去创造经济价值。其中卡车时间节约所创造的价值为:

$$40\%\times1\,000\times365\times\frac{2}{60}\times100=48.67\text{(万元)}$$

其他车辆减少时间等待创造的经济价值为:

$$60\%\times1\,000\times365\times\frac{2}{60}\times25=18.25\text{(万元)}$$

根据计算结果可知,虽然 2 分钟的等待时间很短,但一年累计下来节约的时间可以创造 66.92 万元的经济价值。同时,建桥后不再发生行人及车辆违规穿越铁路的交通事故,每年还可以减少损失 1 万元。因此,建桥年度间接效益合计为 48.67+18.25+1=67.92(万元),建桥的效益-费用比为 67.92/71.86=0.945 2<1,因此在当前估计下,政府出资建桥不具有经济合理性。

是不是本工程项目就这样放弃了呢?事实上,建桥的效益-费用比为 0.945 2,很接近 1,政府不会轻易放弃此工程,而应做更深入全面的分析,再进行科学决策。

由于效益-费用比计算依据的是静态数据,这样的决策并不科学,应该从动态发展的视角,基于长远的眼光进行分析决策。事实上,案例中道口的车流量不是固定不变的,未来可能会随着城市经济社会的发展而增加,单位时间创造的经济价值和交通事故的财产损失也会提高。因此,应确定建桥具有经济合理性时对应的最低车流量。假设车流量为 x,使建桥的效益与费用相等,即:

$$40\%\times x\times365\times\frac{2}{60}\times100+60\%\times x\times365\times\frac{2}{60}\times25=71.86\text{(万元)}$$

可求得 x =1 059 辆。也就是说,当平交道口日均车流量超过 1 059 辆时,就应该建桥。

同理,其他条件不变,可求得卡车等待的机会成本为 108.1 元/辆·小时,也是建桥的条件,还可以推算其他车辆等待的机会成本及事故损失额,推定建桥的条件。从分析结果可知,如果车流量在原估计的基础上增长 5.9%以上,或卡车等待的时间机会成本增加 8.1%以上,都可以建桥。显然,以动态的视角进行科学决策,可以避免简单决策所导致的社会公众利益受损。

然而,本案例中利益相关者包括政府、道口行人和车辆,以及铁路公司。如何协调公司利益和社会公共利益也是政府在工程建设中应该考虑的问题。此例中能否让铁路公司参与投资,减轻政府的财政负担?如何说服铁路公司参与投资?铁路公司的投资额如何确定?

根据已知条件可知,在没有立交桥的情况下,铁路公司每年在道口上的费用支出是 9 万元。建桥后撤销岗亭和值守人员,每年可以节省费用 9 万元。若铁路公司资金的机会成本为 10%,基于收益现值法可以估算铁路公司最大出资额为:$PC=9(P/A,10\%,40)=88.01$(万元)。铁路公司基于自身利益的考虑,最多可以出资 88.01 万元,那么政府就只用出资 711.99 万元,节约的财政资金用于其他公共服务的供给。此时,站在政府投资的角度,建桥对应的费用年值变为：

$$AC = 711.99\times\left(\frac{A}{P},8\%,40\right)-60\times\left(\frac{A}{F},8\%,40\right)+5=64.48（万元）$$

建桥的效益-费用比为 67.92/64.48=1.05>1。在铁路公司出资 88.01 万元的情况下，政府使用财政资金建桥就具有了经济合理性，此时铁路公司和社会公众均获益，实现了双赢。

为使铁路公司更愿意参与道口桥梁的建设（相当于参与公益事业），可以基于当前估计，测算铁路公司的最低出资额。假定铁路公司的最低出资额为 Z，使政府出资建桥的效益与费用相等，即：

$$(800-Z)\times\left(\frac{A}{P},8\%,40\right)-60\times\left(\frac{A}{F},8\%,40\right)+5=67.92（万元）$$

可求得 Z=47 万元。由上述推演可知，铁路公司出资额只要超过 47 万元，使用财政资金建桥就具有了经济合理性，社会公众和铁路公司均获益。

7.7 项目后评价

7.7.1 项目后评价的概念

项目后评价指对已完成项目的目的、执行过程、效益、作用和影响所进行的系统的、客观的分析。通过项目活动实践的检验总结，确定项目的预期目标是否达到，项目或规划是否合理有效，主要效益指标是否实现；通过分析评价找出成败的原因，总结经验教训；并通过及时有效的信息反馈，为未来新项目的决策和提高投资决策管理水平提出建议，同时也为后评价项目在实施运营中出现的问题提出改进意见，从而达到提高投资效益的目的。

7.7.2 项目后评价的主要内容

项目后评价评估分析项目目标是否已经实现、项目效益是否符合预期、项目实施过程中存在的问题以及未来项目的改进方向，主要是对项目的目标、实施过程、影响和可持续性这四大方面进行评价。

1）项目目标评价。评定项目立项时原定的目标和目标的实现程度，是项目后评价所需要完成的主要任务之一。对照原定目标要求完成的主要指标，检查项目实际实现的情况和变化，分析实际发生改变的原因，以判断目标的实现程度。目标评价的另一项主要任务是对项目原定决策目标的正确性、合理性和实践性进行分析评价。

2）项目实施过程评价。对照立项评价或可行性研究报告时所预计的情况和实际执行的过程进行比较和分析，找出差别，分析原因。实施过程评价一般包括：项目的立项、准备和评估；项目内容和建设规模；工程进度和实施情况；配套设施和服务条件；收益者范围及其反映；项目的管理和机制；财务执行情况。

3）项目影响评价。项目影响包括经济影响、环境影响和社会影响，主要根据项目的规模和效应而定。具体影响是指那些涉及国计民生的大型、超大型项目，并且根据其重要程度适量进行定量分析；但多数情况下只进行定性影响评价。对小型、中型项目而言，根据项目特点要定性总结其对所在地区、所属行业、所在社区和当地环境的影响。

4)项目可持续性评价。也叫项目追踪评价,是指在项目建设资金投入完成之后,既定目标是否还要继续,是否可以持续地发展下去,接受投资的项目业主是否愿意并依据自己的力量去继续实现既定目标,是否可以在未来以同样的方式建设同类项目。可持续性影响因素一般包括:政府政策、管理、组织和地方参与;财务因素;技术因素等。

7.7.3 项目后评价的特点

项目后评价作为项目管理周期的重要组成部分,其特点在于其能够全面、客观地回顾项目成果,提供深入的反馈,确保评价的透明性和独立性,为未来项目的成功实施提供宝贵的经验和指导。项目后评价的特点可以概括为以下五点。

1)权威性。整个项目的最终后评价一般由具有丰富的实践经验和深厚的理论造诣,以及优秀的沟通能力和研究能力的相关方面资深专家进行,所获得的评价必然具有权威性。

2)前瞻性。项目后评价的目的是为以后的项目积累知识,不是找项目的毛病,也不是批评做项目的人。虽然回顾过去是必要的,但目的是向前看。

3)全面性。不仅要对项目全生命周期的全过程进行综合评价,还要对项目的成本、时间、质量、范围、管理、组织、环境影响、社会影响和经济效益等各个方面进行综合评价。

4)公正性。整个项目的最终后评价通常由不直接参与项目工作的第三方独立进行。当然,在此之前,所有主要的项目利益相关者都应该从自己的角度进行后评价,吸取经验教训。

5)反馈。项目后评价的结果要及时反馈给项目的利益相关者,甚至是相应的行业协会和行业主管部门,以利于项目知识的积累。

7.7.4 项目后评价的步骤

1)确定评价目的和范围。明确项目后评价的目标,确定评价的重点和范围,例如是对整个项目进行全面评价,还是对项目的某个特定阶段或方面进行评价。

2)收集项目资料。收集与项目相关的各种资料,包括项目建议书、可行性研究报告、初步设计、施工图设计、项目竣工报告、验收报告、项目决算、工程监理报告、审计报告、效益监测报告以及项目评估报告等。这些资料有助于全面了解项目的实施过程和成果。

3)分析项目数据。对收集到的项目数据进行深入的分析,包括投资、进度、质量、效益等方面数据的分析。通过对比分析、趋势分析等方法,评估项目的实际效益与预期效益的差距。

4)编写评价报告。根据分析结果,编写项目后评价报告。报告应全面、客观、准确地反映项目的实际情况,包括项目的成果、存在的问题以及改进的建议等。

5)反馈评价结果。将评价结果反馈给相关部门和人员,以便他们了解项目的实际情况,并根据评价结果采取相应的改进措施。

7.7.5 项目后评价的方法

项目后评价方法主要包括统计法、预测法、对比分析法、逻辑框架法等方法,通常根据项目性质和评价内容选择方法。

1）统计方法。统计方法包括统计调查、统计资料的整理和统计分析三个部分。后评价大量的基础数据资料是以统计数据为主的，后评价的调查在许多方面与统计调查相同，其数据的处理和分析方法也与统计分析类似。因此，统计原理和方法完全可以应用在项目后评价实践中，也是后评价方法之一。

2）预测方法。预测原理是借助惯性原则、类推原则、相关原则和概率推断原则等，通过收集和审核资料等步骤来预测并选定预测值。根据后评价的特点和预测原则，投资项目后评价可以采用的预测技术包括：趋势外推法、参照对比法、专家调查预测法等。

3）对比分析方法。在对后评价的具体实施过程中，对于运用统计原理和方法、预测原理和方法得出的数据，要进行前后对比、预测与实际发生值对比、“有、无”对比。所谓前后对比，是将项目前期的可行性研究和评估的预测结论与项目实际运行结果相比较，以发现变化和分析原因。

4）逻辑框架法（Logical Framework Approach，LFA）。逻辑框架法是将一个复杂项目的多个具有因果关系的动态因素组合起来，用一张简单的框图分析其内涵和关系，确定项目范围和任务，明确项目目标和达到目标所需手段的逻辑关系，以评价项目活动及其成果的方法。

7.8 基于逻辑框架法的项目可行性研究

7.8.1 逻辑框架法的概述

逻辑框架法是一种项目管理和评价的方法，是由美国国际开发署在 1970 年开发并使用的一种设计、计划和评价方法。

逻辑框架法的适用范围包括项目策划设计、风险分析、评估、实施检查、监测评价和可持续性分析，是一种通用的方法。现已成为许多国际组织在援助项目中使用的主要计划、管理和评价工具。

逻辑框架法的核心在于识别项目要素之间的因果关系，即“如果”提供了某种条件，“那么”就会产生某种结果，这些条件包括事物的内在因素及其所需的各种外部条件。

7.8.2 逻辑框架法的逻辑关系

逻辑框架法的逻辑关系分为垂直逻辑关系和水平逻辑关系，垂直逻辑是用来表明各目标层次的因果关系，阐述相应的目标内容；而水平逻辑分析的目的是通过主要验证指标和验证方法来衡量一个项目的资源和成果。每个层次的目标具有一定的区别，如宏观目标一般超越了项目范畴，是国家或地区的整体目标，符合产业政策和行业规划等要求；而具体目标作为项目立项的重要依据，需要考虑受益目标群体带来的具体效益。垂直逻辑和水平逻辑关系共同形成了 4 × 4 的逻辑框架表。

逻辑框架法以一个逻辑框架表的形式表达形成的结果，通过体现表内各项内容和各要素的逻辑关系，构成一个类似矩阵的逻辑框架结构，具体模式如表 7-2 所示。

表 7-2　逻辑框架法的基本模式

目标层次	客观验证指标	客观验证方法	重要假设及外部条件
宏观目标	目标指标	评价及监测手段和方法	实现目标的主要条件
具体目标	目的指标	评价及监测手段和方法	实现目的的主要条件
产出成果	产出物定量指标	评价及监测手段和方法	实现产出的主要条件
投入活动	投入物定量指标	项目的实施过程及内容	实现投入的主要条件

7.8.3　逻辑框架法的应用案例

1. 项目背景

鱼洞河位于贵州省凯里市，流域面积 234 平方千米，由于 20 世纪 80—90 年代鱼洞河流域内煤炭资源无序、粗放开采，以及停采关闭后大量酸性废水排入鱼洞河，造成生态环境严重污染。2021 年，凯里市制定《凯里市鱼洞河流域环境综合治理规划（2021—2030 年）》，初步明确到 2030 年完成鱼洞河流域生态环境综合整治阶段性目标。治理方法的选取直接影响到项目实施的效益，需在可行性研究阶段明确。由于可行性研究阶段对项目决策分析影响最大，为在此阶段确定好治理方法、投资预算以及治理目标，给项目决策提供依据，采用逻辑框架法进行分析。

2. 逻辑框架的构建

根据本项目的特点，采用逻辑框架法对本项目的各层次目标及验证指标、验证方法等进行全面的逻辑关系分析，具体步骤如图 7-6 所示。

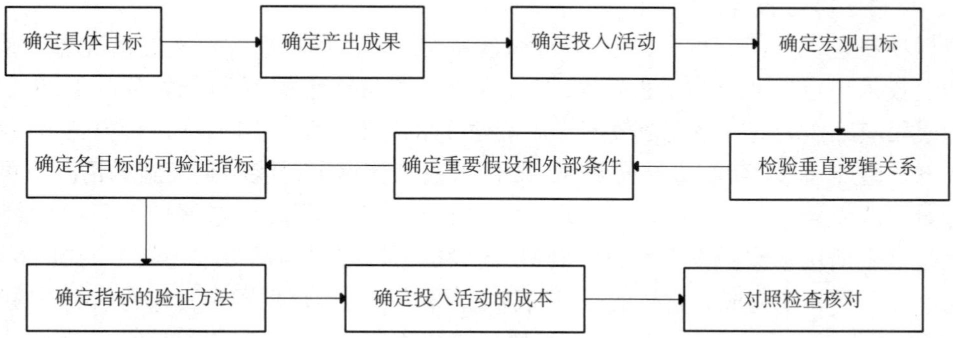

图 7-6　逻辑框架构建步骤图

根据上述步骤，本项目构建的逻辑框架分析如表 7-3 所示。

表 7-3　逻辑框架分析表

目标层次	客观验证指标	客观验证方法	重要假设及外部条件
宏观目标：践行“绿水青山就是金山银山”理念，促进区域绿色协调发展、社会和谐	项目影响区域社会经济发展水平，周边环境改善状况	凯里市国民经济和社会发展统计资料，项目实施效果分析报告	整治项目如期完成并发挥效益，项目区经济社会发展规划顺利实施

续表

目标层次	客观验证指标	客观验证方法	重要假设及外部条件
具体目标：从源头降低研究区废弃煤矿矿井涌水及煤矸石淋滤水排放，遏制其对下游区域水环境的影响，保障居民生产生活用水水质安全和身体健康，建设成废弃煤矿酸性废水污染整治项目示范工程	废弃矿区酸性废水污染整治项目按期完成，矿井涌水量在控制设计范围内，水质感官性状良好	对项目工程监理报告、进度报告、竣工验收报告进行分析，对周边居民进行调查访问	治理方案可行有效，废弃矿井治理工程、废弃矿渣补充处理、截/排水系统整治工程能顺利实施
产出成果：①完成废弃矿井治理工程；②完成废弃矿渣补充处理、截/排水系统整治工程；③项目实施时增加相应劳务就业	完成废弃井口封堵 8 口、裸露煤矸石及铝土矿露天采坑处置 8 处，完成注浆工程量 3 840 立方米，处置地表污染水体 5 处以及地裂缝 3 处等	对项目记录、监测报告进行资料分析，调查研究	投入资金能及时足额，项目能如期开工，项目部能顺利完成相应工作
投入活动：投入工程费用 2 834.03 万元，投入相应人员，占用耕地林地	专项资金补助金额，成立治理项目部，当地政府制定相关政策	对项目计划文件，项目建议书以及当地政府的相关政策文件进行对比分析，评估投入活动效果	项目得到批准，资金筹措计划得到批准并落实

3. 项目决策分析

（1）项目目标及意义

本项目的宏观目标是践行“绿水青山就是金山银山”理念，促进区域绿色协调发展、社会和谐。从深入贯彻落实习近平生态文明思想与和谐社会建设的角度看，本项目实施具有广泛的社会意义。

（2）项目实施过程分析

根据项目逻辑框架分析表（表 7-3），资金筹措计划得到批准并落实的情况下本项目的实施需要投入一定的人员和工程费用；在投入资金能及时足额，项目能如期开工，项目部能顺利完成相应工作的前提下完成废弃煤矿酸性废水治理工程的实施；在治理方案可行有效，废弃矿井治理工程、废弃矿渣补充处理、截/排水系统整治工程能顺利实施的情况下可从源头降低研究区废弃煤矿矿井涌水及煤矸石淋滤水排放，遏制其对下游区域水环境的影响，保障居民生产生活用水水质安全和身体健康，建设成废弃煤矿酸性废水污染整治项目示范工程。在整治项目如期完成并发挥效益，项目区经济社会发展规划顺利实施的前提下，可达到践行“绿水青山就是金山银山”理念，促进区域绿色协调发展、社会和谐的宏观目标。

（3）项目决策建议

根据上述分析，做好工程设计，合理安排工程时间，采用与当地建设条件与资源条件相适应的技术；严格招标，选择具有资质的施工单位，加强施工监理，保证施工质量。本项目总体风险可控，建设是可行且必要的，可以产生良好的社会环境效益，建议尽快组织实施。

7.9 本章小结

本章阐述了项目的可行性研究及其报告编写过程中的财务评价、国民经济评价和项目后评价，是运用前几章的基础知识与内容对建设项目进行评价的一种实操技术，同时又有其独特的内容。项目可行性研究不仅是一个技术经济分析过程，更是贯彻落实国家发展战略、推动经济社会高质量发展的重要手段。通过深入的可行性研究，能够确保项目决策的科学性，促进资源的合理配置，同时积极响应国家的宏观调控要求，体现项目的社会责任和长远价值。通过学习本章，读者可以掌握项目可行性评估的方法和技巧，深入了解如何编写可行性研究报告，以及如何进行财务评价、国民经济评价和项目后评价，为未来实际项目的实施提供了重要的参考和指导。

练习题

1. 单项选择题（在备选答案中选择 1 个正确的选项）

1）按我国的建设程序，可行性研究应在（　　）进行。

A. 建设任务书下达之后　　B. 项目建议书被批准之后

C. 机会研究完成之后　　D. 可行性研究准备完成之后

2）项目投资估算精度要求在 ± 20%以内的阶段是（　　）。

A. 投资设想　　B. 机会研究　　C. 初步可行性研究　　D. 详细可行性研究

3）财务评价侧重于关注项目的财务风险，其中不包括（　　）。

A. 市场风险　　B. 信用风险　　C. 利率风险　　D. 政策风险

4）公共工程经济决策一般采用费用-效益分析方法，如果效益-费用比（　　）时，表示可行。

A. 大于 1　　B. 小于 1　　C. 等于 1　　D. 都可以

5）详细可行性研究阶段对建设投资和生产成本的估算精度一般要控制在（　　）。

A. ± 30%左右　　B. ± 20%左右　　C. ± 10%以内　　D. 无要求

6）下列选项中不属于转移支付范畴的是（　　）。

A. 企业向职工支付的福利费用　　B. 项目向国家交付的税金

C. 政府给予项目的补贴　　D. 国家银行的利息

2. 多项选择题（在备选答案中选择 2 个或 2 个以上正确的选项）

1）项目可行性研究可以应用于（　　）方面。

A. 工业发展规划　　B. 新技术的开发　　C. 产品更新换代　　D. 企业技术改造

2）可行性研究报告中项目影响效果分析包括（　　）。

A. 经济影响分析　　B. 社会影响分析

C. 生态环境影响分析　　D. 资源和能源利用效果分析

E. 碳达峰碳中和分析

3）企业投资项目运营方案要确定（　　）。

A. 生产经营方案　　B. 运营组织方案　　C. 绩效管理方案　　D. 安全保障方案

4）财务评价的关键财务指标包括（　　）。

A. 投资回收期　　B. 净现值　　C. 内部收益率　　D. 投资收益率

5）国民经济评价的重要经济参数包括（　　）。

A. 影子价格　　B. 影子汇率　　C. 影子工资　　D. 社会折现率

6）经济费用-效益分析应遵循的原则是（　　）。

A. 支付意愿原则　　B. 受偿意愿原则

C. 机会成本原则　　D. 实际价值计算原则

3. 填空题

1）（　　）是最早开始采用可行性研究方法的国家。

2）（　　）年我国将可行性研究列为工业投资的重要程序。

3）可行性研究不仅应用于（　　），还可应用于科学技术和工业发展的各个阶段和各个方面。

4）撰写可行性研究报告，其中人员规划时，必须考虑到的因素有组织机构设置及其适应性分析、人力资源配置和（　　）。

5）项目经济评价包括（　　）和（　　）。

6）逻辑框架法的逻辑关系分为（　　）逻辑关系和（　　）逻辑关系。

4. 判断题

1）项目投资决策的核心环节是机会研究。（　　）

2）国外大型项目的可行性研究一般包括机会研究阶段、初步可行性研究阶段、详细可行性研究阶段和评价与决策阶段。（　　）

3）初步可行性研究是建设项目投资决策的基础。（　　）

4）根据“要素跟着项目走”原则，重大项目应根据法规政策要求，提出要素予以特别保障的方案。（　　）

5）项目建议书被批准之后需要做初步可行性分析。（　　）

6）统计原理和方法完全可以应用在项目后评价实践中，也是后评价方法之一。（　　）

5. 简答题

1）什么是可行性研究？可行性研究的主要内容有哪些？

2）简述可行性研究的四个阶段。

3）简述建设项目财务评价的指标和方法。

4）建设项目的财务评价与国民经济评价有何异同？

5）什么是影子价格？影子汇率？

6）国民经济评价的出发点是什么？有哪些主要参数？

扫码获取答案

第8章
价值工程

学习要点及目标

1. 学习要点：掌握价值工程的基本原理和方法；重视个人价值的提升。

2. 思政元素：社会主义核心价值观；如何实现个人价值。

3. 案例引入："天问一号"案例；电气工程师迈尔斯与价值工程。

4. 思政目标：培养学生树立正确的价值观，认知"$V=F/C$"价值提升途径，完善个人价值观；培养学生增强社会责任感和历史使命感，"功成不必在我，功成必定有我"；引导学生思考人生的价值，践行社会主义核心价值观。

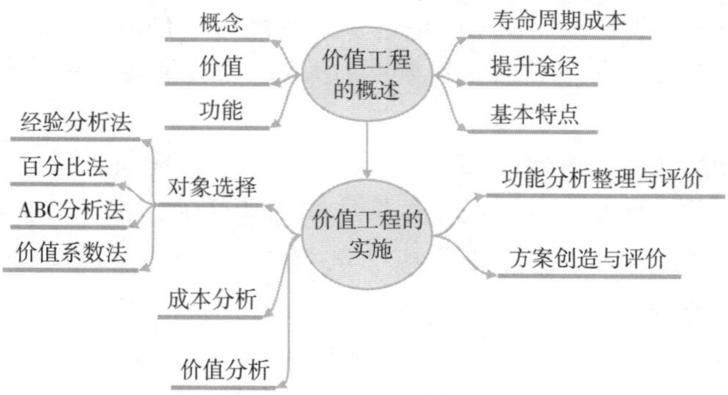

图 8-1　价值工程思维导图

8.1　引例——火星探测器"天问一号"

随着全球太空探索热潮的持续，火星探测成为科技领域的热点话题。在这一背景下，我国首次火星探测任务"天问一号"探测器成功着陆火星，不仅标志着我国在深空探测领域取得了重要进展，也体现了价值工程在高技术、高风险项目中的关键作用。"天问一号"的任务包括对火星的环绕、着陆和巡视探测，旨在获取火星表面的高清图像、分析土壤成分，并寻找水的痕迹。项目的成功，不仅依靠先进的航天技术，还依赖于精细化的项目规划和管理。

在项目规划阶段，价值工程帮助团队明确了关键的科学目标和成本效益比，优化了探测器的设计，在实现科学目标的同时能够控制成本。在设计阶段，通过功能分析，工程师可以在确保探测器的系统满足性能要求的同时，避免不必要的复杂性和成本。在实施阶段，价值工程的应用帮助团队识别了潜在的风险和成本超支点，通过创新的解决方案和资源的优化分配，提高了项目的执行效率。项目完成后，价值工程的评估机制对项目成果进行了量化分析，为未来的火星探测任务提供宝贵的经验和数据支持。

通过这一引例，可以看到价值工程在实现大型工程项目目标、提升项目价值方面的实际应用。它不仅提高了项目的经济效率，还促进了技术创新和科学进步，展示了价值工程在现代工程管理中的重要性。

8.2 价值工程的产生与发展

价值工程（Value Engineering，VE）也称作价值分析（Value Analysis，VA），是一门现代管理技术与方法，是从技术、经济与管理相结合的角度，提高研究对象的价值，即通过以功能为核心的分析方法，研究功能与成本之间的关系，在产品的技术与经济之间寻找一个最佳的均衡点，设计生产出最“合算”的产品，或者是在满足用户对产品功能需求的情况下，以最低的成本实现其功能。

这一方法的起源可以追溯到 1947 年，当时的美国通用电气公司需要大量石棉板，而石棉板供应紧张导致其价格昂贵。对此，其采购部工程师迈尔斯提出两个问题：“为什么要用石棉板？它的功能是什么？”经调查，采购石棉板是为了给产品喷刷涂料时，避免玷污地板，引起火灾。弄清石棉板功能后，又提出“是否有其他材料具有这种功能？”根据分析考察，公司找到了价格便宜、货源充足的不燃烧纸作为代用品，不仅实现了同样的功能，同时降低了成本。

迈尔斯善于发现问题、解决问题，力求精益求精，他从代用材料研究开始，逐步总结出一套科学方法，当时称作“价值分析”，旨在在保持同样功能的前提下降低成本，后更名为“价值工程”。尽管今天 VA 和 VE 通常被混为一谈，但严格来说它们还是有一些区别的。在产品制造过程中，对功能的事后分析称为价值分析；而在产品开发阶段，进行的事前分析称为价值工程。价值工程已从最初关注材料采购和替代品研究，逐渐扩展到产品研究、设计、零部件生产改进、工具设备改进等方面，甚至发展到工作方法、作业程序、管理体系等领域。总之，在任何需要功能并涉及成本的领域，都可以采用价值工程方法进行分析。

8.3 价值工程的概述

8.3.1 价值工程的概念

价值工程是分析产品或作业的功能与成本的关系，力求以最低的寿命周期成本实现产品或作业的必要功能的一种有组织的技术经济活动，也称功能成本分析。价值工程涉及价值（Value）、功能（Function）和寿命周期成本（Cost）三个基本要素。其定义可用公式表示为：

$$\text{价值}(V)=\frac{\text{功能}(F)}{\text{成本}(C)} \tag{8-1}$$

式中，价值（V）为“合算不合算”或“值得不值得”；功能（F）为功用、作用、效能、用途、目的等；成本（C）为实现功能所支付的全部费用。

8.3.2 价值

价值工程中所说的“价值”，与哲学、政治经济学、经济学等学科对价值的定义有所不同，它是一种“评价事物有益程度的尺度”。某事物价值高说明其有益程度高、效益大、好处多；价值低则说明其有益程度低、效益差、好处少。例如，人们在购买商品时，总是希望物美而价廉，即花费最少的代价换取最多、最好的商品。

例如，用户考虑购买一辆新的轿车。假设市场上有两种不同型号的轿车，当这两种轿车的价格相同时，消费者往往会倾向于选择性能卓越、配置丰富的车型，因为它提供了更多的价值。然而，在价格存在差异的情况下，消费者将面临选择：性能卓越、配置丰富的轿车价格较高，而性能较为基础的轿车价格更为亲民。这时，消费者需要权衡是否愿意为获得更高的性能和更多的功能支付额外的费用。

在这种情况下，价值成为衡量商品有用性的一种重要工具，它涉及商品的实用性（性能和配置）与成本（价格）之间的权衡。换句话说，价值可以视为商品的效用（性能和配置）与费用（价格）的比值。

8.3.3 功能

功能是对象满足某种需求的一种属性。价值工程所阐述的“功能”内涵，实际上等同于使用价值的内涵，是使用价值的具体表现形式。任何功能无论是针对机器还是针对工程，最终都是针对人类主体的一定需求目的，为人类主体的生存与发展服务，因而最终将体现为相应的使用价值。因此，价值工程所谓的“功能”实际上就是使用价值的产出量。

8.3.4 寿命周期成本

对象的寿命周期被定义为从研发、生产、使用直至最终废弃的整个过程。在价值工程的框架下，成本特指对象的寿命周期成本，涵盖了对象在其整个寿命周期中产生的所有费用，包括生产成本和使用成本两部分。生产成本包括研发费用、设计费用、制造费用和销售费用等；使用成本是产品出厂后的各项费用总和，包括使用过程中的运行费用和维护费用等。寿命周期成本构成如图 8-2 所示。

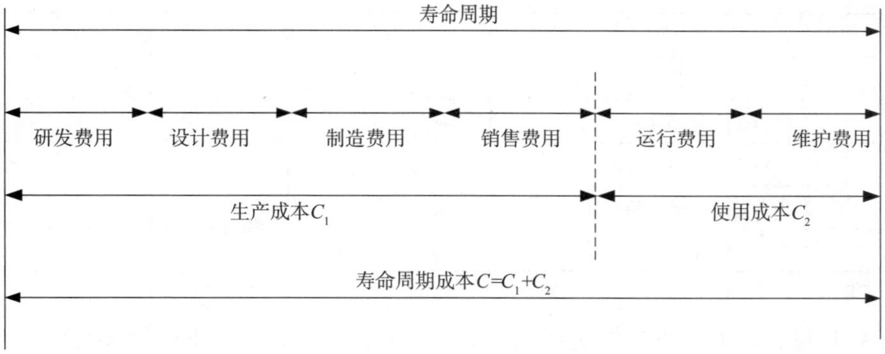

图 8-2 寿命周期成本构成

其定义可用公式表示为：

$$寿命周期成本C = 生产成本C_1 + 使用成本C_2 \tag{8-2}$$

一般情况下，随着产品功能水平的提升，生产成本会增加，而使用成本则会降低，如图 8-3 所示。分析可知，功能过高，虽然使用成本低，但生产成本高，寿命周期成本仍偏高；反之，功能过低，虽然生产成本较低，但使用成本太大，寿命周期成本也偏高。寿命周期成本表现为随着产品功能水平变化而形成的开口向上的抛物线。很显然，寿命周期成本存在一个最小值 C_{min}。在这一点上，产品功能达到适当水平 F_0，寿命周期成本达到最低。

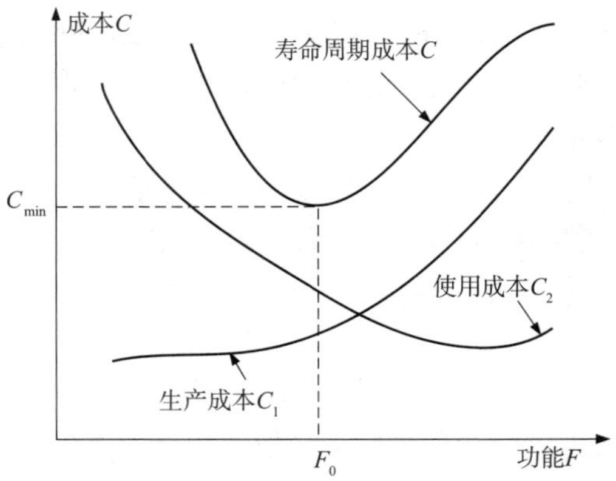

图 8-3　寿命周期成本示意图

价值工程的目标在于通过科学的分析研究，确保产品达到适当的功能水平，从而使得产品的寿命周期成本最低。事实上，有些产品在进行价值分析时可能无法一次性找到最低的寿命周期成本值，可以反复应用价值工程的方法，以确定最终的功能水平与成本之间的最佳匹配点，以满足用户的需求。

8.3.5　价值工程的提升途径

提高价值的途径可归纳如表 8-1 所示。

表 8-1　提高价值的途径

序号	特征	结果	*F*	*C*	*V*
1	功能不变、降低成本	提高价值	→	↓	↑
2	功能提高、成本不变	提高价值	↑	→	↑
3	功能提高、成本降低	大大提高价值	↑	↓	↑↑
4	功能大大提高、成本略有提高	适当提高价值	↑↑	↑	↑
5	功能略有降低、成本大大减少	适当提高价值	↓	↓↓	↑

表 8-1 中的前 4 个策略是常见的方法，而第 5 个策略适用于不同性能等级的产品。例如，为了满足购买力较低的消费者的需求，可以推出一些价格较低的产品，通常也能取得良

好的经济效益。

8.4 价值工程的实施步骤

自从价值工程问世以来,国内外各地各行业都进行了广泛的实践和应用,实施价值工程的过程就是分析问题、发现问题和解决问题的过程,具体包括选择价值工程的对象;组成价值工程工作小组;制订工作计划;收集资料情报;功能分析;成本分析;情报分析;提出建议设想组成方案;分析评价方案;提案编写;审批;试证和实施;活动评价。可绘制实施步骤如图 8-4 所示。下面将重点介绍几个关键步骤。

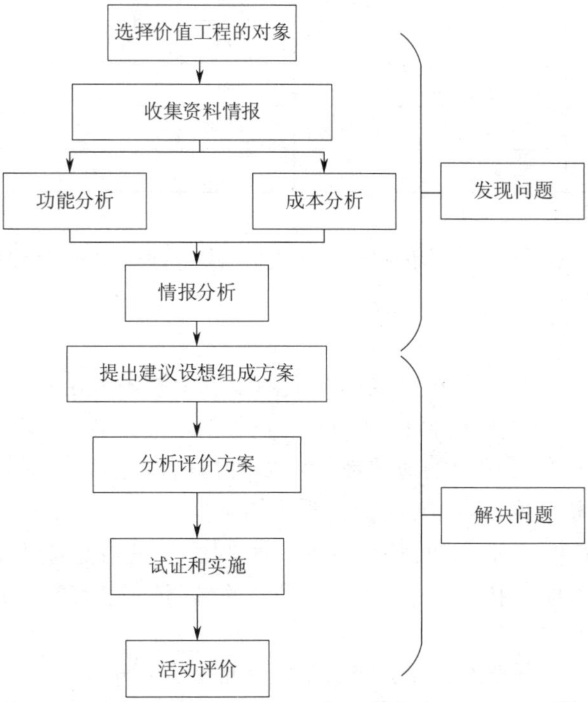

图 8-4 价值工程的实施步骤

8.4.1 选择价值工程的对象

价值工程实施的首要任务是确立其对象。价值工程的对象涵盖了生产中的问题,既包括产品本身,也包括生产过程中的工作流程。正确选择价值工程的对象至关重要,它直接影响着价值工程活动的成效和结果。选择价值工程对象的常用方法有经验分析法、百分比分析法、ABC 分析法和价值指数法。

1. 经验分析法

经验分析法又称因素分析法,是根据具有丰富实践经验的设计人员、施工人员、企业专业技术人员和管理人员对产品存在问题的直接感受,主观判断并确定价值工程对象的一种方法。经验分析法属于定性分析方法,其优点在于操作简便、考虑问题全面,是目前实践中较为普遍采用的方法；其缺点是缺乏定量分析，在分析人员经验不足时准确性可能会降低，但在初选阶段使用较为可行。

例 8-1 请 4 家用户对某机械产品的 6 项功能打分，如表 8-2 所示。试选择价值工程对象。

表 8-2 各项功能用户打分

用户	功能						总分
	效率	操作性	维修性	可靠性	外观	噪音	
甲	20	10	10	40	10	10	100
乙	35	10	10	20	5	20	100
丙	30	5	8	40	2	15	100
丁	25	10	5	50	0	10	100
平均得分	27.50	8.75	8.25	37.50	4.25	13.75	100
重要程度	2	4	5	1	6	3	—

解：分析表 8-2 中各项功能平均得分可知，用户认为该产品最重要的功能是可靠性和效率，因而选择这两项作为开展价值工程的对象。

2. 百分比分析法

百分比分析法通过分析各个产品的两个或两个以上技术经济指标所占有的百分比来发现问题，进而选择价值工程研究对象。百分比分析法的优点在于当企业在一定时期需要提高某些技术经济指标且需要选取的对象数量不多时，具有较强的针对性和有效性。然而，百分比分析法不够系统和全面，可以与经验分析法结合使用。

例 8-2 某厂有 6 种产品，它们各自的成本和利润及其占总成本和总利润的百分比如表 8-3 所示。该厂现需提高利润水平，试确定可能的价值工程对象。

表 8-3 某厂产品成本和利润及其百分比

产品	成本/万元	成本百分比	利润/万元	利润百分比	利润百分比/成本百分比	排序
A	85	60.7%	28	60.9%	1	5
B	10	7.1%	4	8.7%	1.22	3
C	5	3.6%	2	4.3%	1.22	3
D	25	17.9%	3	6.5%	0.37	6
E	8	5.7%	5	10.9%	1.90	1
F	7	5.0%	4	8.7%	1.74	2
合计	140	100.0%	46	100.0%	—	—

解：通常情况下，某项产品的盈利能力应与其所耗成本相匹配。根据经济学原理，企业

在每个产品或服务上的边际成本应大致相等,都应接近企业的总边际成本,这是最佳资源配置的基础。从表 8-3 可以看出,产品 D 的成本占总成本的 17.9%,而其利润仅占总利润的 6.5%。显然,产品 D 应成为价值工程的主要关注对象。

3. ABC 分析法

ABC 分析法,也称帕雷托分析法或主次因素分析法,是基于二八法则的延伸。该方法根据研究对象对某项目技术经济指标的影响程度和研究对象数量的比例大小两个因素,把所有研究对象划分成主次有别的 A、B、C 三类。通过这种划分,可明确"关键的少数"和"一般的多数",准确地选择价值工程对象。(如图 8-5 以及表 8-4 所示)。

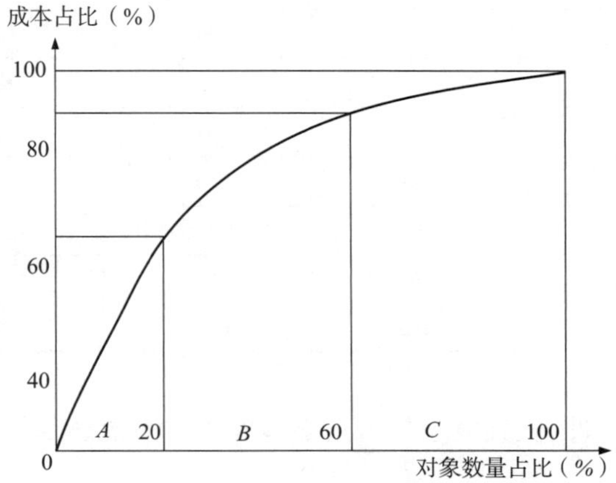

图 8-5　ABC 分析曲线

表 8-4　A、B、C 类别划分参考值

	对象数占对象总数	成本约占整个产品成本	判断原则
A 类	20%左右	70%左右	A 类对象是关键少数,可作为价值工程的对象;C 类对象是次要多数,可不加分析;B 类则视情况予以选择
B 类	40%左右	20%左右	
C 类	40%左右	10%左右	

ABC 分析法能抓住重点,以便略去"一般的多数",抓住"关键的少数",当产品的零部件种类繁多时,常采用这种方法进行价值工程对象的选择。

一般来说,采用 ABC 分析方法选择价值工程对象包括以下步骤:

1)按照零部件的成本大小进行排列;

2)计算排列后的零部件数量的累积百分比;

3)根据零部件的累积成本计算总成本的累积百分比;

4)根据 ABC 分析法将所有零部件分为 A、B、C 三类;

5)绘制 ABC 分析曲线,并优先选择 A 类作为价值工程的对象,其次选择 B 类。

优点: ABC 分析法将成本比重大的零部件或工序作为研究对象,有利于集中精力重点突破,取得较大效果,同时简便易行,因此广泛被采用。

缺点:在实际工作中,有时由于成本分配不合理,造成成本比重不大但用户认为功能重要的对象可能被漏选或者排序推后，这种情况应列为价值工程研究对象的重点。ABC 分析法的这一缺点可以通过经验分析法、强制确定法等方法来补充修正。关于强制确定法的相关内容将在本章 8.4.2 节中的“功能评价”部分进行介绍。

例 8-3　某产品由 7 种零件组成，每种零件的数量与成本见表 8-5。试选择价值工程对象。

表 8-5　各种零件数量与成本

零件序号	件数	占总零件数(%)	成本(元)	占总成本(%)	分类
01	1	2	1 200	64.5	A 类
02	1	2	280	15.1	A 类
03	1	2	120	6.5	B 类
04	2	4	180	9.7	B 类
05	5	10	60	3.2	C 类
06	16	32	8	0.4	C 类
07	24	48	12	0.6	C 类
合计	50	100	1 860	100	

解： A 类零件只有 2 件，但其成本却占全部零件成本的 79.6%。故选择 01 和 02 号零件作为价值工程对象。

4. 价值系数法

价值系数法是指根据式(8-1)，在已知产品成本的情况下，通过定量化产品功能，可以计算出产品的价值。在应用该方法选择价值工程对象时，需要综合考虑价值指数偏离 1 的程度以及改进幅度，优先选择价值指数小于 1 且改进幅度较大的产品或零部件。

对于产品功能单一且可量化、产品性能和生产特点可比的系列产品或零部件，可以使用价值系数法选择价值工程的研究对象。

8.4.2　功能分析

在确定了价值工程的对象产品之后，就要对该产品进行功能分析。功能分析是价值工程的核心。功能分析涵盖了功能定义、功能分类、功能整理和功能评价四个关键部分。通过功能分析，可发现哪些功能是必要的或过剩的。在改进方案中，去掉不必要的功能，减少过剩的功能，补充不足的功能，使产品功能结构更加合理。

1. 功能定义

功能定义是用简单准确的语言描述产品及其零部件的各种功能。例如，洗衣机的功能定义为洗净衣物，洗衣机外罩的功能定义为支撑内筒、防锈并增加美观。通过功能定义，加深对产品和零部件功能的理解，为以后设想功能代用方案提供依据。

2. 功能分类

功能是产品满足特定需求的特性之一。根据不同的标准，功能可以分为不同的种类。

(1)依据功能的重要程度可分为基本功能和辅助功能

基本功能是与产品的主要目标直接相关，是用户对产品所要求的功能，是产品存在的基本条件。例如，汽车的基本功能之一是运输人和物，尽管现代汽车具备众多其他功能，但运输功能仍然是其核心。基本功能是设计者无法改变并且必须得到保证的。

辅助功能是为了更有效地实现基本功能而存在的功能。虽然辅助功能相对次要一些，但它们是实现基本功能的关键手段。例如，洗衣机的定时功能是为了保证其清洗效果而添加的辅助功能。辅助功能是可以调整的，但必须确保基本功能的实现。因此，在进行价值工程活动时，改进辅助功能是一个重要的课题，也是降低成本的一个重要途径。

（2）依据用户需求的角度可分为必要功能和不必要功能

必要功能是为了满足用户需求而必须具备的功能，包括基本功能和辅助功能。基本功能是产品的核心，无疑都是必要的。辅助功能则是为了更好地实现基本功能而存在的。例如，烤箱的必要功能包括加热和烘烤，而温度控制功能也是用户考虑的重要因素。不必要功能是指不符合用户要求的功能，包括多余功能、重复功能和过剩功能。这些功能虽然可能被设计者认为对用户有益，但实际上并不被用户所需要，甚至可能会给用户带来困扰或增加成本。

（3）依据功能的性质可分为使用功能和美观功能

使用功能是指直接与技术经济用途相关的功能，体现了产品的实际用途或使用价值。使用功能通过基本功能或辅助功能实现，例如电扇的送风功能就是其使用功能之一。

美观功能是与用户的审美感受相关的功能。在满足使用功能的前提下，通过提高产品的外观或设计来吸引用户。区分使用功能与美观功能的过程往往可以发现不必要功能。

（4）依据功能的满足程度可分为不足功能和过剩功能

不足功能是指尚未满足用户需求的必要功能。可能是产品整体功能数量不足或某些部件功能不足所导致的。例如，冰箱的冷冻能力不足或吸尘器的吸力不够。

过剩功能是指功能数量超过了用户需求。虽然从功能角度看并未造成问题，但增加了不必要的成本，降低了产品的竞争力。例如，微波炉具有过多的预设菜单选项，而用户可能只使用其中的少部分。

3. 功能整理

功能整理就是应用系统思想方法将已经定义了的功能系统化，找出功能之间的逻辑关系，对功能进行分析归类，画出反映功能关系的功能系统图。

（1）功能之间的逻辑关系

1）上下位关系。上位功能又称为目的功能，下位功能又称为手段功能。A 功能是 B 功能的目的，B 功能是 A 功能的手段，如白炽灯的功能系统关系（图 8-6）。

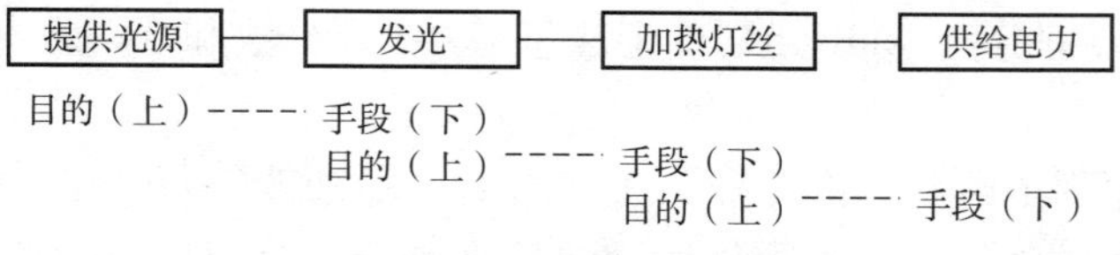

图 8-6　白炽灯的功能系统关系

2）同位关系。又称为并列关系，指同一上位功能下，有若干个并列的下位功能。例如，住宅的最基本功能是居住，为实现该功能，住宅必须具有遮风避雨、御寒防暑、采光、通风、隔声、防潮等功能，这些功能是并列关系，都是实现居住功能的手段，因而居住是上位功能，其余若干个并列功能是居住的下位功能。

（2）功能整理的目的

功能整理的目的在于掌握必要功能，认定功能定义的正确性，划分功能领域，判明不必要功能，并为功能价值的定量评价、发现和消除不必要功能做好准备。

（3）功能整理的主要方法

功能整理的主要方法是"功能分析系统技术"，其工作步骤如下。

1）确定产品的基本功能和辅助功能。

2）阐明各功能之间的内在联系。产品的各功能相互配合、相互联系，为实现整体功能发挥各自的作用。因此，需明确各功能之间的并列或上下位关系。

3）绘制功能系统图。根据上述原则，按照并列或上下位的关系，有序排列各功能，形成功能系统图（图 8-7）。

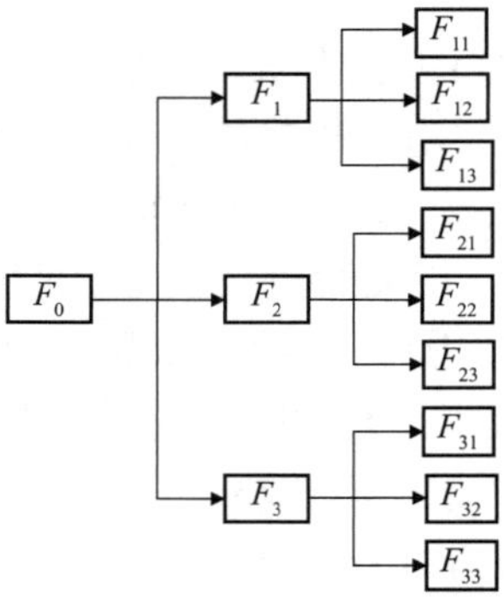

图 8-7　功能系统图

功能系统图清晰地展现了各功能在整体功能中的作用和地位，使各功能之间的关系系统化。价值工程的原则之一是"目的至上，手段多样"。结合功能系统图，可从上位功能出发，广泛探索实现各功能的途径，发现不必要功能，提升产品价值。

4. 功能评价

功能评价是根据功能系统图，在同一级的各功能之间，计算并比较各功能价值的大小，从而寻找功能与成本在量上不匹配的具体改进目标以及大致取得经济效果的过程。确定功能价值的大小就是确定功能重要度系数。功能重要度系数，或称为功能评价系数、功能系数，是从用户的需求角度确定产品或零部件中各功能重要性之间的比例关系。这里主要介绍强制确定法和直接评分法，其中强制确定法包括 0-1 评分法和 0-4 评分法。

（1）0-1 评分法

组织 5~15 名深刻了解产品的专业人士各自对产品功能进行评价。在评估功能重要性时，可以通过比较完成该功能所需零件的重要性来进行。对于重要的功能，给予 1 分；对于不重要的功能，则给予 0 分。根据该方法，0-1 评分法的总分为 $n+n(n+1)/2$，其中 n 为零件数量。

例 8-4 若产品中选出 5 种成本较高但有改进可能的零件列成表，组织在设计、工艺、销售等方面有经验的人员进行打分。打分时，两两对比，功能重要的得 1 分，另一个则得 0 分，见表 8-6。试确定其功能评价系数。

解：一名评价人员参与评定的功能重要度系数表如 8-6 所示，其中 D 零件功能得分为 0，因此对功能得分修正，各个零件功能得分均+1，以便得出各个零件的功能重要度系数。

表 8-6 "0-1"法功能重要度系数表

零件名称	一对一比较结果					得分	修正得分	功能重要度系数
	A	B	C	D	E			
A	×	1	0	1	1	3	3+1	0.27
B	0	×	0	1	1	2	2+1	0.20
C	1	1	×	1	1	4	4+1	0.33
D	0	0	0	×	0	0	0+1	0.07
E	0	0	0	1	×	1	1+1	0.13
合计	—	—	—	—	—	10	15	1.0

当有另外 10 名评价人员参与评定时，他们的功能重要度系数将被汇总，从而得到平均功能评价系数，详见表 8-7。

表 8-7 平均功能重要度系数表

功能	评价人员										平均功能重要度系数
	1	2	3	4	5	6	7	8	9	10	
A	0.27	0.30	0.20	0.20	0.27	0.27	0.10	0.20	0.27	0.20	0.23
B	0.20	0.20	0.20	0.20	0.27	0.20	0.20	0.20	0.20	0.20	0.21
C	0.33	0.30	0.40	0.33	0.27	0.33	0.40	0.27	0.33	0.40	0.34
D	0.07	0.10	0.10	0.07	0.06	0.07	0.10	0.07	0.13	0.10	0.09
E	0.13	0.10	0.10	0.20	0.13	0.13	0.20	0.27	0.07	0.10	0.13
合计	1.00	1.00	1.00	1.00	1.00	1.00	1.00	1.00	1.00	1.00	1.00

（2）"0-4"评分法

"0-4"评分法是对"0-1"评分法的改进，它更能反映功能之间的真实差别。采用"0-4"评分法对评价对象进行一一比较时，其评分规则如下：

1）对于非常重要的功能，给予 4 分；对于很不重要的功能，给予 0 分；

2）对于比较重要的功能，给予 3 分；对于不太重要的功能，给予 1 分；

3）对于两个功能重要程度相同的情况，各得 2 分；而自身对比则不计分。

按照"0-4"评分法，得分总和为 $2n(n-1)$，其中 n 为对比的零件数量。

例 8-5 若某产品有 5 个零件，则总分应为 40 分。若一评价人员采用"0-4"评分法确定功能重要度系数。试确定其功能评价系数。

解:功能评价系数如表 8-8 所示。

表 8-8 "0-4"评分法功能重要度系数表

零件名称	一对一比较结果					得分	功能重要度系数
	A	B	C	D	E		
A	×	3	1	4	4	12	0.300
B	1	×	3	1	4	9	0.225
C	3	1	×	3	0	7	0.175
D	0	3	1	×	3	7	0.175
E	0	0	4	1	×	5	0.125
合计	—	—	—	—	—	40	1.0

(3)直接评分法

直接评分法是组织 5~15 名了解对象的人员直接对其各零件的功能进行评分。在评价过程中,设定总分标准,每位评价者对各零件功能的评分总和必须等于总分。

例 8-6 某汽车零件生产厂生产出一种新型汽车零件,工厂找了 10 名评价人员对该零件的 5 项功能进行评价,总分标准设定为 10 分,形成如表 8-9 中的评分,计算各平均功能重要度系数。

解:其平均功能重要度系数如表 8-9 所示。

表 8-9 平均功能重要度系数表

零件功能	评价人员										各零件得分	平均功能重要度系数
	1	2	3	4	5	6	7	8	9	10		
A	3	3	2	2	3	3	1	2	3	2	24	0.24
B	2	2	2	2	3	2	2	2	2	2	21	0.21
C	4	3	4	4	3	4	4	3	4	4	37	0.37
D	0	1	1	0	0	0	1	0	1	1	5	0.05
E	1	1	1	2	1	1	2	3	0	1	13	0.13
合计	10	10	10	10	10	10	10	10	10	10	100	1.00

8.4.3 成本分析

成本分析是价值工程中的重要内容,它指的是产品在整个寿命周期中所需的成本。由于产品使用费用资料难以获取,因此在许多情况下,常用生产成本进行分析。成本是以货币形式计算的,为了方便功能与成本的比较,价值工程中通常采用统一单价进行量化。功能评价系数用于量化功能,而成本系数则用于量化成本。零件的成本系数是指某个零件的成本与所有零件总成本之比，计算公式为：

$$CI = \frac{C_p}{C_a} \tag{8-3}$$

式中，CI 为成本评价系数；C_p 为某零件成本；C_a 为所有零件总成本。

8.4.4 价值分析

价值分析是价值工程中进一步揭露矛盾的重要环节。计算每个零件（或功能）的价值系数，从而找到改进工作的重点与方向。其表达式为：

$$VI = \frac{FI}{CI} \tag{8-4}$$

式中，VI 为价值系数；FI 为功能系数，或称为功能评价系数或功能重要度系数；CI 为成本系数。

价值系数有三种情况。

1）VI=1，说明分配在该零件上的成本比较合理。

2）VI<1，说明分配在该零件上的成本比重偏高，应设法降低，特别是偏离较大的零件应作为改进工作的重点。

3）VI>1，有两种可能，一是用较低成本完成了足够的功能，这是好现象；二是功能不足，应适当提高成本，促使功能提高，也应作为改进工作的重点。

例 8-7 某机电产品中选出 5 种成本较高但有改进可能的零件，组织在设计、工艺、销售等方面有经验的人员进行打分。打分时，两两对比，功能重要的得 1 分，另一个则得 0 分，见表 8-10。现已知各零件成本见表 8-11 第 3 列。试确定功能评价系数、各零件的成本系数和价值系数，并确定改进对象。

表 8-10 零件功能得分表

零件名称	一对一比较结果					得分	功能重要度系数
	A	B	C	D	E		
A	×	1	0	1	1	3	0.3
B	0	×	0	1	1	2	0.2
C	1	1	×	1	1	4	0.4
D	0	0	0	×	0	0	0.0
E	0	0	0	1	×	1	0.1
合计	—	—	—	—	—	10	1.0

表 8-11 零件成本系数和价值系数

零件	功能重要度系数	成本（元）	成本系数	价值系数	按功能评价系数分配的目标成本（元）	成本应降低幅度（元）
A	0.3	120	0.286	1.05	126	—
B	0.2	150	0.357	0.56	84	66

续表

零件	功能重要度系数	成本(元)	成本系数	价值系数	按功能评价系数分配的目标成本(元)	成本应降低幅度(元)
C	0.4	108	0.257	1.56	168	—
D	0.0	2	0.005	0.00	0	2
E	0.1	40	0.095	1.05	42	—
合计	1.0	420	1.0	—	420	68

解:1)统计各零件得分数,计算总分数,列于表 8-10 第 7 列中。

2)计算出各零件的功能重要度系数列于表 8-10 第 8 列中。

零件两两对比判定功能的重要程度,有一定的主观因素。为了减少主观因素对功能评价的影响,可以组织几个人分别对零件打分,然后求各零件的平均得分数。在此基础上再求功能评价系数。

3)按式(8-3)计算成本系数,列于表 8-11 第 4 列。

4)按式(8-4)计算价值系数,列于表 8-11 第 5 列。

5)计算按功能评价系数分配的目标成本,列于表 8-11 第 6 列。目标成本等于功能评价系数与总成本之积。

6)计算成本应降低幅度,列于表 8-11 第 7 列。某零件成本应降低幅度等于现有成本减去目标成本(当现有成本小于目标成本时不做计算)。

由表 8-11 可见,零件 B 应是重点改进的对象。

8.5 方案的创造与评价

确定目标成本后,其实现与否取决于能否制定出切实可行的最佳方案。因此,制定改进和优化方案至关重要。通常情况下,当前方案总存在改善的空间。任何事物都难以做到完美无缺,因此改进是永无止境的。

8.5.1 方案创造的概念

方案创造是指从提高对象的功能价值出发,在正确的功能分析和评价的基础上,针对应改进的具体目标,通过创造性的思维活动,提出能够实现必要功能的新方案。

8.5.2 方案创造的方法

为了提升产品性能并减少成本,必须探索和设计多种解决方案。这个过程,即方案创造的过程,是成功实现价值工程的核心。创造方案通常可选用下列方法。

1. 头脑风暴法

头脑风暴法通过组织 10 人左右的小组来进行讨论,讨论时间约为 1 小时。在讨论前,应提前告知议题,以确保与会者能充分准备。讨论过程中,鼓励所有专业人员自由发表意见,提出多样化的解决方案,数量多多益善。重要的是,无须对他人提出的方案进行评价,可在他人想法的基础上进行扩展和改进，通过营造一个开放、平等、和谐的讨论氛围，从而激发出高质量的创意。

2. 哥顿法

哥顿法由美国学者哥顿在 1964 年提出，与头脑风暴法的主要区别在于，参与者在讨论前并不知晓议题的具体内容，且允许其相互之间进行评论。讨论初期，参与者应避免深入讨论具体细节，以免限制思维。只有在讨论达到一定深度后，才会明确提出中心议题，以便进行更深入的探讨，这通常意味着会议时间较长。

3. 德尔菲法

与前述两种方法显著不同的是，德尔菲法不采用面对面的会议形式，而是将初步构思的方案以书面形式发送给相关领域的专家，征求他们的意见。随后，将收集到的意见进行汇总和分析，再将结果反馈给参与者，以获取更深入的建议。这个过程可能会重复多次，通过反复的交流和反馈，逐步将问题细化，最终形成成熟的解决方案。

无论采用哪种方法创新策略，其根本目标都是激发参与者的积极性，利用他们的专业知识和经验，激发创造力，提出多种可能的解决方案。这样做不仅能够促进集体智慧的发挥，而且为后续的方案评估和选择提供了丰富的备选方案。

8.5.3 方案评价

方案评价的核心在于从备选方案中精选出最佳方案，通常分为概略评价和详细评价两部分。概略评价旨在对多种设想方案进行初步评估，从中挑选出具有较高价值的方案，并形成一个简短的名单，以减少详细评价的工作量。详细评价则对选定的方案进行深入的调查和信息收集，进行全面的技术经济论证，最终确定要实施的最佳方案。

方案的评价涵盖技术、经济、社会和综合四个方面。方案评价的内容详见图 8-8。技术评价主要关注方案的技术实现能力和先进性，确保其能够满足相应的功能需求；经济评价则侧重于方案在经济上的合理性，包括成本影响、利润贡献等方面；社会评价考虑方案对社会、文化、健康等方面的影响；而综合评价在前三者的基础上进行综合权衡，以便做出全面的决策，综合评价的方法有优缺点列举法、评分法、加权评分法、线性规划法和层次分析法等。

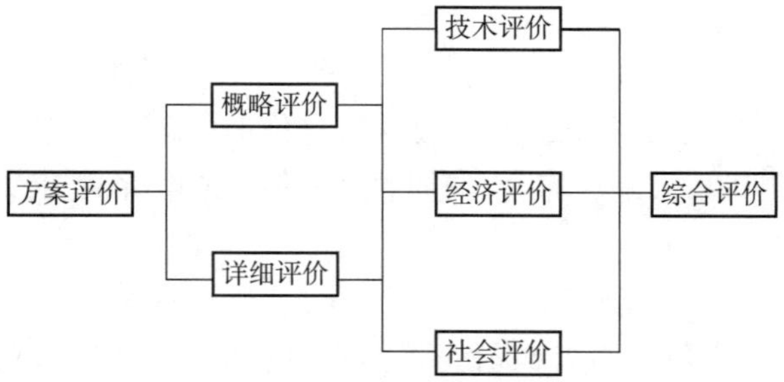

图 8-8 方案评价内容

8.6 本章小结

通过本章的学习，读者可以了解价值和价值工程的含义；了解价值工程的提升途径；掌握价值工程的实施步骤；了解改进方案的制订与评价。

“问渠那得清如许，为有源头活水来”这句出自宋代朱熹的《观书有感》的诗句，常被用来比喻思想和知识的更新。在工程经济学的领域，同样需要这样的“活水”——一种不断更新和深化的价值观，以适应时代的发展和挑战。

当前，我国正站在新的历史起点上，面对生态文明建设、科技创新等国家大事，全社会都在积极推动社会主义核心价值观的实践。这些宏伟目标的实现，不仅需要技术和经济的支撑，更需要对价值观进行深刻的认知与重构。通过价值工程公式“$V=F/C$”，深入理解价值的本质。

练习题

1. 单项选择题（在备选答案中选择 1 个正确的选项）

1）价值工程的核心是（　　）。

A. 功能分析　　B. 成本分析

C. 价值分析　　D. 寿命周期成本分析

2）价值工程中价值 V、研究对象的功能 F、寿命周期成本 C，下列等式正确的是（　　）。

A. $V=C/F$　　B. $V=F/C$　　C. $V=F+C$　　D. $V=F-C$

3）价值工程中总成本是指（　　）。

A. 生产成本　　B. 产品寿命周期成本

C. 使用成本　　D. 使用和维修费用成本

4）在价值工程活动中，首先将产品各种部件成本由高到低排列，然后绘制成本累积分配图，最后将成本累积占总成本 70%左右的部件作为价值工程主要研究对象的方法称为（　　）。

A. 经验分析法　　B. 价值指数法　　C. ABC 分析法　　D. 百分比分析法

5）在价值工程的方案创造阶段，为了激发出有价值的创新方案，会议主持人在开始时并不公开所要解决的问题，只是对与会者进行抽象笼统的介绍，要求大家提出各种设想，这种方案创造方法称为（　　）。

A. 德尔菲法　　B. 哥顿法　　C. 头脑风暴法　　D. 强制确定法

6）某公司为了站稳市场，对占市场份额比较大的四种产品进行功能价值分析，得到相应的价值系数分别是：$V_{甲}=0.5$，$V_{乙}=0.8$，$V_{丙}=1.1$，$V_{丁}=1.5$，该公司应重点研究改进的产品是（　　）。

A. 产品甲　　B. 产品乙　　C. 产品丙　　D. 产品丁

2. 多项选择题(在备选答案中选择 2 个或 2 个以上正确的选项)

1)依据功能的重要性程度可分为(　　)。

A. 基础功能　B. 辅助功能　C. 必要功能　D. 非必要功能

2)功能提高的途径有(　　)。

A. 功能不变、降低成本　B. 功能提高、成本不变

C. 功能提高、成本降低　D. 功能大大提高、成本略有提高

3)计算功能价值,对成本功能的合理匹配程度进行分析,若零部件的价值 VK 小于 1,表明该零部件有可能(　　)。

A. 成本支出偏高　B. 成本支出偏低　C. 功能过剩　D. 功能不足

4)价值工程的功能定义包括(　　)。

A. 选择对象　B. 功能定义　C. 功能分析　D. 功能调整

E. 研究实验

5)价值工程中,功能定义的目的为(　　)。

A. 提高功能,降低成本　B. 明确对象产品的组成和承担的功能

C. 便于构思新方案　D. 便于功能评价

E. 便于构建产品的功能系统图

6)价值工程中,创造方案常用的方法包括(　　)等。

A. 头脑风暴法　B. 歌顿法　C. 德尔菲法　D. 优缺点列举法

E. 数理统计分析法

3. 判断题

1)价值工程的目标表现为产品价值的提高。(　　)

2)价值工程中,确定产品价值高的标准是成本高,功能大。(　　)

3)运用价值工程优选设计方案,分析计算结果为:方案一的单方造价为 1 500 元,价值系数为 1.13;方案二的单方造价为 1 550 元,价值系数为 1.25;方案三的单方造价为 1 300 元,价值系数为 0.89;方案四的单方造价分为 1 320 元,价值系数为 1.08。则最佳方案为方案二。(　　)

4)价值工程所谓的"功能"实际上就是使用价值的产出量。(　　)

5)在价值工程活动中,通过分析求得某评价对象的价值系数 V 后,对该评价对象可以采取 $V>1$ 时,降低成本或者剔除不必要功能的策略。(　　)

6)原计划用煤渣打一地坪,造价 50 万元以上,后经分析用工程废料代替煤渣,既保持了原有的坚实功能,又能节省投资 20 万元,根据价值工程原理提高价值的途径是功能提高,成本不变。(　　)

4. 填空题

1)价值工程涉及(　　　)、功能和寿命周期成本等三个基本要素。

2)依据功能的性质可分为使用功能和(　　　)。

3)依据用户需求的角度功能可分为(　　　)和非必要功能。

4)价值工程的起源可以追溯到 1947 年的(　　　)。

5)价值工程中所说的(　　　)是一种"评价事物有益程度的尺度"。

6）价值工程所阐述的“功能”内涵，实际上等同于(　　　　　　)的内涵。

5. 简答题

1）价值工程的定义是什么?

2）选择价值工程对象的常用方法有哪些?

3）价值工程的实施步骤有哪些?

4）方案创造的方法有哪些?

5）依据功能的重要性程度、用户需求的角度、功能的性质和功能的满足程度四个角度可将功能如何分类?

6）有哪些途径可以提升价值工程?

6. 计算题

1）某产品各个零部件采用 0-1 评分法评分得到的功能重要度程度如表 8-A 所示，在修正各个功能累计得分的前提下，计算各个零部件的功能重要度系数。

表 8-A　“0-1”评分结果

零部件	A	B	C	D	E
A	×	1	0	1	1
B	0	×	0	1	1
C	1	1	×	1	1
D	0	0	0	×	0
E	0	0	0	1	×

2）某产品各个零部件功能重要程度采用 0-4 评分法的结果如表 8-B 所示，请填表并计算各个零部件的功能重要度系数。

表 8-B　0-4 评分结果

零部件	A	B	C	D	E
A		3	2	4	3
B	1		0	1	4
C	2	4		3	0
D	0	3	1		3
E	1	0	4	1	

3）某工程师针对设计院关于某商住楼提出的 A、B、C 三个方案，进行技术经济分析和专家调整后得出如表 8-C 所示数据。

表 8-C　评分结果

方案功能	方案功能得分			方案功能重要程度
	A	B	C	
F_1	9	9	8	0.25
F_2	8	10	10	0.35
F_3	10	7	9	0.25
F_4	9	10	9	0.10
F_5	8	8	6	0.05
单方造价	1 325	1 118	1 226	—

问题：计算方案成本系数、功能系数和价值系数，并确定最优方案。

4）某开发公司在某公寓建设工作中采用价值工程的方法对其施工方案进行了分析。现有三个方案，经有关专家的分析论证得到如表 8-D 所示的信息（计算结果四舍五入，小数点后保留三位小数）。

表 8-D　专家评价信息

方案功能	重要性系数	得分		
		A	B	C
F_1	0.227	9	10	9
F_2	0.295	10	10	8
F_3	0.159	9	9	10
F_4	0.205	8	8	8
F_5	0.114	9	7	9
单方造价（元/m^2）		1 420	1 230	1 150

扫码获取答案

第 9 章 设备更新的经济分析

学习要点及目标

1. 学习要点：掌握设备更新的方案与评价方法；学会固定资产（设备）折旧计算方法。

2. 思政元素：国有资产保值；工匠精神；厉行节约；低碳节约的环保意识。

3. 案例引入：推动大规模设备更新和消费品以旧换新行动方案。

4. 思政目标：在减排低碳背景下，引导学生充分理解设备维护和保养的重要性；引导学生在工作生活中既要厉行勤俭节约的精神，又要紧跟时代发展，创新技术，增强时代使命感；在讲授“设备的磨损和更新”知识点时，引导学生树立国有资产保值的理念，要杜绝国有资产流失。

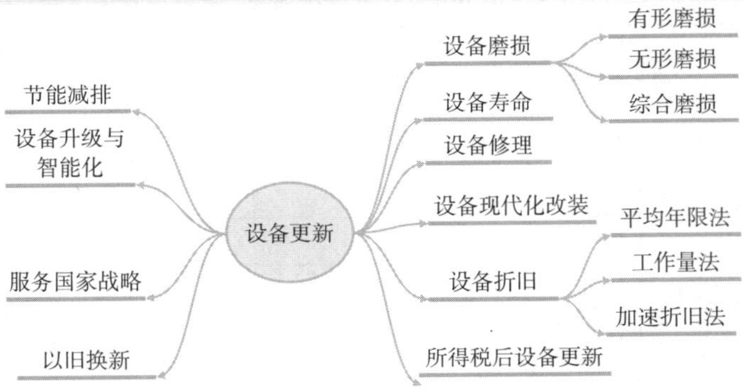

图 9-1　设备更新思维导图

9.1　引例——汽车以旧换新

2024 年 2 月 23 日，习近平总书记主持召开中央财经委员会第四次会议，研究大规模设备更新问题和有效降低全社会物流成本问题。会议强调，实行大规模设备更新，将有力促进投资和消费，既利当前、更利长远。要打好政策组合拳，推动先进产能比重持续提升，废旧资源得到循环利用，国民经济循环质量和水平大幅提高。

2024 年 4 月 26 日，商务部、财政部等 7 部门联合发布《汽车以旧换新补贴实施细则》（以下简称《实施细则》），落实《国务院关于印发〈推动大规模设备更新和消费品以旧换新行动方案〉的通知》（国发〔2024〕7 号）精神，按照《商务部等 14 部门关于印发〈推动消费品以旧换新行动方案〉的通知》（商消费发〔2024〕58 号）要求，更好实施汽车以旧换新补贴政策。

开展汽车以旧换新，有利于激发消费潜能，有效扩大国内需求，也有利于推动汽车产业绿色低碳发展和转型升级，提升我国汽车产业整体竞争力和可持续发展能力。汽车产业市场规模大、带动效应强，增换购已成为近年来汽车市场发展的重要驱动力，增换购规模已经达到了 600 万~700 万辆，增换购率在 30%左右。目前，仍有大量老旧车辆使用年限较长，能耗排放较高，换新升级潜力巨大。此次汽车以旧换新政策包括报废更新和置换更新两类。在两个或两个以上方案可供选择的情况下，需要对以旧换新的汽车进行经济分析和评价，旧车的作价怎么处理？怎么做最划算？不只是汽车，大型设备更新及其他消费品以旧换新也同样需要进行经济分析，本章将系统介绍设备更新的经济分析的相关内容。

9.2 设备更新的概述

9.2.1 设备更新的概念

设备更新是指用新的、效率更高的、经济更合理的设备，去更换技术上陈旧、落后或经济上不宜继续使用的设备的活动，是保证社会再生产正常进行的必要条件。设备在什么时间不能再有效使用、应该怎么更新和何时更新等，是工程经济学要解决的重要问题。通常设备无法再有效使用主要是由磨损引起的。

9.2.2 设备磨损的分类

设备在使用或闲置过程中，由于物理、化学作用或技术进步等因素的影响，遭受的损耗，称为设备磨损，可分为有形磨损、无形磨损和综合磨损三种形式。

1. 有形磨损

设备的有形磨损是指设备在使用或闲置过程中，其实体发生损坏，分为两类。

1）第一类有形磨损（物理磨损）。在外力作用下，设备产生的摩擦磨损、机械磨损、变形和热损伤等被称为第一类有形磨损。这类有形磨损会使设备加工精度降低，产品质量下降，劳动生产率降低，达到一定程度时会导致设备故障频发、废品增加、运行成本剧增，甚至引发设备系统崩溃，丧失使用价值。第一类有形磨损中的有些磨损是可以通过替换零部件消除的，称为可消除的有形磨损；而有些是没有可替换配件、无法修理的，称为不可消除的有形磨损。

2）第二类有形磨损（化学磨损）。设备因自然力产生的生锈、腐蚀和老化等磨损被称为第二类有形磨损。这种磨损与生产过程的使用程度无关，甚至在一定程度上还同使用程度成反比。“流水不腐，户枢不蠹”说的就是这个道理。

2. 无形磨损

设备的无形磨损不是由生产过程中使用或自然力的作用造成的，是指由于社会经济环境变化造成的设备价值贬值，是技术进步的结果。无形磨损又有两类形式。

1）第一类无形磨损（设备绝对价值的降低）。此类磨损是指设备的技术结构和性能并没有变化，但由于技术进步，设备制造工艺不断改进，社会劳动生产率水平不断提高，同类设备的再生产价值不断降低，因而设备的市场价格也不断降低，致使原设备相对贬值。这种无形磨损的后果只是现有设备原始价值部分贬值，设备本身的技术特性和功能即使用价值并未发生变化，不会影响现有设备的使用。因此，不产生提前更换现有设备的问题。

2）第二种无形磨损（设备相对价值的降低）。此类磨损是由于科学技术的进步，不断创新出结构更先进、性能更完善、效率更高、耗费原材料和能源更少的新型设备，使原有设备相对陈旧落后，经济效益相对降低而发生贬值。其后果不仅是使原有设备价值降低，而且由于技术上更先进的新设备的发明和应用会使原有设备的使用价值局部或全部丧失，这就产生了是否用新设备代替现有陈旧落后设备的问题。

3. 综合磨损

设备的综合磨损是指同时存在有形磨损和无形磨损的综合情况。对任何特定的设备来说，这两种磨损必然同时发生并互相影响。

某些方面的技术要求可能加快设备有形磨损的速度，例如高强度、高速度、大负荷技术的发展，必然使设备的物理磨损加剧。同时，某些方面的技术进步又可提供耐热、耐磨、耐腐蚀、耐振动、耐冲击的新材料，使设备的有形磨损减缓，但是其无形磨损加快。

在考虑设备更新时，需要同时考虑有形磨损和无形磨损，因为它们共同决定了设备的综合磨损程度和价值。有形磨损影响设备的物理性能和维修需求，而无形磨损则涉及技术进步导致的设备相对价值下降。只有全面评估这两种磨损，企业才能做出经济合理的设备更新决策。

9.2.3 设备磨损的补偿方式

设备受到磨损需要补偿，补偿方式因设备磨损的形式而异，一般有大修理、现代化改装和更新。可消除的有形磨损，可通过修理进行补偿；不可消除的有形磨损，可通过更新进行补偿；设备的无形磨损的补偿可以是现代化改装或更新。设备大修理和现代化改装属于局部补偿；设备更新属于完全补偿。

一般分为三种情况。

1）当 $K > R$ 时，说明设备在经过维修后继续使用比重置新设备合算，设备还有价值。

2）当 $K = R$ 时，说明设备在经过维修后继续使用与重置新设备所付出的代价一样。此时，可以继续使用旧设备，亦可重置新设备。

3）当 $K < R$ 时，说明设备的维修费用比重置新设备的费用高，显然此时设备已没有维修的必要，应重置新设备。

式中，K 为等效设备的再生产价值；R 为设备的修理费用。

磨损形式及其补偿方式间的相互关系如图 9-2 所示。

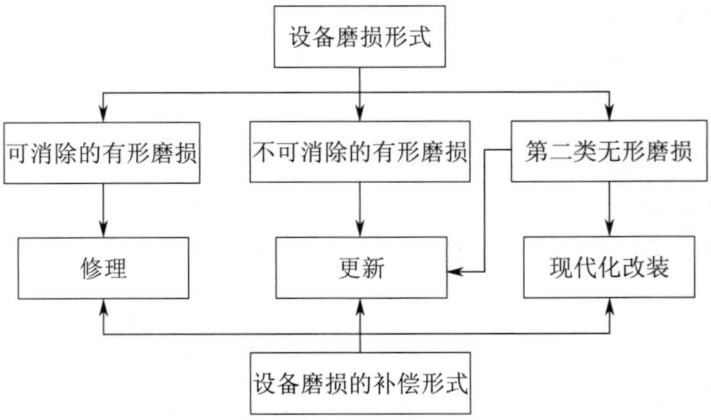

图 9-2 设备磨损的形式与补偿方式的关系

9.3 设备的寿命

设备更新是消除设备有形磨损和无形磨损的一种重要手段，更新时应该对设备的物理寿命、技术寿命和经济寿命进行技术经济分析，以此来确定最佳的更新周期。

9.3.1 设备寿命的种类

设备寿命从不同角度可划分为折旧寿命、物理寿命、技术寿命和经济寿命，分别介绍如下。

1）折旧寿命。设备的折旧寿命是指按现行会计制度规定的折旧方法和原则，将设备的原值通过折旧的形式转入产品成本，直到提取的折旧费与设备的原值相等的全部时间。它与提取折旧的方法有关。

2）物理寿命。设备的物理寿命是指设备从全新状态开始使用，一直到不再具有正常功能而报废的全部时间。它与维修保养的好坏密切相关。

3）技术寿命。设备的技术寿命是指一台设备能在市场上维持其自身价值而不显陈旧落后的全部时间。它与技术进步引起的无形磨损密切相关。设备的技术寿命亦指在一种会使原设备由于技术性无形磨损而报废的新设备出现之前的这一段时间。

4）经济寿命。设备的经济寿命是指从经济角度看设备最合理的使用期限，它是由有形磨损和无形磨损共同决定的。具体来说是指使投入使用的设备等额年总成本（包括设备初始的购置成本、每年的运行成本和维护成本）最低或等额年净收益最高的使用期限。

9.3.2 设备经济寿命的确定

1. 静态计算方法（运行成本低劣化值法）

假设设备经过使用后具有一定的残值，并以 K_0 代表设备的原值，C_1 代表设备运行成本的初始值（即第一年的运行成本），L_T 代表设备的残值，T 代表已使用的年数，则每一年的设备分摊费用为 $\frac{K_0-L_T}{T}$，显然与设备的使用年限有关。随着使用年数 T 的增加，$\frac{K_0-L_T}{T}$ 减少；但是设备使用的时间越长，设备的综合磨损越大，设备的维护费及燃料、动力消耗增加，而设备性能不断下降，这就叫作设备低劣化。

1）若低劣化值各年相同（假设第一年设备低劣化值为 0）。低劣化每年以 λ 数值线性增加到第 T 年的低劣化数值为 $\lambda(T-1)$，它随着使用年数的增加呈现等差数列，而经过 T 年使用后，年平均低劣化数值为 $\lambda\frac{(T-1)}{2}$。因此，使用设备的年平均总费用 C_Z 为：

$$C_Z=C_1+\frac{\lambda(T-1)}{2}+\frac{K_0-L_T}{T} \tag{9-1}$$

其变化规律呈马鞍形，如图 9-3 所示。

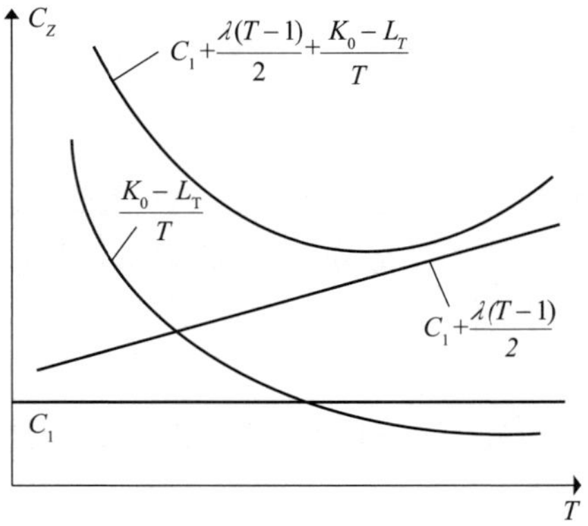

图 9-3　使用设备的年平均总费用曲线图

求 C_Z 的导数，令 $\frac{d(C_Z)}{d(T)}=0$，则可求出所耗费用最小的设备经济寿命 T_E，即：

$$T_E=\sqrt{\frac{2(K_0-L_T)}{\lambda}} \tag{9-2}$$

例 9-1　某机器设备原始成本为 100 000 元，报废时残余价值估计为 6 000 元。该设备运转费用每年比前一年增加 650 元，试用低劣化值法，求此设备的经济寿命和设备在最佳使用年限中的年均设备总费用。

解：T 年年平均设备费为：$\frac{K_0-L_T}{T}=\frac{100\,000-6\,000}{T}=\frac{94\,000}{T}$。

因为运转费用每年增加 650 元，即 $\lambda=650$（元）。

所以，T 年年平均劣化值为：$\frac{\lambda(T-1)}{2}=\frac{650\times(T-1)}{2}$。

根据经济寿命公式，$T_E=\sqrt{\frac{2(K_0-L_T)}{\lambda}}=\sqrt{\frac{2\times(100\,000-6\,000)}{650}}=17.01$（年）。

年平均设备总费用 $C_Z=\frac{K_0-L_T}{T}+\frac{\lambda(T-1)}{2}=\frac{94\,000}{T}+\frac{650\times(T-1)}{2}=\frac{94\,000}{17}+\frac{650\times(17-1)}{2}$ $=10\,729.41$（元）。

2）若低劣化值各年不同。当设备每年的使用费用逐年增加但不呈规律变化，且每年的残值也不相等时，使用设备的年平均总费用为：

$$C_Z=\frac{K_0-L_T}{T}+\frac{\sum_{T=1}^{n}Q_T}{T}+C_1 \tag{9-3}$$

式中，T 为设备的使用年份；Q_T 为设备第 T 年的使用费用；K_0 为设备原值；L_T 为设备残值；C_1 为设备运行成本的初始值；C_Z 为设备的年平均费用；当 C_Z 最小时对应的年份就是设备的经济寿命。由于 T 是一个变数，因此只能用列表法计算。

例 9-2　有一台推土机，每年的使用费用和残值估计见表 9-1，其自然寿命为 7 年，原始价值为 60 000 元。若不考虑利息，采用静态方法计算推土机的经济寿命。

表 9-1　推土机每年的使用费用和残值 1　　单位:元

年份	1	2	3	4	5	6	7
年使用费用	10 000	12 000	14 000	18 000	23 000	28 000	34 000
年末残值	30 000	15 000	7 500	3 750	2 000	2 000	2 000

解: 计算过程见表 9-2 所示。

表 9-2　计算过程及结果 1　　单位:元

年份	L_T	Q_T	$\frac{K_0-L_T}{T}$	$\sum_{T=1}^{n}Q_T$	$\frac{\sum_{T=1}^{n}Q_T}{T}$	C_z
1	30 000	10 000	30 000	10 000	10 000	40 000
2	15 000	12 000	22 500	22 000	11 000	33 500
3	7 500	14 000	17 500	36 000	12 000	29 500
4	3 750	18 000	14 063	54 000	13 500	27 563
5	2 000	23 000	11 600	77 000	15 400	27 000
6	2 000	28 000	9 667	105 000	17 500	27 167
7	2 000	34 000	8 286	139 000	19 857	28 143

从表 9-2 的计算结果可见,第 5 年时推土机的年平均费用最低,因此采用静态方法计算得出该推土机的经济寿命为 5 年。

2. 动态计算方法(最小年平均总费用法)

对于一般机械设备来说,实际上要求计算设备的长远使用费用,因此必须考虑资金的时间价值。当设备的年平均费用最低时,所对应的时间即为设备的经济寿命。设备的年平均费用公式为:

$$设备的年平均费用=设备的年折旧费+年维持费用 \tag{9-4}$$

设备的年平均费用具体表示为:

$$AC_t=\left[K_0-L_t\left(\frac{P}{F},i,t\right)+\sum_{t=1}^{n}Q_t\left(\frac{P}{F},i,t\right)\right]\left(\frac{A}{P},i,t\right) \tag{9-5}$$

式中,AC_t 为动态年总费用;K_0 为设备原值;L_t 为使用 t 年后的设备残值;Q_t 为第 t 年设备的使用费用;i 为基准折现率(或年利率);t 为设备使用时间,t=1,2,…,n。

例 9-3　有一台推土机,每年的使用费用和残值估计见表 9-3,原始价值为 60 000 元。若不考虑利息,年利率 i=10%,采用动态方法计算该推土机的经济寿命。

表 9-3　推土机每年的使用费用和残值 2　　单位:元

年份	1	2	3	4	5	6
年使用费用	12 000	14 000	18 000	23 000	28 000	34 000
年末残值	15 000	7 500	3 750	2 000	2 000	2 000

解:计算过程见表 9-4 所示。

表 9-4 计算过程及结果 2 单位:元

年份	Q_t	$\left(\frac{P}{F},i,t\right)$	$Q_t\left(\frac{P}{F},i,t\right)$	$\sum_{t=1}^{n}Q_t\left(\frac{P}{F},i,t\right)$	L_t	$L_t\left(\frac{P}{F},i,t\right)$	$\left(\frac{A}{P},i,t\right)$	AC_t
1	12 000	0.909 1	10 909	10 909	15 000	13 637	1.100 0	62 999
2	14 000	0.826 5	11 570	22 479	7 500	6 198	0.576 2	43 953
3	18 000	0.753 1	13 523	36 002	3 750	2 817	0.402 1	37 470
4	23 000	0.683 0	15 709	51 711	2 000	1 366	0.315 5	34 814
5	28 000	0.620 9	17 385	69 096	2 000	1 242	0.263 8	33 728
6	34 000	0.564 5	19 193	88 289	2 000	1 129	0.229 6	33 788

由表 9-4 可知,设备的年平均总费用在 1~5 年内是逐年递减的,到第 5 年达到最低点,随后呈上升趋势,因此采用动态方法计算设备的经济寿命是 5 年。

9.4 设备磨损补偿的经济分析

9.4.1 设备修理的经济分析

设备修理是指为保持设备在平均寿命期限内的完好使用状态而进行的局部更换或修复工作,目的是消除设备经常性的有形磨损和机器运行中发生的各种故障,以保证设备在其寿命期内保持必要的功能。

从经济上讲,设备修理包括小修理、中修理和大修理。由于大修理是规模最大、花钱最多的设备修理方式。因此,在选择补偿方式时,往往把设备大修理作为研究对象。设备大修理可以恢复设备的精度和生产效率,使设备基本上恢复原有的使用性能,从而延长设备的自然寿命。大修理能够利用被保留下来的零部件,一定程度上能够节约资金。但是,设备大修理的周期会随着设备使用时间的延长而越来越短,费用也会越来越高,从而经济性逐步降低,最终就需要对原有设备进行更新。因此,当设备使用一定年限后,就会涉及对原有设备进行更新还是大修理的决策问题。

对设备的第一次大修理,一般没有必要进行这种分析,因为首次大修理的费用比较小,一般相当于设备原值的 30%;企业一般也不会一遇到设备问题就直接将其淘汰。

设备大修理的经济界限是指大修理不再经济合理,而应该选择设备更新。这通常涉及比较大修理的费用与购置新设备的总费用。如果大修理的费用接近或超过购置新设备的费用,或者大修理后的设备性能无法满足生产需求,那么进行设备更新将更为经济合理。

例 9-4 某厂有一台设备已使用 5 年,拟进行大修理,预计费用为 5 000 元,大修理前残值为 3 000 元。大修理后每年生产 10 万件产品,年运行成本为 3 100 元。4 年后再次大修理,这时设备的残值为 2 000 元。同类型改进型新设备的价值为 20 000 元,预计使用 5 年后进行一次大修理,此时残值为 5 000 元,使用期间每年生产 12 万件产品,年运行成本为

2 500 元，基准收益率 $i_0=10\%$，问应该进行大修理还是更换新设备？

解：从客观立场上看，该设备第一次大修理后使用的代价为旧设备残值 3 000 元加上大修理费 5 000 元，合计 8 000 元，因此大修理后设备的初始费用取为 8 000 元，小于更换新设备的投资费用 20 000 元，因此满足大修理最低经济界限条件。

大修理情况下旧设备单位产品成本为：

$$AC_{oj}=\frac{\left[8\,000-2\,000\left(\frac{P}{F},10\%,4\right)\right]\times\left(\frac{A}{P},10\%,4\right)+3\,100}{10}=519.3（元/万件）$$

投资新设备单位产品成本为：

$$AC_n=\frac{\left[20\,000-5\,000\left(\frac{P}{F},10\%,5\right)\right]\times\left(\frac{A}{P},10\%,5\right)+2\,500}{12}=579.75（元/万件）$$

$AC_n>AC_{oj}$，所以应该进行大修理而不是更换新设备。

9.4.2 设备更新的经济分析

1. 设备更新形式

由于对设备更新的要求不同，在实际工作中可以采用不同的设备更新形式。

1）原型更新（或叫简单更新）。指设备已磨损到不能继续使用的程度时，以相同型号的新设备替换旧设备。这种更新可以保证原有产品质量，减轻修理工作量，但不具有明显的技术进步，因此不能大幅度地提高企业经济效益。

2）技术改造（或叫现代化改造）。指采用先进技术改变现有设备的结构或给旧设备装上更先进的装置，改善现有设备的性能，使之达到或局部达到新设备的水平。

3）技术更新。指以技术上更加先进、经济上更加合理的新设备，替换工艺落后、技术陈旧的老设备。

上述设备更新的三种形式，都各自存在一定的客观必要和约束条件，因此它们之间是互相补充的关系，其中以技术改造与技术更新为主要形式。在一般情况下，现有设备是完成生产任务的主力，因此在设备更新过程中，要把设备的更新改造同加强对原有设备的维护修理结合起来。同时，要合理地处理老设备。因设备更新而退役的老设备，凡降级转用的，必须符合新用途的工艺要求，不得造成产品质量下降和消耗增加，不宜转用的老设备应当报废。

2. 设备更新的基本原则

（1）沉没成本不计原则

沉没成本就是过去已支付的靠今后决策无法回收的金额。在进行方案比选时，原设备的价值应按目前实际价值计算，而不考虑其沉没成本。

（2）现金流量的买卖双方均衡原则

既不要按方案的直接现金流量（卖方）进行比较，也不要从买旧设备的一方（买方）去比较，而应综合考虑买卖双方进行比较。

（3）剩余经济寿命后滚动比较原则

在确定现有设备最佳更新时机时，应首先计算出现有设备的剩余经济寿命和新设备的经济寿命，然后利用逐年滚动计算方法进行比较。

3. 各种因素下设备更新方案的比较

（1）由于能力不足而引起的更新

在企业的生产经营中，有时尽管旧设备仍然完好，功能正常，但由于其能力不能满足生产的需要，就需要购置新的高效设备；或者增加原型设备的数量，以保证生产能力满足企业生产经营的需要。

例 9-5 某企业在 4 年前花 20 000 元买了一台设备，估计该设备的寿命为 15 年，年度使用费为 1 000 元。由于企业产品订单量增加了一倍，原来设备的能力已经不能满足生产要求。为此企业现在提出两种解决方案：A 方案是继续使用原有设备，同时再花 15 000 元购置一台与原设备消耗和能力相同的新设备；B 方案是将原来的旧设备以 5 000 元售出，再花 26 000 元购买一台能力增加一倍的设备，估计新设备的寿命为 15 年，年度使用费为 2 200 元。三台设备的残值均为购置成本的 10%。如果基准折现率为 10%，试选择方案。

解：由已知条件可知，A 方案中的旧设备现在的购买价相当于 5 000 元，从现在算起寿命还有 11 年。三台设备的残值计算分别用购置成本乘以 10%。因为 A 方案中的新设备的消耗和能力与旧设备相同，所以年固定使用费与旧设备相同，为每年 1 000 元，寿命也与旧设备剩余寿命相同，为 11 年。

绘制 A、B 两方案的现金流量图如图 9-4 所示。

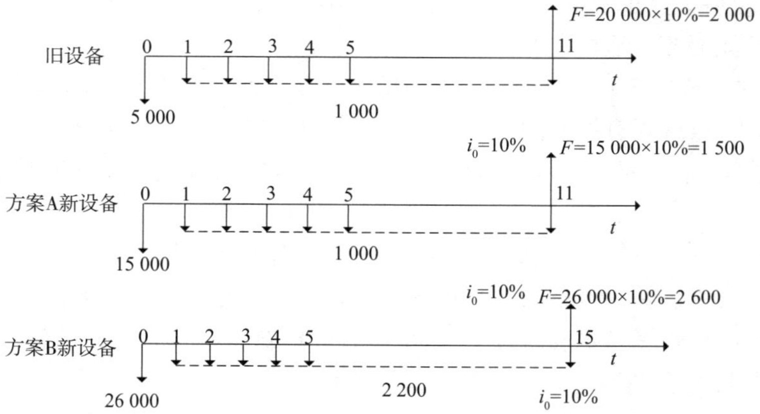

图 9-4 现金流量图 1

根据现金流量图，计算两方案的费用年值为：

$$AC_A = (5\,000+15\,000)\left(\frac{A}{P},10\%,11\right)+1\,000\times 2-(2\,000+1\,500)\left(\frac{A}{F},10\%,11\right)$$

$$=4\,891(\text{元})$$

$$AC_B = 26\,000\left(\frac{A}{P},10\%,15\right)+2\,200-2\,600\left(\frac{A}{F},10\%,15\right)=5\,537.1(\text{元})$$

$AC_B > AC_A$，所以 A 方案优于 B 方案，因此应选择 A 方案，即原有设备继续使用，同时再花 15 000 元购置一台与原设备消耗和能力相同的新设备。

（2）由于维修过多而引起的更新

机器设备在使用过程中发生磨损，需要进行临时性的修理或定期大修。在大修以前，应该分析计算大修和更新的经济合理性，以选择继续大修还是更新。

例 9-6 某企业有一台设备已经使用了很多年，要继续使用就必须进行大修，大修需要费用 12 000 元，大修后可以继续使用 5 年，每年的维修费为 2 200 元。现有另一方案：新购置一台功能相同的设备，购置成本需 28 000 元，可使用 10 年，每年的维修费为 700 元。如果基准折现率为 6%，问：该企业是继续使用旧设备好还是更新设备好？

解：把大修的费用 12 000 元看作是购买旧设备的费用，用费用年值计算两方案的费用。设大修费用年值为 AC_0，更新费用年值为 AC_1。

$$AC_0 = 2\,200 + 12\,000\left(\frac{A}{P},6\%,5\right) = 5\,048.8（元）$$

$$AC_1 = 700 + 28\,000\left(\frac{A}{P},6\%,10\right) = 4\,505.2（元）$$

从费用年值计算看，$AC_0 > AC_1$，更新方案优于大修方案，因此应选择更新设备。

（3）由于效率降低而引起的更新

设备通常在开始使用时效率最高，之后随着磨损的产生效率不断降低。当效率的降低是由于机械的少数零件受到磨损而引起时，应定期更新这些零件，使整个机械保持较高的效率。但有些设备，其效率的降低是无法通过修理来恢复的，这时就要通过经济分析确定何时全部加以更新。

例 9-7 一部输送机由于提斗逐渐磨损而效率降低，每年年初效率见表 9-5。由于提斗的容量变小，必须延长输送机的运行时间，这样就增加了运行费用。设原有输送机目前的残值为零，下一年度的使用费为 8 900 元，以后每年递增 100 元。当提斗处于崭新状态时，为了完成运输任务，输送机每年应运行 1 200 小时，每小时运行费为 6.4 元。当效率降低时，每年运行时数需增加。提斗的更新费用为 960 元，新机器的残值也为零。现在有一台与原输送机崭新时性能相同的输送机可以替换旧输送机，如果基准折现率为 7%，问：是否需要更新输送机？

表 9-5　输送机年初效率

年份	1	2	3	4	5	6
年初效率	1.00	0.94	0.88	0.84	0.80	0.76

解：旧输送机目前残值为零，因此旧输送机的年平均费用就等于年平均使用费，而年使用费是逐年增加的，所以旧输送机年平均费用最低的年份就在第 1 年年末，即旧输送机的经济寿命为 1 年，在第 1 年年末的费用为 8 900 元。

计算新输送机的经济寿命。新机器随着使用时间的延长，效率降低。已知年初的效率，将其换算成年平均效率。

$$年平均效率 = \frac{（年初效率 + 年末效率）}{2}$$

$$年运行时数 = \frac{年运行总数}{年平均效率}$$

$$年运行费 = 年运行时数 \times 每小时运行费$$

$$年平均费用 = 年平均运行费 + 年折旧费用$$

提斗更新费用 960 元就看作输送机现在的购买费用,新机器的残值也为零,输送机的年折旧费用为:年折旧费 $= 960\left(\frac{A}{P},7\%,t\right)$。

表 9-6　输送机经济寿命计算

年份	1	2	3	4	5	6
年初效率	1.00	0.94	0.88	0.84	0.80	0.76
年平均效率	0.97	0.91	0.86	0.82	0.78	—
年运行时数(小时)	1 237	1 319	1 395	1 463	1 538	—
年运行费 Q_t(元)	7 916.8	8 441.6	8 928.0	9 363.3	9 843.2	—
$(P/F,7\%,t)$	0.934 6	0.873 4	0.816 3	0.762 9	0.713 0	—
年运行费的现值 $Q_t(1+7\%)^{-t}$(元)	7 399	7 373	7 288	7 143	7 018	—
$\sum_{t=1}^{n} Q_t(1+7\%)^{-t}$(元)	7 399	14 772	22 060	29 203	36 221	—
$(A/P,7\%,t)$	1.070 0	0.553 1	0.381 1	0.295 2	0.243 9	—
年平均运行费 $\left[\sum_{t=1}^{n} Q_t(1+7\%)^{-t}\right]\left(\frac{A}{P},7\%,t\right)$(元)	7 916.9	8 170.4	8 407.0	8 620.7	8 834.3	—
$960(A/P,7\%,t)$(元)	1 027.2	531.0	365.9	283.4	234.1	—
年平均费用(元)	8 944	8 701	8 773	8 904	9 068	—

从表 9-6 可见,新输送机的经济寿命为 2 年,这时年平均费用最低,为 8 701 元。在新旧输送机的经济寿命时刻,新输送机的费用最低,因此,需要进行更新。

(4)由于无形磨损而引起的更新

设备过时就会导致设备无形磨损的加剧,当无形磨损达到一定的限度,现代化的改装也不经济时,往往就采取更新的方案。

例 9-8　某企业在 10 年前用 8 000 元购买了一台设备 A,用来制造零件,每个零件需要 0.047 6 工时。现在市场上出现了一种新设备 B,价格为 16 000 元,制造相同的零件需要 0.038 4 工时。假定该企业每年准备生产零件 4 万个。新旧设备运行费每工时均为 8 元。旧设备 A 还可以使用 2 年,第 2 年年末的残值为 300 元。旧设备 A 可以出售 1 300 元。新设备 B 可使用 10 年,第 10 年年末残值为原始费用的 10%。若基准折现率为 10%,问:该企业是否应当更新旧设备?

解:经计算:

$$旧设备A的年运行费 = 8 \times 0.047\,6 \times 40\,000 = 15\,232(元)$$

新设备B的年运行费=$8 \times 0.038\,4 \times 40\,000 = 12\,288$（元）

新设备B的期末残值 $= 16\,000 \times 10\% = 1\,600$（元）

绘制新旧设备的现金流量图，如图 9-5 所示。

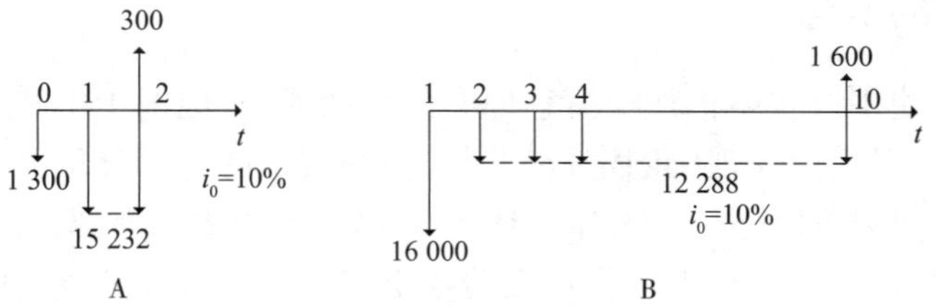

图 9-5　现金流量图 2

新旧设备的费用年值为：

$$AC_{\mathrm{A}} = 15\,232 + 1\,300\left(\frac{A}{P}, 10\%, 2\right) - 300\left(\frac{A}{F}, 10\%, 2\right) = 15\,838.2\text{（元）}$$

$$AC_{\mathrm{B}} = 12\,288 + 16\,000\left(\frac{A}{P}, 10\%, 10\right) - 1\,600\left(\frac{A}{F}, 10\%, 10\right) = 14\,790.9\text{（元）}$$

$AC_{\mathrm{A}} > AC_{\mathrm{B}}$，所以该企业应该更新设备。

9.4.3　设备现代化改装的经济分析

设备现代化改装是指应用现代化的技术成就和先进经验，对旧设备进行局部改装，以改善旧设备的技术性能、功能、精度和生产效率，使其全部或局部达到新的水平。针对原有设备生产的实际需要进行现代化改装并使之达到或接近先进水平是存在的。

是否进行设备现代化改装要通过与达到同样目标的其他技术方案比较确定。与现代化改装并行的方案有：设备大修理、原设备继续使用、用相同结构的新设备替换、用全新设备更换。因此，需对几种更新方式进行比选。一般采用总费用法，即计算各更新方式的总费用，从中选择总费用最低的更新方式。

设备现代化改装包括设备的改装和设备的技术改造两种形式。

1）设备的改装：指为了满足增加产量或加工要求，对设备的容量、功率、体积和形状的加大或改变。例如，将设备以小拼大，以短接长，多机串联等。改装能够充分利用现有条件，减少新设备的购置，节省投资。

2）设备的技术改造：指把科学技术的新成果应用于企业的现有设备，改变其落后的技术面貌。例如，将旧机床改造为程控、数控机床，或在旧机床上增设精密的检测装置等。技术改造可提高产品质量和生产效率，降低消耗，提高经济效益。

设备现代化改装并不是任何情况下都能够做得到的。企业在进行设备现代化改装时，必须充分考虑改造的必要性、技术上的可能性和经济上的合理性。

9.5 设备折旧概述

9.5.1 设备折旧的概念

设备在长期的使用过程中仍然保持它原有的实物形态，但由于不断磨损使它的价值部分地、逐渐地减少。以货币表现的固定资产因磨损而减少的这部分价值在会计核算上叫作固定资产折旧。这种逐渐地、部分地磨损转移到产品成本中去的那部分价值，构成了产品成本的一项生产费用，在会计核算上叫作折旧费或折旧额。计入产品成本中的固定资产折旧费在产品销售后转化为货币资金，作为固定资产磨损部分价值的补偿。

设备折旧是指在设备的使用寿命内，按照确定的方法对应计折旧额进行系统分摊。设备折旧的过程是随着设备的使用而逐渐损耗其价值的过程，这部分损耗的价值会在设备的每一期使用寿命中以折旧的方式体现出来。计算设备折旧时，通常会考虑设备的原始价值、预计的净残值以及预计的使用寿命。

9.5.2 固定资产折旧的计算方法

1. 平均年限法

平均年限法又称为直线折旧法，是将固定资产的原始价值减去残值后，按照预计使用年限平均分摊每年的折旧费用。采用这种方法计算的每期折旧额均是等额的。现行企业大多使用平均年限法。计算公式如下：

$$\text{年折旧额} = \frac{\text{原始价值} - \text{残值}}{\text{使用年限}} \tag{9-6}$$

例 9-9 某设备原始价值为 11 000 元，使用 10 年。10 年后残值为 1 000 元，采用直线折旧法求该设备的年折旧额。

解： $\text{年折旧额} = \dfrac{11\,000 - 1\,000}{10} = 1\,000\text{（元/年）}$

2. 工作量法

工作量法是根据固定资产的实际使用情况来计算折旧，即按照资产的工作小时数或生产数量来分摊折旧费用。这种方法可以弥补平均年限法只重视使用时间，不考虑使用强度的缺点，计算公式为：

$$\text{年折旧额} = \frac{\text{原始价值} - \text{残值}}{\text{使用年限内工作总量}} \times \text{年工作量} \tag{9-7}$$

例 9-10 某工厂购买了一台机器设备，该设备的原始价值为 200 000 元，预计净残值为 20 000 元，预计总工作小时数为 50 000 小时。在购置后的第一年，该设备实际工作了 4 000 小时，采用工作量法求该设备第一年折旧额。

解： $\text{单位工作小时折旧额} = \dfrac{\text{设备原值} - \text{残值}}{\text{使用年限内工作总量}}$

$$=\frac{200\,000-20\,000}{50\,000}=3.6(\text{元/小时})$$

第一年折旧额 = 单位工作小时折旧额 × 第一年实际工作小时数

$$=3.6\times4\,000=14\,400(\text{元})$$

根据工作量法,这台机器设备在第一年的折旧额为 14 400 元。

3. 加速折旧法

加速折旧法也称为快速折旧法或递减折旧法,其特点是在固定资产有效使用年限的前期多提折旧,后期少提折旧,从而相对加快折旧的速度,以使固定资产成本在有效使用年限中加快得到补偿。常用的加速折旧法有如下两种。

(1)双倍余额递减法

双倍余额递减法是在不考虑固定资产残值的情况下,根据每一期期初固定资产账面净值和双倍直线法折旧额计算固定资产折旧的一种方法。计算公式如下:

$$\text{年折旧率}=\frac{2}{\text{预计的折旧年限}}\times100\% \tag{9-8}$$

$$\text{年折旧额}=\text{年初固定资产账面净值}\times\text{年折旧率} \tag{9-9}$$

这种方法没有考虑固定资产的残值收入,因此不能使固定资产的账面折余价值降低到它的预计残值收入以下,即采用双倍余额递减法计提折旧的固定资产,应当在其固定资产折旧年限到期的最后两年,将固定资产净值扣除预计净残值后的余额平均摊销,即最后两年改用直线折旧法计提折旧。

例 9-11 假设某企业购置了一台设备,设备的原价为 100 000 元,预计使用年限为 5 年,预计净残值为 5 000 元。采用双倍余额递减法计提折旧。

解: 年折旧率 $=\frac{2}{\text{预计的折旧年限}}\times100\%=\frac{2}{5}\times100\%=40\%$

账面净值 = 原价 − 累计折旧

由于剩余使用年限为两年,我们将剩余净值平均分摊到这两年:

$$\text{每年分摊额}=\frac{\text{剩余净值}}{2}=\frac{21\,600-5\,000}{2}=8\,300(\text{元})$$

采用双倍余额递减法计算的各年折旧额如表 9-7 所示。

表 9-7 采用双倍余额递减法计算的各年折旧额

年份	期初账面净值(元)	折旧率	折旧额(元)	期末账面净值(元)
1	100 000	40%	100 000 × 40% = 40 000	100 000 − 40 000 = 60 000
2	60 000	40%	60 000 × 40% = 24 000	60 000 − 24 000 = 36 000
3	36 000	40%	36 000 × 40% = 14 400	36 000 − 14 400 = 21 600
4	21 600		8 300	13 300
5	13 300		8 300	5 000

（2）年数总和法

年数总和法也称为合计年限法，是将固定资产的原值减去净残值后的净额和以一个逐年递减的分数计算每年的折旧额，这个分数的分子代表固定资产尚可使用的年限，分母代表预计使用年限的年数总和。计算公式为：

$$年折旧率=\frac{尚可使用年限}{预计使用年限的年数总和}\times 100\% \tag{9-10}$$

$$年折旧额=(固定资产原值-预计净残值)\times 年折旧率 \tag{9-11}$$

例 9-12 假设某企业购置了一台设备，设备的原价为 100 000 元，预计使用年限为 5 年，预计净残值为 5 000 元。采用年数总和法计提折旧。

解：预计使用年限的年数总和=5+4+3+2+1=15（年）

应计提折旧总额=设备原始价值−预计残值=100 000−5 000=95 000（元）

采用年数总和法计算的各年折旧额如表 9-8 所示。

表 9-8 采用年数总和法计算的各年折旧额

年份	原值−净残值（元）	折旧率	折旧额（元）	累计折旧（元）
1	95 000	5/15	$95\,000\times(5/15)\approx 31\,663.50$	31 663.50
2	95 000	4/15	$95\,000\times(4/15)\approx 25\,336.50$	57 000.00
3	95 000	3/15	$95\,000\times(3/15)=19\,000.00$	76 000.00
4	95 000	2/15	$95\,000\times(2/15)\approx 12\,663.50$	88 663.50
5	95 000	1/15	$95\,000\times(1/15)\approx 6\,336.50$	95 000.00

9.6 所得税后设备更新分析

9.6.1 计算方法

对企业而言，所得税是一项重要的现金流出，因此需要通过对新旧设备的税后现金流量进行分析、计算和对比，考虑所得税对设备更新决策的影响。

影响设备税后现金流量的因素通常包括设备日常使用费、设备折旧费和设备处置损益。与继续使用旧设备相比，更换新设备将可能带来运行成本和维修费用的减少而使利润增加从而导致所得税增加。折旧费虽不属于现金流量，但折旧费是纳税前的扣减项目，旧设备更新后的折旧费与继续使用旧设备的折旧费可能不一样，这会带来所得税税额的变化。设备处置损益也会影响企业所得税税额，即设备出售的市场价值与其账面价值的差值与纳税额有关。当市场价值大于账面价值时，处置净收益必须缴纳所得税；当市场价值小于账面价值时，处置损失可以抵扣企业的应纳税所得额，带来纳税额的减少；当市场价值等于账面价值时，对企业纳税额没有影响。考虑所得税影响的设备更新，其营业现金流量计算公式推导过程如下所示：

$$
\begin{aligned}
\text{营业现金流量} &= \text{营业收入} - \text{付现成本} - \text{所得税} \\
&= \text{营业收入} - (\text{营业成本} - \text{折旧}) - \text{所得税} \\
&= \text{营业收入} - \text{营业成本} - \text{所得税} + \text{折旧} \\
&= \text{税后净利} + \text{折旧} \\
&= (\text{营业收入} - \text{营业成本}) \times (1 - \text{税率}) + \text{折旧} \\
&= (\text{营业收入} - \text{付现成本} - \text{折旧}) \times (1 - \text{税率}) + \text{折旧} \\
&= \text{营业收入} \times (1 - \text{税率}) - \text{付现成本} \times (1 - \text{税率}) - \text{折旧} \times (1 - \text{税率}) + \text{折旧} \\
&= \text{营业收入} \times (1 - \text{税率}) - \text{付现成本} \times (1 - \text{税率}) + \text{折旧} \times \text{税率} \qquad (9\text{-}12)
\end{aligned}
$$

例 9-13 某企业两年前花 3 万元购买了一台检测设备，计划转让，当前账面价值为 2.4 万元，企业适用的所得税税率为 25%。讨论转让价格为 2.4 万元、2.8 万元、2.1 万元时对企业所得税的影响。

解：1）如果设备转让价格为 2.4 万元，则对企业纳税额没有影响。

2）若转让价格为 2.8 万元，则企业需多缴纳所得税 $(2.8-2.4)\times 25\% = 0.1$（万元）。

3）若出售价格是 2.1 万元，则可以减少税额 $(2.4-2.1)\times 25\% = 0.075$（万元）。

9.6.2 设备更新决策案例分析

某公司有一台购置于 3 年前的设备将面临大修，现在考虑是否需要更新。假设该公司的所得税税率为 25%，其他有关资料见表 9-9。假设新旧设备的生产能力相同，并且未来可使用年限相同。试分析是否应对该设备做出更新决策。

表 9-9 公司相关资料 1

单位：元

项目	旧设备	新设备
原价	60 000	50 000
税法规定的残值（10%）	6 000	5 000
税法规定的使用年限（年）	6	4
已使用年限（年）	3	0
尚可使用年限（年）	4	4
每年操作成本	8 600	5 000
两年后大修成本	28 000	—
最终报废残值	7 000	10 000
目前实现价值	10 000	—
每年折旧额	（直线法）	（年数总和法）
第一年	9 000	18 000
第二年	9 000	13 500
第三年	9 000	9 000

续表

项目	旧设备	新设备
第四年	0	4 500

解:因为两台设备的生产能力相同,并且未来可使用年限相同,因此可以通过比较其现金流出的总现值来判断方案的优劣。相关数据见表 9-10。

表 9-10 公司相关资料 2

单位:元

项目	现金流量	时间	系数(10%)	现值
继续使用旧设备				
旧设备变现价值	(10 000)	0	1	(10 000.00)
旧设备变现损失减税	(10 000−33 000)×0.25=(5 750)	0	1	(5 750.00)
每年付现操作成本	8 600×(1−0.25)=(6 450)	1~4	3.170	(20 446.50)
每年折旧抵税	9 000×0.25=2 250	1~3	2.487	5 595.75
两年后大修成本	28 000×(1−0.25)=(21 000)	2	0.826	(17 346.00)
残值变现收入	7 000	4	0.683	4 781.00
残值变现净收入纳税	(7 000−6 000)×(1−0.25)=(750)	4	0.683	(512.25.00)
合计				(43 678.00)
更换设备				
设备投资	(50 000)	0	1	(50 000.00)
每年付现操作成本	5 000×(1−0.25)=(3 750)	1~4	3.170	(11 887.50)
每年折旧抵税	—	—	—	—
第一年	18 000×0.25=4 500	1	0.909	4 090.50
第二年	13 500×0.25=3 375	2	0.826	2 787.75
第三年	9 000×0.25=2 250	3	0.751	1 689.75
第四年	4 500×0.25=1 125	4	0.683	768.38
残值收入	1 000	4	0.683	6 830.00
残值净收入纳税	(10 000−5 000)×0.25=(1 250)	4	0.683	(853.75)
合计				(46 574.87)

注:表中现金流量和现值列各项最终数值中的括号表示现金流出。

由表 9-10 的计算结果可知,更新新设备的现金流出总现值 46 574.87 元,比继续使用旧设备的现金流出总现值 43 678 元要多出 2 896.87 元。因此使用旧设备较好,即该公司不应该进行设备更新。

9.7 本章小结

在工程经济学的范畴内，设备更新被重新定义为推动企业转型升级、响应国家绿色发展和智能制造战略的关键行动。随着国家对创新驱动和高质量发展的重视，企业被鼓励采用更先进、更环保的设备，以符合产业升级和节能减排的政策要求。

为了保证设备的再生产，对设备的磨损必须进行及时的补偿。总的说来，修理、更新和现代化改装是设备磨损补偿的 3 种方式，通常把修理和现代化改装称为局部补偿，而把更新称为完全补偿。从广义上讲，又可把这 3 种补偿方式都称为设备更新。本章介绍了 3 种磨损补偿方式的经济分析、设备折旧的计算方法，以及考虑所得税影响的设备更新决策。

通过学习本章内容，明确设备更新在促进技术进步、提升产品和服务质量、实现可持续发展目标方面的战略意义。在国家政策的框架下，企业设备更新决策需要综合考虑经济效益、政策导向和社会责任，以确保项目的成功实施和长期价值。

练习题

1. 单项选择题（在备选答案中选择 1 个正确的选项）

1）在下列固定资产折旧方法中，每年折旧率均相等的是（　　）。

A. 平均年限法　　B. 年数总和法　　C. 双倍余额递减法　　D. 工作量法

2）某固定资产原值为 100 万元，残值为 0，折旧年限为 5 年，采用双倍余额递减法，第 4 年的折旧额是（　　）万元。

A. 13.30　　B. 10.80　　C. 14.40　　D. 8.64

3）某固定资产原值为 10 万元，预计净残值为 1 万元，使用年限为 6 年，按年数总和法计提折旧，则第 3 年应计提折旧额为（　　）元。

A. 19 420　　B. 21 456　　C. 16 423　　D. 17 143

4）某固定资产原值为 6 万元，预计净残值为 0.3 万元，使用年限为 5 年。若采用双倍余额递减法计提折旧，则第 2 年应计提折旧额为（　　）元。

A.13 680　　B.14 400　　C.16 000　　D.15 200

5）某大型设备原值为 40 万元，折旧年限为 8 年，预计净残值率为 3%，则用平均年限法计算的该设备年折旧额为（　　）元 。

A. 5 000　　B. 48 500　　C. 4 850　　D.38 500

6）设备磨损的补偿方式不包括（　　）。

A. 大修理　　B. 现代化改装　　C. 更新　　D. 折旧

2. 多项选择题（在备选答案中选择 2 个或 2 个以上正确的选项）

1）设备更新的形式包括设备的（　　）。

A. 设备原型更新　　B. 设备更换　　C. 现代化改装　　D. 技术更新

2）一般情况下，与现代化改装并行的方案有（　　）。

A. 设备大修理　　B. 原设备继续使用
C. 用相同结构的新设备替换　　D. 用全新设备更换
3)固定资产常用的折旧方法包括(　　)。
A. 平均年限法　　B. 工作量法　　C. 先进先出法　　D. 年数总和法
4)在设备更新的经济分析中,影响设备更新方案的因素有(　　)。
A. 原有设备能力不足　　B. 维修过多
C. 效率不断降低　　D. 无形磨损
5)设备更新的基本原则包括(　　)。
A. 现金流量的买卖双方均衡原则　　B. 沉没成本不计原则
C. 剩余经济寿命后滚动比较原则　　D. 考虑设备的沉没成本
6)下列属于设备磨损分类的是(　　)。
A. 物理磨损　　B. 无形磨损　　C. 综合磨损　　D. 化学磨损

3. 填空题

1)设备更新的三种形式是设备的(　　)更新、技术改造和技术更新。
2)在考虑设备更新时,不应该考虑设备的(　　)成本。
3)所得税后设备更新分析需要考虑设备的日常使用费、(　　)和设备(　　)。
4)营业现金流量=税后净利+(　　)。
5)设备的(　　)磨损不会导致设备实体的变化和损坏,但是会影响设备在市场上的价值和经济效益。
6)从经济上讲,(　　)包括小修理、中修理和大修理。

4. 判断题

1)设备若产生无形磨损,必须立即更换设备。(　　)
2)沉没成本在设备更新决策中是一个重要的考虑因素。(　　)
3)经济寿命是指设备从技术上不再具有先进性的时间长度。(　　)
4)直线折旧法下,设备的年折旧额是固定的。(　　)
5)设备的技术进步导致的无形磨损,不会影响设备的物理性能,但会影响其经济性能。(　　)
6)在进行设备更新的经济分析时,沉没成本应当被考虑在内,因为它是设备过去投资的一部分。(　　)

5. 简答题

1)简述设备无形磨损的两种形式及其对企业设备更新决策的影响。
2)设备经济寿命的含义是什么?
3)在考虑设备更新时,为什么需要同时考虑设备的有形磨损和无形磨损?
4)简述设备大修理的经济界限。
5)描述固定资产折旧的三种主要方法。
6)设备现代化改装有哪两种形式?

6. 计算题

1)一台设备的原值为 40 000 元,预计使用年限为 5 年,预计净残值率为 4%,即

1 600 元。

①用年数总和法求该设备的逐年折旧额。

②用双倍余额递减法求该设备的逐年折旧额。

2）某种机器，原始费用为 2 000 元，第 1 年年度使用费为 1 000 元，以后每年增加 200 元，任何时候都不计残值，不计利息。求机器的经济寿命。

3）有一台机器，原始费用为 20 000 元。表 9-A 列出了机器各年的使用费和年末残值。假如 $i=10\%$，求这台机器的经济寿命。

表 9-A　机器的年使用费和年末残值

单位：元

年份	年使用费	年末残值	年份	年使用费	年末残值
1	2 200	10 000	6	7 700	5 000
2	3 300	9 000	7	8 800	4 000
3	4 400	8 000	8	9 900	3 000
4	5 500	7 000	9	11 000	2 000
5	6 600	6 000	10	12 100	1 000

扫码获取答案

第 10 章
商业计划书撰写中的财务预测

学习要点及目标

1. 学习要点：财务报表的构成；财务报表的编制；财务数据的分析方法。

2. 思政元素：大众创业、万众创新。

3. 案例引入：选取学生创新创业项目；人口老龄化问题。

4. 思政目标：当前国家大力推行“双创”政策，引导学生深刻理解我国“全民创新，万众创业”的含义；创新创业是支撑经济高质量发展的逻辑前提，积极投身“双创”是对国家经济建设、对社会发展的有效贡献，有志于担当社会责任的青年一代，应该积极投身“双创”。

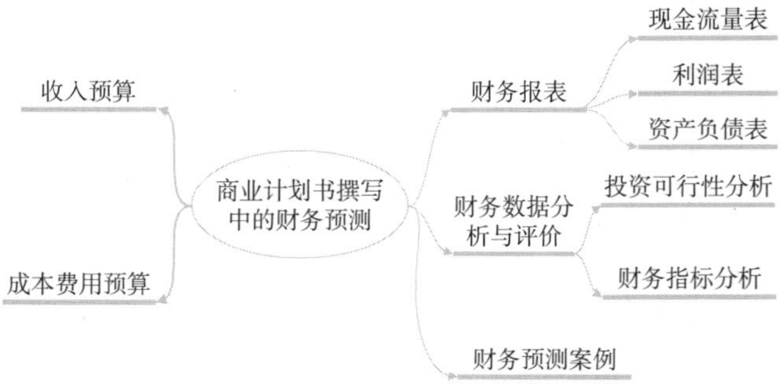

图 10-1　商业计划书撰写中的财务预测思维导图

10.1　引例——以“非遗”文化为主题的大创项目

习近平总书记在党的二十大报告中强调，必须坚持科技是第一生产力、人才是第一资源、创新是第一动力，深入实施科教兴国战略、人才强国战略、创新驱动发展战略，开辟发展新领域新赛道，不断塑造发展新动能新优势。纵深推进大众创业万众创新是深入实施创新驱动发展战略的重要支撑。我国“双创”教育始于 20 世纪末，大创项目作为“双创”教育的典型形式，其作用不仅在于帮助大学生理论联系实践，增强其融入社会的本领，还在于能够形成现代科学思维方法。习近平总书记在《加强文化遗产保护传承 弘扬中华优秀传统文化》中强调，文物和文化遗产承载着中华民族的基因和血脉，是不可再生、不可替代的中华优秀文明资源。要让文物说话，让历史说话，让文化说话。比如，以“非遗”文化为主题的大创项目，通过其内容的生动性而提高思政教育的感染力，通过其系统性增加思政教育的理论性。

从大学生选题开始，到申报、调研、写作等环节的“双创”教育过程中，往往需要撰写商业计划书，因此为了帮助大学生获得大创项目的立项和提高项目的完成度，本章将系统介绍商业计划书撰写中的财务预测内容。商业计划书的财务预测是一个关键模块，它涉及项目的财务可行性和经济效益。

10.2 基本财务信息预算

10.2.1 财务预算概述

1. 财务预算的概念及作用

财务预算是指对企业未来一段时间内的资金收入和支出进行预测和计划，以便为企业进行决策提供参考。在商业计划书中，财务预算计划需要根据财务规划制定，对企业的财务状况和经营状况进行预测。

通过准确的财务分析和预测，企业能够制定合理的发展目标和经营策略，增强经营决策的科学性和准确性。同时，财务预算的制定和执行能够帮助企业制定经营计划、吸引投资者、控制成本和风险，并监控和评估企业绩效。

2. 商业计划书中财务预算的步骤

1）制定预算时间段和频率。预算时间段和频率可以是一年、半年、一季度甚至一月度，具体根据企业的需求和实际情况来确定。

2）确定预算的内容和指标。预算的内容包括资金收入和支出的预测，指标包括销售额、成本、利润、现金流等。创业者需要对未来一段时间内企业能够获得的收入进行估计并预测各项预算指标。

3）财务预算需要进行动态管理和调整。财务预算是一个动态的过程，创业者需要不断监控和分析企业的财务状况，及时调整预算计划，以适应市场和经营环境的变化。创业者可以根据实际情况制定灵活的预算控制措施，如成本控制、费用管控等。

10.2.2 收入预算

1. 收入预算概述

收入预算是对销售额和其他收入的估计，包括确定产品或服务的销售价格、市场需求、市场份额和销售预期；还需要考虑各种销售渠道和销售策略，例如线上销售、线下销售和渠道合作。通过分析市场需求和竞争状况，预测未来一定时期内的销售额和其他收入。

2. 商业计划书中收入预算的步骤

1）主要收入来源说明和产品定价。明确企业的主要收入来源，包括销售何种产品或提供何种服务；为这些产品或服务制定价格。制定价格时，应综合考虑生产成本、市场竞争状况、目标客户群的购买力以及企业的业务目标等因素。详细说明各产品或服务的成本构成和预期利润率，并解释定价的依据。

2）销售量预测。销售量预测应基于市场调研、历史销售数据、市场发展趋势、竞争对手情况以及市场推广策略等多种因素。通过评估整体市场份额，预估企业产品或服务在目标市场中的潜在占比，以便推算未来数年的销售量。详细分析市场总体规模、预计增长率及市场渗透战略。计算时，建立不同的场景（如保守、中等、乐观），用来展示不同假设下的销量情况。

3）测算总收入。结合产品定价与销售量预测的结果，测算出每年包括所有产品或服务的收入总和测算总收入时必须精准、合理，以确保收入预算的精确度和可靠性。

4）现金收入与信用销售的区分。仔细分析并记录销售预期中现金收入与信用销售的比例关系，对把握企业现金流状态和信用风险管理至关重要。现金销售是指客户购买时立即支付的销售，而信用销售是指客户按照约定的条件在未来某个约定的时间付款。准确区分这两种收入类型

5）推算每年的现金收入。依据总收入及现金销售比例，推算出每年的现金收入，用来评价企业的现金流入情况及资金运作能力。

3. 收入预算方法

（1）营业收入增长率法

营业收入增长率表示企业在一定时期内营业收入增长水平的财务比率。具体而言，它计算了公司在一个财务周期（通常是一年）内的营业收入与上一个相同周期的营业收入之间的增长百分比。商业计划书撰写过程中，通过预测公司未来的营业收入增长率，达到简单预算收入的效果。

$$\text{营业收入增长率} = \frac{\text{当期营业收入} - \text{上期营业收入}}{\text{上期营业收入}} \tag{10-1}$$

$$\text{当期营业收入} = \text{上期营业收入} \times (1 + \text{营业收入增长率}) \tag{10-2}$$

（2）整体市场占有率法

整体市场占有率是指在特定时间内一个企业在整个市场中所占的销售份额。关于市场占有率的衡量，必须先界定整个行业的范围，对整个行业的总体规模和结构进行精确的划分。需要决定计算市场份额采用销售量还是销售额。可以参考行业权威机构发布的研究报告以及政府部门提供的市场公开数据，这些数据源提供了关于市场总体规模的宝贵信息，是进行市场分析的重要基础。结合企业自身预测的销售数据，评估企业在市场中的相对位置，预估企业的潜在收入。具体的计算公式为：

$$\text{整体市场占有率} = \frac{\text{企业销售额（量）}}{\text{行业总销售额（量）}} \tag{10-3}$$

$$\text{企业销售额（量）} = \text{行业总销售额（量）} \times \text{市场占有率} \tag{10-4}$$

（3）综合预测法

综合预测法是指综合使用以上两种方法来确定收入，例如用营业收入增长率法确定产品价格，使用整体市场占有率法确定产量，通过产量与产品价格的乘积计算收入，再根据行业增长或自身发展情况预测未来营业收入增长率等。

4. 现金收入与信用销售的计算

关于收入预算的部分，必须深入探讨信用销售（也称赊销）收入的估算，一般需要进行以下步骤。

1）赊销销售比例的确定。结合历史数据分析和市场调研，估算未来一定期间内赊销销

售额占总销售额的百分比。此过程中涉及对以往赊销销售比例趋势的研究和客户支付习惯的分析。

2）赊销账期的确定。明确客户延期支付款项的期限，一般用天数表示。基于账期长度，预测未来特定时间范围内的信用销售收入。

3）坏账率的估计。评估潜在的坏账风险，即客户逾期或无法支付的情况，并依据历史经验或行业标准，估计未来一段时间的坏账率。

4）应收账款的管理。分析有效管理应收账款的策略，包括追收措施和信用风险控制，以降低坏账的损失。

5）现金流的影响。分析赊销销售对企业现金流的作用及其潜在影响。

例 10-1 某公司预计未来 5 年的销售额分别为 10 000 元、12 000 元、15 000 元、18 000 元和 20 000 元，现金销售比例为 70%，赊销销售比例为 30%。计算未来 5 年的销售收入。

解：计算每年的现金收入部分（表 10-1）：

$$现金收入部分 = 销售额 \times 现金销售比例$$

表 10-1 每年现金收入部分

年份	销售额（元）	现金销售比例	现金收入部分（元）
第一年	10 000	70%	10 000×70% = 7 000
第二年	12 000	70%	12 000×70% = 8 400
第三年	15 000	70%	15 000×70% = 10 500
第四年	18 000	70%	18 000×70% = 12 600
第五年	20 000	70%	20 000×70% = 14 000

计算每年的赊销收入部分（表 10-2）：

$$赊销收入部分 = 销售额 \times 赊销销售比例$$

表 10-2 每年赊销部分收入

年份	销售额（元）	赊销销售比例	赊销收入部分（元）
第一年	10 000	30%	10 000×30% = 3 000
第二年	12 000	30%	12 000×30% = 3 600
第三年	15 000	30%	15 000×30% = 4 500
第四年	18 000	30%	18 000×30% = 5 400
第五年	20 000	30%	20 000×30% = 6 000

未来 5 年的销售收入分别为：

第一年：7 000（现金部分）+3 000（赊销部分）=10 000（元）

第二年：8 400（现金部分）+3 600（赊销部分）=12 000（元）

第三年：10 500（现金部分）+4 500（赊销部分）=15 000（元）

第四年:12 600(现金部分)+5 400(赊销部分)=18 000(元)

第五年:14 000(现金部分)+6 000(赊销部分)=20 000(元)

10.2.3 成本费用预算

成本费用是指企业在生产经营活动中为了获取收入而发生的各种消耗和支出,包括直接成本和间接成本。直接成本是指直接用于生产过程的各项费用,如原材料、人工等;间接成本是直接成本的对称,是不与生产过程直接发生关系、服务于生产过程的各项费用,如租金、水电费、管理费用等。成本费用预算步骤如下。

1)确定预算期间。确定预算的时间范围,如月度、季度或年度。

2)进行生产预算。确定预算期内的生产量。通常是基于销售预算和库存政策(如期初存货、期末存货目标)。

3)直接材料预算。根据生产预算确定所需的直接材料数量。计算直接材料的采购成本,考虑价格波动和可能的折扣。

4)直接人工预算。根据生产预算和直接劳动力的工时需求来评估直接人工成本,考虑工资率、加班费、福利和其他与人工相关的费用。

5)制造费用预算。估计与生产过程直接相关的所有间接成本,如折旧、维护、车间管理人员工资等。制造费用通常分为固定和变动两部分,需要分别计算。

6)预测其他费用。包括销售费用、管理费用、财务费用等。

7)汇总成本预算。汇总上述所有预算,得出总成本预算。包括将直接材料、直接人工和制造费用结合,计算出完全生产成本或单位产品成本。

这些要素中,直接材料、直接人工以及制造费用的预算均以生产预算为基础。预算编制顺序如图 10-2 所示。

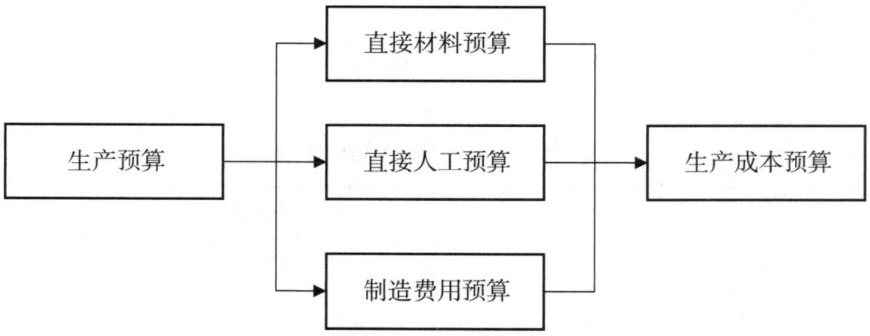

图 10-2 生产成本预算编制顺序

1. 生产预算

生产预算是企业财务预算体系中的一个重要部分,基于销售预算和库存政策,预测并规划在特定时期内所需生产的产品数量。遵循以下步骤来粗略估计生产预算。

1)估计销售量。基于市场分析,估计特定时期内的销售量。在编写商业计划书时通常来源于收入预算中的销售量预算。

2)计算期末产成品存货。确定计划在预算期末保持的产成品存货水平。存货根据公司政策或历史数据来确定,通常是基于一定比例的未来期间销售量。

3)确定期初产成品存货。核实预算期初的产成品存货数量。这是预算期开始时已有的库存水平,通常是上一期的期末产成品存货。

4)计算预计生产量。使用下面的公式来计算预计生产量:

$$预计生产量 = 预计销售量 + 预计期末产成品存货 - 预计期初产成品存货 \quad (10\text{-}5)$$

例 10-2 某公司过去和未来均按季度末产成品存货为下季度销售量的 10%来预留,预计第一季度期初产成品存货为 100 件,并预计第四季度末产成品存货为 160 件。预计各个季度的销售量分别为 1 000、1 500、2 000 和 2 000(单位为件,源于销售预算),填写表 10-3。

表 10-3 生产预算表 1

单位:件

季度	一	二	三	四	全年
预计销售量	1 000	1 500	2 000	2 000	6 500
加:预计期末产成品存货				160	—
减:预计期初产成品存货	100				—
预计生产量					

解:公司过去和未来均按季度末产成品存货为下季度销售量的 10%来预留,表明每个季度末的产成品存货量应等于下一个季度销售量的 10%。季度的期初产成品存货量是前一季度的期末产成品存货量。生产预算表填写如表 10-4 所示。

表 10-4 生产预算表 2

单位:件

季度	一	二	三	四	全年
预计销售量	1 000	1 500	2 000	2 000	6 500
加:预计期末产成品存货	1 500 × 10%=150	2 000 × 10%=200	2 000 × 10%=200	160	—
减:预计期初产成品存货	100	150	200	200	—
预计生产量	1 050	1 550	2 000	1 960	6 560

2. 直接材料预算

直接材料预算是企业对特定期间内(通常是月度、季度或年度)直接材料需求和成本的详细预测。直接材料是指那些可以直接追溯到生产过程中并成为成品一部分的原材料。粗略编制的直接材料预算步骤如下。

1)生产量的预测。基于生产预算,估计将要生产的产品数量。

2)材料消耗量的计算。将预计的生产量与每单位产品所需的材料用量相乘,得出总的材料消耗量。

3)期末材料存量的确定。依据对未来生产需求的预测,设定期末材料存量,通常是下一预算周期生产需求的一定比例。

4)期初材料存量的估算。将上一预算周期的期末材料存量视为当前周期的期初材料存量。

5）材料采购量的预计。结合材料消耗量、期末材料存量及期初材料存量，估算出所需采购的材料总量。

6）材料采购成本的估算。将预计的材料采购量与单位采购成本相乘，得到整个采购周期的预计材料采购成本。

例 10-3 某公司编制今年的直接材料预算，假设材料采购的货款 50%在本季度内付清，另外 50%在下季度付清，期末材料存量按下期生产需用材料量的 20%确定。材料的年初材料存量为 3 000 千克，年末材料存量为 4 000 千克，年初的应付账款为 235 000 元，完善表 10-5。

表 10-5 直接材料预算表 1

项目		第 1 季度	第 2 季度	第 3 季度	第 4 季度	全年
预计生产量（件）		1 050	1 550	2 000	1 960	
单位产品材料用量（千克/件）		10	10	10	10	—
生产需用材料量（千克）						
加：预计期末材料存量（千克）					4 000	—
减：预计期初材料存量（千克）		3 000				—
预计材料采购量（千克）						
单价（元/千克）		80	80	80	80	—
预计采购金额（元）						
预计现金支出（元）	上年应付账款	235 000	—	—	—	—
	第 1 季度			—	—	—
	第 2 季度	—			—	—
	第 3 季度	—	—			—
	第 4 季度	—	—	—		—
	合计					

解：（1）计算每季度的生产需用材料量

每季度的生产需用材料量 = 预计生产量 × 单位产品材料用量

计算可得第 1 季度 10 500 千克、第 2 季度 15 500 千克、第 3 季度 20 000 千克、第 4 季度 19 600 千克。

（2）计算每季度的预计期末材料存量

当期期末材料存量 = 下一期生产需用材料量 × 20%

计算可得第 1 季度期末存量 3 100 千克、第 2 季度期末存量 4 000 千克、第 3 季度期末存量 3 920 千克、第 4 季度期末存量已知为 4 000 千克。

（3）计算每季度的预计期初材料存量

当期期初材料存量 = 上期期末材料存量

第 1 季度期初存量已知为 3 000 千克。据计算可知第 2 季度期初存量 3 100 千克、第 3 季度期初存量 4 000 千克、第 4 季度期初存量 3 920 千克。

（4）计算预计材料采购量

预计材料采购量 = 生产需用量 + 预计期末存量 − 预计期初存量

因此可得第 1 季度 10 600 千克、第 2 季度 16 400 千克、第 3 季度 19 920 千克、第 4 季度 19 680 千克。

（5）计算预计采购金额

预计采购金额 = 预计材料采购量 × 单价

计算得出第 1 季度 848 000 元、第 2 季度 1 312 000 元、第 3 季度 1 593 600 元、第 4 季度 1 574 400 元。

（6）计算预计现金支出

预计现金支出 = 上期采购金额 × 50% + 当期采购金额 × 50%

第 1 季度预计现金支出=235 000+848 000 × 50% =659 000（元）

第 2 季度预计现金支出=1 312 000 × 50%+848 000 × 50% =1 080 000（元）

第 3、4 季度以此类推，第 3 季度预计现金支出为 1 452 800 元、第 4 季度预计现金支出为 1 584 000 元。

计算结果如表 10-6 所示。

表 10-6　直接材料预算表 2

<table>
<tr><th colspan="2">项目</th><th>第 1 季度</th><th>第 2 季度</th><th>第 3 季度</th><th>第 4 季度</th><th>全年</th></tr>
<tr><td colspan="2">预计生产量（件）</td><td>1 050</td><td>1 550</td><td>2 000</td><td>1 960</td><td>6 560</td></tr>
<tr><td colspan="2">单位产品材料用量（千克/件）</td><td>10</td><td>10</td><td>10</td><td>10</td><td>—</td></tr>
<tr><td colspan="2">生产需用材料量（千克）</td><td>10 500</td><td>15 500</td><td>20 000</td><td>19 600</td><td>65 600</td></tr>
<tr><td colspan="2">加：预计期末材料存量（千克）</td><td>3 100</td><td>4 000</td><td>3 920</td><td>4 000</td><td>—</td></tr>
<tr><td colspan="2">减：预计期初材料存量（千克）</td><td>3 000</td><td>3 100</td><td>4 000</td><td>3 920</td><td>—</td></tr>
<tr><td colspan="2">预计材料采购量（千克）</td><td>10 600</td><td>16 400</td><td>19 920</td><td>19 680</td><td>66 600</td></tr>
<tr><td colspan="2">单价（元/千克）</td><td>80</td><td>80</td><td>80</td><td>80</td><td>—</td></tr>
<tr><td colspan="2">预计采购金额（元）</td><td>848 000</td><td>1 312 000</td><td>1 593 600</td><td>1 574 400</td><td>5 328 000</td></tr>
<tr><td rowspan="6">预计现金支出（元）</td><td>上年应付账款</td><td>235 000</td><td>—</td><td>—</td><td>—</td><td>—</td></tr>
<tr><td>第 1 季度</td><td>424 000</td><td>424 000</td><td>—</td><td>—</td><td>—</td></tr>
<tr><td>第 2 季度</td><td>—</td><td>656 000</td><td>656 000</td><td>—</td><td>—</td></tr>
<tr><td>第 3 季度</td><td>—</td><td>—</td><td>796 800</td><td>796 800</td><td>—</td></tr>
<tr><td>第 4 季度</td><td>—</td><td>—</td><td>—</td><td>787 200</td><td>—</td></tr>
<tr><td>合计</td><td>659 000</td><td>1 080 000</td><td>1 452 800</td><td>1 584 000</td><td>4 775 800</td></tr>
</table>

3. 直接人工预算

直接人工预算是企业成本预算体系中的一个关键组成部分，涉及对生产过程中直接参与制造产品或提供服务的劳动力成本的预测与计划。具体来说,直接人工成本是可以直接归因于产品制造或服务提供的人工成本,和直接材料成本共同构成了产品的直接成本。粗略编制的直接人工预算步骤如下。

1)生产量的估算。基于生产预算,确定在预定时期内的预计生产总量。

2)单位产品工时的预测。参考行业同类企业的标准工时,并结合市场调研分析法,考虑企业项目所处的发展阶段,如初创期或成长期,预估单位产品所需的工时。

3)人工总工时的计算。将预计的生产量与单位产品工时相乘,得出预计的人工总工时。

4)每小时人工成本的预测。通过分析供应商报价明细、利用历史经验进行预估或根据产能数据进行推算,确定每小时人工成本。

5)人工总成本的计算。将计算出的人工总工时与每小时人工成本相乘,得出整个生产周期内的预计人工总成本。

例 10-4 某公司编制本年度直接人工预算,已知单位产品工时为 10 小时,每小时人工成本为 60 元,完成表 10-7。

表 10-7 直接人工预算表 1

项目	第 1 季度	第 2 季度	第 3 季度	第 4 季度	全年
预计生产量(件)	1 050	1 550	2 000	1 960	6 560
单位产品工时(小时/件)	10	10	10	10	10
人工总工时(小时)					
每小时人工成本(元/小时)					
人工总成本(元)					

解:(1)计算人工总工时

人工总工时 = 预计生产量 × 单位产品工时

可知第 1 季度 10 500 小时、第 2 季度 15 500 小时、第 3 季度 20 000 小时、第 4 季度 19 600 小时。

(2)计算每小时人工成本

已知 60 元/小时(全年保持不变)。

(3)计算人工总成本

人工总成本 = 人工总工时 × 每小时人工成本

计算可知第 1 季度 630 000 元、第 2 季度 930 000 元、第 3 季度 1 200 000 元、第 4 季度 1 176 000 元。

(4)计算全年总工时

全年总工时 = 10 500 + 15 500 + 20 000 + 19 600 = 65 600(小时)

全年人工总成本 = 65 600 × 60 = 3 936 000(元)

计算结果如表 10-8 所示。

表 10-8　直接人工预算表 2

项目	第 1 季度	第 2 季度	第 3 季度	第 4 季度	全年
预计生产量(件)	1 050	1 550	2 000	1 960	6 560
单位产品工时(小时/件)	10	10	10	10	10
人工总工时(小时)	10 500	15 500	20 000	19 600	65 600
每小时人工成本(元/小时)	60	60	60	60	60
人工总成本(元)	630 000	930 000	1 200 000	1 176 000	3 936 000

4. 制造费用预算

制造费用预算是工程经济学和成本会计中的一个重要概念，涉及对生产过程中除直接材料和直接人工之外的所有制造相关费用的预估和规划。这些费用通常包括与生产设施的运行、维护以及生产支持相关的各种费用。粗略编制的制造费用预算步骤如下。

1)预计生产量的确定。基于生产预算，确定在预定时期内的预计生产总量。

2)间接人工成本的预算。分析生产过程中不直接参与产品生产但是支持生产活动所必需的人工成本，这里包括监督、车间管理、设备维护等人员的工资和福利。可以使用单位时间内的平均人工成本乘以预计的时间或者直接使用历史间接人工成本进行调整。

3)间接材料成本的预算。估算生产过程中所需的非直接原材料，如润滑油、清洁用品等，这部分成本随生产量的变化而变化。可基于单位产品的平均间接材料成本乘以预计生产量或者根据历史数据进行估算。

4)修理费的预算。计划内的设备维护和修理费用，可能随设备使用频率和维护策略的不同而有所差异。可以采用固定比例估算或基于历史支出进行调整。

5)水电费的预算。一般根据过去的水电费用和预计的生产量变化进行估算，或者用如下方法粗略估算工厂在生产过程中所需的水电等能源费用。

$$\text{电费} = \text{预计单位产品生产工时} \times \text{设备额定功率} \times \text{用电价格} \times \text{预计生产量} \tag{10-6}$$

$$\text{水费} = \text{预计单位产品用水量} \times \text{用水价格} \times \text{预计生产量} \tag{10-7}$$

6)计算变动制造费用。将所有随生产量变化的费用加总，得到总的变动制造费用。

7)固定制造费用的预算。估算在预定时期内不随生产量变化的固定费用，如厂房租金、设备折旧等。固定成本通常不随生产量变化，一般直接采用历史数据或者固定数额。

8)合计制造费用。总制造费用 = 预算变动制造费用 + 固定制造费用。

9)计算现金支出的费用。现金支出 = 总制造费用-非现金支出项目(如设备折旧)。

例 10-5　某公司编制制造费用预算，有关资料具体如下，完善制造费用预算表 10-9。

表 10-9　制造费用预算表 1　　单位:元

项目	第 1 季度	第 2 季度	第 3 季度	第 4 季度	全年
预计生产量(件)	1 050	1 550	2 000	1 960	6 560
间接人工(20 元/件)					—

续表

项目	第 1 季度	第 2 季度	第 3 季度	第 4 季度	全年
间接材料（15 元/件）					—
修理费（20 元/件）					—
水电费（10 元/件）					—
变动制造费用					
固定制造费用小计	256 900	271 900	256 400	264 400	1 049 600
合计					
减：折旧	100 000	100 000	100 000	100 000	400 000
现金支出的费用					

解： 间接人工＝单位间接人工×预计生产量

间接材料＝单位间接材料×预计生产量

修理费＝单位修理费×预计生产量

水电费＝单位水电费×预计生产量

变动制造费用小计（每季度）＝间接人工＋间接材料＋修理费＋水电费

合计总制造费用（每季度）＝变动制造费用＋固定制造费用

现金支出的费用（扣除折旧）＝合计总制造费用－折旧

计算结果如表 10-10 所示。

表 10-10　制造费用预算表 2

单位：元

项目	第 1 季度	第 2 季度	第 3 季度	第 4 季度	全年
预计生产量（件）	1 050	1 550	2 000	1 960	6 560
间接人工（20 元/件）	21 000	31 000	40 000	39 200	—
间接材料（15 元/件）	15 750	23 250	30 000	29 400	—
修理费（20 元/件）	21 000	31 000	40 000	39 200	—
水电费（10 元/件）	10 500	15 500	20 000	19 600	—
变动制造费用	68 250	100 750	130 000	127 400	426 400
固定制造费用小计	256 900	271 900	256 400	264 400	1 049 600
合计	325 150	372 650	386 400	391 800	1 476 000
减：折旧	100 000	100 000	100 000	100 000	400 000
现金支出的费用	225 150	272 650	286 400	291 800	1 076 000

5. 销售费用预算

销售费用预算是企业在一定时期内为促进产品销售和管理销售活动所需承担的所有费用的预算。涵盖所有与销售直接相关的潜在支出，包括但不限于广告费用、促销费用、销售人员的薪酬和佣金、差旅费、客户服务费用以及任何其他销售和市场推广活动的开支。编制商业计划书时可以主要预算广告费、销售人员工资、差旅费。

差旅费按营业收入的一定比例计提即可。广告费通常按照销售额的一定比例（如5%）来确定；也可以用行业平均预算法，参考行业内其他企业的平均广告预算水平，在合理的范围内确定自己的广告预算。

销售人员工资是指企业支付给从事销售活动的员工的报酬，通常是员工推广和销售产品或服务所获得的收入。销售人员工资一般包括基本工资和提成（佣金）两部分。基本工资是指无论销售业绩如何，销售人员都能获得的固定报酬，为销售人员提供了一个稳定的收入来源；提成通常是基于销售额或利润的一定比例，根据销售人员的销售业绩来计算的变动报酬，旨在激励销售人员提高销售绩效。销售人员工资预算步骤如下。

1）确定销售人员人数。对销售人员人数的确定，采纳两种不同的方法。初始年度，运用工作负荷量法，依据销售人员需完成的工作量来评估所需人数；随后各年度采取销售百分比法，基于预计销售额来估算销售人员的规模。具体操作时，需先确定每位销售人员能实现年均的销售额，再预测公司每年的销售额，计算出所需销售人员的数量。计算公式如下：

$$\text{销售人员数量} = \frac{\text{企业年销售总额}}{\text{个人年均销售额}} \tag{10-8}$$

2）预计销售人员每人每月基本工资。应根据个体的工作经验、职位级别以及当前市场的薪酬状况予以考虑。

3）预计销售人员每人每月提成。依据个人销售业绩来确定提成金额。此外，可以设置多级提成比例，激励销售人员不断提高销售绩效。

4）计算销售人员每人每月总工资。总工资等于基本工资加提成。

5）计算销售人员年总工资。年度总薪酬的计算则是将每人的月度总工资乘以12个月，再乘以当年的销售人员数，得出全年薪酬总额。

6. 管理费用预算

管理费用预算是指对企业未来一定时期内管理活动所产生的费用进行预算。管理费用通常包括与日常管理和组织运作有关的各种费用，如行政管理人员的薪酬、办公室租赁费、行政支持费、通信费、会议费、差旅费、法律和会计服务费等。

商业计划书的管理费用预算部分主要包括管理人员的薪酬、业务招待费、差旅费、管理用固定资产折旧等。研发费用也属于管理费用，但是需要单独披露，列报时不列入管理费用。预计管理人员的薪酬可以根据管理人员的工作经验、岗位级别和市场薪资水平来确定。业务招待费和差旅费按营业收入的一定比例计提即可。管理用固定资产折旧的计算可参照生产用固定资产折旧的方法。

7. 财务费用预算

财务费用是指企业为筹集生产经营所需资金等而发生的费用。具体项目有：利息净支出（利息支出减利息收入后的差额）、汇兑净损失（汇兑损失减汇兑收益的差额）、金融机构手续费以及筹集生产经营资金发生的其他费用等。在编写商业计划书时，常用的是利息支出中的短期借款利息、长期借款利息。财务费用预测步骤如下。

1）融资计划。首先需要对未来一定时期内的融资需求进行评估和规划，包括资金用途、融资额度、融资期限等方面的考虑。

2)估算利息支出。对企业的债务结构进行分析,包括债务种类、利率、还款方式等方面的情况。再对未来一定时期内各项债务的到期情况进行梳理,包括本金到期和利息支付时间。根据市场利率情况和债务合同约定,对未来一定时期内的利率进行预测,考虑利率变动的可能性。制定债务还款计划,包括本金和利息的还款时间和金额,结合企业的现金流情况进行规划,对未来一定时期内的利息支出进行估算,包括每期的利息支出金额。具体计算步骤参考第 3 章 3.4 节单利与复利部分。

3)汇兑损益预测。如果企业有跨国业务,需要对未来一定时期内的汇兑损益进行预测,考虑汇率波动对财务费用的影响。

4)估算融资成本。对未来一定时期内的融资成本进行预测,包括发行债券、股权融资等方式的成本估算。

5)财务衍生品成本预算。如果企业使用财务衍生品进行风险管理,需要对未来一定时期内的衍生品成本进行预算。

6)确定资金成本。对企业资金占用成本进行估算,包括现金持有成本、存货成本等。

7)财务费用总体预算。综合考虑上述各项因素,对未来一定时期内的财务费用进行总体预算和规划。

10.3 财务报表基本知识

10.3.1 财务报表概述

1. 财务报表概念及作用

财务报表是企业或组织向投资者、合作伙伴及其他利益相关者展示财务状况、经营成果和未来预算的综合性报告文件,有助于企业获得融资、建立合作关系和制定战略计划。投资者和合作伙伴通过财务报表反映的企业偿债能力、盈利能力、资产质量等关键指标评估企业的风险水平和价值,并根据财务报表反映的企业经营状况和业绩掌握企业的财务状况信息和成长前景,从而做出明智的决策。

财务报表通常包括资产负债表、利润表、现金流量表三大基本报表,以及其他如股东权益变动表等辅助报表。但在商业计划书的编写中最重要、最常用的是上述三大基本报表。

2. 财务报表编制的基本原则

1)真实性。财务报表应当真实地反映公司的财务状况和经营成果,不得歪曲事实或隐瞒重要信息。

2)公允性。财务报表应当公允地反映公司的资产、负债、收入和费用,不得偏颇或歪曲。

3)连续性。财务报表应当保持连续性,以便各利益相关方能够对比不同期间的财务状况和经营绩效。

4)谨慎性。财务报表编制时应当保持谨慎,对潜在风险和损失进行合理评估和防控。

5)完整性。财务报表应当包括所有必要的信息,以便各利益相关方全面了解公司的财务状况和经营绩效。

10.3.2 资产负债表

资产负债表是反映企业在某一特定日期的财务状况的财务报表，通常由资产、负债和所有者权益三部分组成，以会计恒等式"资产=负债+所有者权益"为理论基础。它展示了三者之间的关系，展示了项目的资产种类和价值、债务种类和金额以及项目的净资产。资产负债表的关键部分包括流动资产、非流动资产、负债和所有者权益。通过资产负债表，可以了解项目的资产结构、负债情况和净资产状况，从而评估项目的偿债能力和财务稳定性。

资产负债表一般包括表头、正表两部分。表头概括地说明报表名称、编制单位、编制日期、报表编号、货币名称、计量单位等；正表是资产负债表的主体，列示了用以说明企业财务状况的各个项目。根据《企业会计准则第 30 号——财务报表列报》规定，我国的资产负债表采用账户式，将资产负债表分为左、右两方，左方反映资产项目，右方反映负债和所有者权益项目，左右两方的合计数应保持平衡。格式如表 10-11 所示。

表 10-11 资产负债表（主要项目）

资产	期末余额	年初余额	负债和所有者权益	期末余额	年初余额
流动资产：			流动负债：		
货币资金			短期借款		
应收票据			应付票据		
应收账款			应付账款		
预付账款			预收账款		
存货			应付职工薪酬		
其他应收款			流动负债合计		
流动资产合计			非流动负债：		
非流动资产：			长期借款		
长期股权投资			应付债券		
固定资产原价			长期应付款		
减：累计折旧			非流动负债合计		
固定资产净值			负债合计		
在建工程			所有者权益（或股东权益）：		
无形资产			实收资本		
减：累计摊销			资本公积		
无形资产净值			盈余公积		
长期待摊费用			未分配利润		
非流动资产合计			所有者权益合计		
资产合计			负债和所有者权益合计		

10.3.3 利润表

利润表是反映企业在一定会计期间内的经营成果的财务报表，它展示了企业的收入、成本、费用以及税费情况。利润表可以体现企业的盈利能力、经营效率以及衡量企业是否具有发展潜力，从而为阅读报表者提供关键的决策信息，助其做出合理的经济决策；还可用来分析利润增减变化的原因、公司的经营成本、进行投资价值评价等。

利润表由表头、表身及表尾三部分组成。表头部分包括报表名称、编表单位名称、编表日期和金额计量单位；表身部分反映利润表的构成内容；表尾部分为补充说明及有关人员的签章。当前，世界范围内，利润表有两种格式：单步式与多步式。在我国，利润表采用多步式。多步式利润表是通过对当期的收入、费用、支出项目按性质加以归类，按利润形成的主要环节列示一些中间性利润指标，如营业收入、营业利润、利润总额、净利润，分步计算当期净损益。每个项目通常又分为“本月数”和“本年累计数”两栏分别列示。格式如表 10-12 所示。

表 10-12 利润表（主要项目）

项目	本月数	本年累计数
一、营业收入		
减：营业成本		
税金及附加		
销售费用		
管理费用		
研发费用		
财务费用		
其中：利息费用		
利息收入		
减：资产减值损失		
信用减值损失		
加：其他收益		
投资收益		
公允价值变动收益		
资产处置收益		
二、营业利润		
加：营业外收入		
减：营业外支出		
三、利润总额		
减：所得税费用		
四、净利润		

续表

项目	本月数	本年累计数
五、其他综合收益的税后净额		
六、综合收益总额		

10.3.4 现金流量表

现金流量表可以反映企业在一定时期内在经营活动、投资活动和筹资活动等方面的现金流入和流出情况，进而说明公司对现金的使用和管控能力，从而评估企业的经营状况、风险水平和发展潜力。商业计划书可以将现金流量表中各方面的小计项目和总计项目呈现出来，或者只介绍现金流量表各项数据的最终统计结果。

现金流量表包括主表和补充资料两部分。主表部分揭示经营活动产生的现金流量、投资活动产生的现金流量、筹资活动产生的现金流量。补充资料部分揭示将净利润调整为经营活动现金流量的信息，各种活动的现金流量一般应用现金的流入和流出总额反映，并用"现金净流量=现金流入-现金流出"计算出各种活动的现金净流量。格式如表 10-13 所示。

表 10-13 现金流量表(主要项目)

项目	金额
一、经营活动产生的现金流量：	
销售商品、提供劳务收到的现金	
收到的税费返还	
收到的其他与经营活动有关的现金	
经营活动现金流入小计	
购买商品、接受劳务支付的现金	
支付给职工以及为职工支付的现金	
支付的各项税费	
支付的其他与经营活动有关的现金	
经营活动现金流出小计	
经营活动产生的现金流量净额	
二、投资活动产生的现金流量：	
收回投资所收到的现金	
取得投资收益所收到的现金	
处置固定资产、无形资产和其他长期资产所收回的现金净额	
收到的其他与投资活动有关的现金	
投资活动现金流入小计	
购建固定资产、无形资产和其他长期资产所支付的现金	
投资所支付的现金	

续表

项目	金额
取得子公司及其他营业单位支付的现金净额	
支付的其他与投资活动有关的现金	
投资活动现金流出小计	
投资活动产生的现金流量净额	
三、筹资活动产生的现金流量:	
吸收投资收到的现金	
取得借款收到的现金	
收到其他与筹资活动有关的现金	
筹资活动现金流入小计	
偿还债务支付的现金	
分配股利、利润或偿付利息所支付的现金	
支付其他与筹资活动有关的现金	
筹资活动现金流出小计	
筹资活动产生的现金流量净额	
四、现金净增加额	
五、期末现金余额	

10.4 财务指标分析

10.4.1 财务指标的概述

财务指标是企业或个人在财务管理过程中运用的各种量度标准,用于评估财务状况、经营成果和现金流量等,分为偿债能力指标、营运能力指标、盈利能力指标和发展能力指标。

财务指标具有可度量性、相对性和综合性等特性,能够反映企业或个人的经济活动状况,帮助企业或个人做出科学、合理的经济决策。通过对财务指标的监测和分析,可以及时发现潜在的风险和问题,采取应对措施;也可以评估企业或个人的绩效,了解经营状况和改进方向。

10.4.2 偿债能力分析

偿债能力是指企业偿还到期债务的能力。按照债务到期时间的长短不同,偿债能力指标可分为短期偿债能力指标和长期偿债能力指标,如流动比率、速动比率、现金比率、资产负债率、产权比率。这些指标可以帮助评估公司的偿债能力和流动性状况。

企业具有良好的偿债能力,意味着企业能够保障员工工资的支付、供应商的结算、按时偿还债务,保持稳定的经营状况,在一定程度上反映出企业在经营活动中遵循了诚实守信、共同富裕、和谐发展等社会主义核心价值观。

1. 短期偿债能力指标

短期偿债能力是指企业以其流动资产偿还即将在一年内到期的流动负债的能力。常用来反映企业短期偿债能力的财务指标有流动比率、速动比率、现金比率三项。

1)流动比率。是流动资产与流动负债的比率,表示企业每 1 元流动负债有多少流动资产作为偿还的保证,反映了企业的流动资产偿还流动负债的能力。国际上一般认为,流动比率的下限为 1,而流动比率为 2 时比较合理,表明每 1 元的流动负债都有 2 元的流动资产做准备。当流动比率为 2 时,企业财务状况稳定可靠,除了满足日常生产经营对流动资金的需要,还有足够的财力偿还到期流动负债。但是,流动比率也不能过高,过高说明企业流动资产存量过大,会造成企业流动资产的积压浪费,降低流动资产的运用效率,影响企业的盈利能力。其计算公式为:

$$\text{流动比率} = \frac{\text{流动资产}}{\text{流动负债}} \times 100\% \tag{10-9}$$

2)速动比率。是速动资产与流动负债的比率。所谓速动资产,是指可以迅速转换成为现金或已属于现金形式的资产,指的是会计账目上流动资产扣除存货和待摊费用后的余额,主要包括货币资金、短期投资、应收票据、应收账款等各项可迅速变现的资产。国际上一般认为,速动比率为 1 时较为适当。如果速动比率小于 1,企业可能面临很大的偿债风险;如果速动比率大于 1,会因现金及应收账款资金占用过多而增加企业的机会成本。其计算公式为:

$$\text{速动比率} = \frac{\text{速动资产}}{\text{流动负债}} \times 100\% \tag{10-10}$$

$$\text{速动资产}=\text{货币资金}+\text{交易性金融资产}+\text{应收票据}+\text{应收账款}+\text{其他应收款} \tag{10-11}$$

3)现金比率。也称为现金兑现率或绝对流动比率,是一个更为保守的衡量企业短期偿债能力的财务指标。现金比率越高说明企业偿还流动负债时的现金支付能力越强。但是现金比率过高,表明企业流动资产中过多的资金处在获利能力较差的现金资产状态,流动资产未能得到有效运用,资产的管理效率较低。一般认为,现金比率适度为好,既要保证短期债务偿还的现金需要,又要尽可能降低过多持有现金的机会成本。其计算公式为:

$$\text{现金比率} = \frac{\text{货币资金} + \text{交易性金融资产} + \text{应收票据}}{\text{流动负债}} \times 100\% \tag{10-12}$$

2. 长期偿债能力指标

长期偿债能力是指企业偿还长期债务的能力,用来反映企业长期偿债能力的指标有:资产负债率、产权比率。

1)资产负债率。是指企业的负债总额与资产总额的比率,反映了企业资本结构的稳定性和风险程度。较高的资产负债率可能表示企业依赖债务融资较多,财务风险较大;而较低的资产负债率通常意味着企业资本结构较为稳健,自有资本比例较高,财务风险较小。其计算公式为:

$$\text{资产负债率} = \frac{\text{负债总额}}{\text{资产总额}} \times 100\% \tag{10-13}$$

注意:公式中的分子部分为负债总额,不仅包括长期负债,还包括流动负债。如果企业的资产负债率小于 50%,在企业盈利时,可以通过适度增加借款用以实施新的确保盈利的经营项目,或者进行新产品的推广,以获取额外的利润,增强企业的盈利能力。国际上公认的较好的资产负债率指标值是 60%。

2)产权比率。是指负债总额与所有者权益总额的比率,是衡量企业财务结构稳健与否的重要指标,反映了所有者权益对债权人权益的保障程度。一般情况下,产权比率越低,表明企业的长期偿债能力越强,债权人权益的保障程度越大,但企业不能充分发挥负债的财务杠杆作用;反之,比率越高,企业的长期偿债能力越低,债权人权益的保障程度越小。其计算公式为:

$$\text{产权比率} = \frac{\text{负债总额}}{\text{所有者权益总额}} \times 100\% \qquad (10\text{-}14)$$

产权比率与资产负债率对评价偿债能力的作用基本相同,两者的主要区别是:资产负债率侧重于分析债务偿付安全性的物质保障程度;产权比率则侧重于揭示财务结构的稳健程度以及自有资金对偿债风险的承受能力。

例 10-6 结合某企业资产负债表 10-14,计算资产负债率、流动比率和速动比率,并分析该企业长期和短期偿债能力。

表 10-14 资产负债表

单位:万元

资产	2022 年末	2023 年末	负债及所有者权益	2022 年末	2023 年末
流动资产	1 000	1 200	负债		
其中存货	550	650			
长期股权	80	80	流动负债	520	600
固定资产	400	470	长期负债	110	200
无形资产	20	50	小计	630	800
其他资产	—	—	所有者权益	870	1 000
合计	1 500	1 800	合计	1 500	1 800

解:该企业资产负债率计算如下:

$$2022\text{年末资产负债率} = \frac{\text{负债总额}}{\text{资产总额}} \times 100\% = \frac{630}{1\,500} \times 100\% = 42.0\%$$

$$2023\text{年末资产负债率} = \frac{\text{负债总额}}{\text{资产总额}} \times 100\% = \frac{800}{1\,800} \times 100\% = 44.4\%$$

该企业流动比率计算如下:

$$2022\text{年末流动比率} = \frac{\text{流动资产}}{\text{流动负债}} \times 100\% = \frac{1\,000}{520} \times 100\% = 192.3\%$$

$$2023\text{年末流动比率} = \frac{\text{流动资产}}{\text{流动负债}} \times 100\% = \frac{1\,200}{600} \times 100\% = 200.0\%$$

该企业速动比率计算如下：

$$2022年末速动比率=\frac{流动资产-存货}{流动负债}\times 100\%$$
$$=\frac{1\,000-550}{520}\times 100\%=86.5\%$$

$$2023年末速动比率=\frac{流动资产-存货}{流动负债}\times 100\%$$
$$=\frac{1\,200-650)}{600}\times 100\%=91.7\%$$

分析说明一：资产负债率是评价企业长期偿债能力的指标。

该企业 2022 年末资产负债率 42.0%，2023 年末资产负债率为 44.4%，企业长期偿债能力有所降低。

分析说明二：流动比率和速动比率是评价企业短期偿债能力的指标。

该企业 2022 年末流动比率为 192.3%，速动比率为 86.5%，2023 年末流动比率为 200.0%，速动比率为 91.7%，说明企业短期偿债能力有所提高。

10.4.3 营运能力分析

营运能力是指企业资金的利用效率，即资金周转的速度快慢及有效性。企业营运能力指标可以评估公司运营效率和资源利用情况，包括应收账款周转率、存货周转率、资产周转率（如流动资产周转率、固定资产周转率和总资产周转率）。良好的营运能力意味着企业能够高效地运营，及时收回应收账款、有效管理存货，为员工提供更多的晋升空间和福利，实现资源的有效利用，促进企业的和谐发展。

1. 应收账款周转率

应收账款周转率是衡量企业在一定时期内收回应收账款并将其转换为现金的效率的财务指标，反映了企业向客户提供信用后，收回款项的速度。应收账款周转率高说明企业收回应收账款的速度较快，表明企业具有良好的信用政策和有效的账款管理，有助于企业保持良好的现金流，减少坏账风险。相反，应收账款周转率低可能表明企业在收回款项方面存在问题，可能是放宽信用政策导致的坏账增多，或者是收款效率不高。其计算公式为：

$$应收账款周转率=\frac{营业收入}{平均应收账款余额} \tag{10-15}$$

$$平均应收账款余额=\frac{期初应收账款+期末应收账款}{2} \tag{10-16}$$

$$应收账款周转期=\frac{360}{应收账款周转率} \tag{10-17}$$

营业收入（或销售额）通常是指公司在一定时期（如一年）内的总销售额。

2. 存货周转率

存货周转率是衡量企业管理存货效率的财务指标，是企业一定时期的营业成本与平均存货余额的比率，也叫存货的周转次数。存货周转率高表明公司存货周转快，不会长时间积压,通常意味着较高的运营效率和较好的现金流状况。相反,存货周转率低可能意味着存货积压,可能会导致存货过时或降价处理,影响公司的盈利能力。其计算公式为:

$$存货周转率=\frac{营业成本}{平均存货余额} \tag{10-18}$$

$$存货周转期=\frac{360}{存货周转率}=\frac{平均存货余额\times 360}{营业成本} \tag{10-19}$$

3. 流动资产周转率

流动资产周转率用来衡量企业在一定时期内用流动资产产生营业收入的效率,表示公司流动资产的使用频率和效率,显示企业在管理流动资产方面的能力。流动资产周转率高意味着公司能够有效地使用较少的流动资产来实现较高的营业额,通常被视为资产管理效率高的表现。相反,流动资产周转率低可能意味着公司在使用流动资产方面效率不高,可能存在过多的存货或应收账款难以收回的问题。其计算公式为:

$$流动资产周转率=\frac{营业收入}{平均流动资产总额} \tag{10-20}$$

$$流动资产周转期=\frac{360}{流动资产周转率}=\frac{平均流动资产总额\times 360}{营业收入} \tag{10-21}$$

4. 固定资产周转率

固定资产周转率是衡量公司能否有效使用其固定资产来支持销售的财务指标。它是企业一定时期营业收入与平均固定资产净值的比值,是衡量厂房、设备等固定资产利用效率的一项指标,表示 1 元的固定资产投资可发挥多少元的销售效能。固定资产周转率越高,表明固定资产的利用效率越高,管理水平越好。其计算公式为:

$$固定资产周转率=\frac{营业收入}{平均固定资产净值} \tag{10-22}$$

$$固定资产周转期=\frac{360}{固定资产周转率}=\frac{平均固定资产净值\times 360}{营业收入} \tag{10-23}$$

平均固定资产净值是指在同一时期内固定资产净值(原值减去累计折旧)的平均数。

5. 总资产周转率

总资产周转率是反映总资产周转情况的主要指标,它是企业一定时期营业收入与平均资产总额的比值,可以用来反映企业全部资产的利用效率,分析企业资产经营的整体效能,反映企业资产总额的周转速度。周转越快,说明销售能力越强,企业可以通过薄利多销的办法,加速资产的周转,带来利润绝对额的增加。如果能够保持较高的总资产周转率,说明企业在经营过程中能够有效地利用资产,实现价值增值效应。其计算公式为:

$$总资产周转率=\frac{营业收入}{平均资产总额} \tag{10-24}$$

$$总资产周转期=\frac{360}{总资产周转率}=\frac{平均资产总额\times 360}{营业收入} \tag{10-25}$$

10.4.4 盈利能力分析

盈利能力指标是用于评估公司盈利能力的指标。对一般企业盈利能力的分析,通常使用的指标主要有:营业利润率、成本费用利润率、总资产报酬率、净资产收益率。这些指标可以帮助分析公司的盈利水平和经营效率。对上市公司盈利能力的分析,使用的指标为每股收益、每股股利、每股净资产、市盈率、净资产收益率。在商业计划书的撰写中,主要用到一般企业盈利指标。

1. 营业利润率

营业利润率是一个财务比率,用于衡量一个公司通过其核心业务活动赚取利润的能力,表示为营业利润与营业收入之间的百分比。较高的营业利润率通常意味着公司能够有效地控制成本,并在其主营业务中实现良好的利润。相反,较低的营业利润率可能表明公司在运营方面存在问题,或者面临较高的成本压力。其计算公式为:

$$营业利润率 = \frac{营业利润}{营业收入} \times 100\% \qquad (10\text{-}26)$$

2. 成本费用利润率

成本费用利润率,有时也称为成本利润率,是反映企业从每单位成本和费用中获得多少利润的指标。表示为企业一定时期利润总额与成本费用总额的比率,它反映企业所得与所耗的关系。成本费用利润率高,表明企业在成本费用一定的情况下,实现了更多的利润,或者表明企业实现一定的利润所花费的成本费用较少,经济效益好。成本费用利润率低,则说明企业投入多、获利少,经济效益差。其计算公式为:

$$成本费用利润率 = \frac{利润总额}{成本费用总额} \times 100\% \qquad (10\text{-}27)$$

$$成本费用总额 = 营业成本 + 营业税金及附加 + 销售费用 + 管理费用 + 财务费用 \qquad (10\text{-}28)$$

3. 总资产报酬率

总资产报酬率是企业一定时期内获得的息税前利润总额与平均资产总额的比率。是反映企业资产综合利用效果的指标,也是反映企业利用债权人和所有者权益总额所取得的盈利的重要指标。一般情况下,该指标越高,表明企业的资产利用效益越好,整个企业获利能力越强,经营管理水平越高。企业还可以将该指标与市场资本利率进行比较,如果前者大于后者,则说明企业可以充分利用财务杠杆,适当举债经营,以获得更多的收益。其计算公式为:

$$总资产报酬率 = \frac{息税前利润总额}{平均资产总额} \times 100\% \qquad (10\text{-}29)$$

$$息税前利润总额 = 利润总额 + 利息支出 = 净利润 + 所得税 + 利息支出 \qquad (10\text{-}30)$$

4. 净资产收益率

净资产收益率反映了公司使用股东权益产生的净收益或利润的能力。它是企业一定时期净利润与平均净资产的比率,也称净资产净利率、权益收益率、权益净利率等。一般认为,

净资产收益率越高,企业自有资本获取收益的能力越强,运营效益越好,对企业投资者和债权人的保证程度越高。其计算公式为:

$$净资产收益率 = \frac{净利润}{平均净资产} \times 100\% \tag{10-31}$$

10.4.5 发展能力分析

发展能力指标是用来衡量公司在一定时期内成长和扩张能力的一组财务指标,用于评估公司的成长性和发展潜力。分析发展能力主要考察以下几项指标:营业收入增长率、总资产增长率等。良好的发展能力需要企业具备创新能力,能够不断推出新产品、新技术、新服务等,有利于推动社会的创新发展。

1. 营业收入增长率

营业收入增长率是一个衡量公司在一定时期内营业收入变化情况的财务指标,可以反映公司销售能力的增长情况和市场需求的变化趋势,可以用来评估公司业务扩张的速度和效果,可以帮助投资者和管理层更好地了解公司的经营状况和市场地位。如果营业收入增长率为正数,表示公司的营业收入相比上一期有所增长;如果为负数,则表明营业收入有所下降。其计算公式为:

$$营业收入增长率 = \frac{本期营业收入 - 上一期营业收入}{上一期营业收入} \times 100\% \tag{10-32}$$

2. 总资产增长率

总资产增长率是一个用于衡量一段时间内公司总资产增长情况的财务指标。显示了公司资产规模的扩张速度,反映了公司的投资和扩张活动取得的效果,用来比较其他时期或者同行业内其他公司的资产增长情况。其计算公式为:

$$总资产增长率 = \frac{期末总资产 - 期初总资产}{期初总资产} \times 100\% \tag{10-33}$$

10.5 投资可行性分析

10.5.1 投资可行性分析的概述

投资可行性分析是对一个项目在经济技术、环境等方面的可行性进行研究和分析的过程。它旨在评估项目的潜在价值和风险,为决策者做出明智的投资决策提供科学依据,包括市场调研、技术评估、财务分析等方面,是项目投资前期的重要工作。其分析结果可以为项目投资提供决策依据,帮助投资者规避风险,提高投资效益。

10.5.2 投资可行性分析的步骤

1)确定投资目标。通过市场需求、企业战略、政策法规等途径,根据企业实际情况和市场环境,并结合企业战略和资源情况确定投资目标的优先级和预期收益。

2)收集相关资料。收集项目相关的市场、技术、财务等方面的资料为后续分析提供基础数据,对项目所处市场的需求、竞争状况、行业趋势等进行深入分析,评估市场潜力和风险;对项目的工艺技术、设备选型、建设方案等进行技术分析和评估,确保技术可行性;对项目的投资估算、收益预测、成本效益等进行财务分析和评估,判断经济可行性。

3)分析市场环境。先确定目标市场,然后分析市场规模和增长潜力,评估市场竞争格局和竞争对手,以此预测市场需求和发展趋势。

4)评估项目的技术可行性。对项目的工艺流程、技术方案、设备选型等方面进行技术分析和评估,确保项目在技术上是可行的。技术可行性分析包括技术成熟度、技术先进性、技术适用性、技术可靠性等方面的评估,可以采用专家评估、实验验证、模拟仿真等方法进行,确保项目在技术上可行,降低项目风险,提高项目的成功率。

5)评估项目的经济可行性。确定项目投资的目标和预期收益,进行市场调研,分析市场需求和竞争环境,评估项目的财务指标,如投资回报率、内部收益率等,考虑风险因素,进行风险评估和风险管理。

6)评估项目的社会和环境影响。分析项目对社区居民、文化等方面的正面和负面影响,评估项目对自然环境、生态平衡、气候变化等方面的影响。针对项目可能产生的负面影响,制定相应的减缓或补偿措施,将评估结果和减缓措施向社会公众公开,接受监督和反馈。

10.5.3 投资可行性分析的方法

1. 净现值法

净现值(*NPV*)是一种评估投资项目经济效益的方法,通过计算项目未来现金流的净现值来评估项目的经济价值。如果项目的现金流现值大于初始投资成本,表明项目能够产生超过资本成本的额外价值,因此项目是财务上可行的,值得投资;项目的现金流现值正好等于初始投资成本,意味着项目能够达到资本成本的回报率,但没有额外的经济利益,在此情况下,项目可行性一般视为边界可行,投资者可能会根据其他因素(如战略目标、市场占有率等)来决定是否投资;项目的现金流现值小于初始投资成本,表明项目不能产生足够的现金流来回报资本成本,因此项目是财务上不可行的,通常不应该进行投资。

在实际应用中,确定合适的折现率是计算净现值的关键,还应考虑投资的风险程度以及资本的机会成本。不同的折现率会导致不同的净现值结果,因此在进行净现值分析时,通常会进行敏感性分析,以评估不同折现率对决策的影响。

2. 内部收益率法

内部收益率(*IRR*)是一种用于评估投资项目收益性的方法,可以帮助确定项目的实际收益率。如果项目的 *IRR* 高于投资者的资本成本或所需最低回报率,意味着项目能够产生足够的现金流来补偿投资者的初始投资以及获得超过其期望的回报,因此项目被认为是财务上可行的,并且值得投资;如果项目的 *IRR* 等于资本成本,那么项目的收益刚好能够覆盖其成本,在此情况下项目被认为是在边界上可行,投资者可能会根据其他非财务因素(如战略考虑或市场潜力)来决定是否进行投资;如果项目的 *IRR* 低于资本成本,意味着项目不能产生足够的现金流来满足投资者的最低期望回报,在此情况下项目通常被认为是不可行的,投资者应该避免投资。

3. 投资回收期法

投资回收期法（*PP* 或 *Pt*）是指通过计算投资项目未来现金流的现值来评估投资可行性的一种方法。它衡量的是项目投资成本从项目产生的现金流中收回所需要的时间。通常认为投资回收期越短，项目的风险越小，因为投资者可以在较短的时间内回收成本，减少资金暴露在不确定性中的时间。如果项目的投资回收期短于设定的标准或者业界平均水平，那么项目通常被认为是较为可行的；如果项目的投资回收期超过了企业的预期或行业标准，那么项目的可行性就会受到质疑。

10.5.4 投资可行性分析的注意事项

1）考虑各种不确定性。例如：市场需求变化可能会对项目收益产生影响；政策法规调整影响项目合规性和成本；技术进步可能导致项目被淘汰或成本增加；自然灾害可能导致项目中断或受损。

2）注意数据的准确性和可靠性。数据的来源要可靠，避免使用虚假或过时的数据，同时对数据进行必要的清洗和预处理以确保数据的准确性和完整性。在分析过程中，要采用合适的方法和模型，并进行多次验证和交叉验证关键数据和结果，确保其准确性和可靠性。

3）考虑项目的可持续性。先评估项目对环境的影响，再考虑项目对社会的贡献，分析项目的经济可行性，考虑项目的技术可行性。

4）综合考虑各种因素。充分了解市场情况，进行经济可行性分析和风险评估，考虑投资回报率和投资风险，制定风险控制措施，综合考虑各种因素，做出科学决策。

10.6 财务预测案例

习近平总书记在党的二十大报告中明确提出实施积极应对人口老龄化国家战略，发展养老事业和养老产业，优化孤寡老人服务，推动实现全体老年人享有基本养老服务。这一重大部署，为我国养老服务发展明确了方向，提供了根本遵循，对于人口老龄化加剧形势下实现好、维护好、发展好最广大人民的根本利益，使人民群众获得感、幸福感、安全感更加充实、更有保障、更可持续具有重要意义。

案例背景 在广州市的城市发展和核心区域东移的过程中，越来越多的老年居民正从他们熟悉的老城区迁出，这种地理与社会环境的变迁，对老年人的生活方式构成了显著挑战。基于这些挑战，本案例提出建立新型的活动中心——“夕阳红”的构想，旨在为这一人口群体提供一个平台，以促进他们的社会参与和生活质量的维持。

1. 基本假设和基本数据

1）资金来源结构。本项目的总投资主要通过外部融资和贷款来筹集，计划与 8 家主要房地产开发商合作，其中房地产商出资比例为 80%，自身出资比例为 20%。

2）开发商合作优势。合作房地产商将提供场地、楼宇和必要设施，并通过为购房者提供特殊优惠和 VIP（贵宾）会员资格来支持项目。

3）优惠政策与财务规划。建设期间，资金需求将通过融资来解决，固定资产采购将在建设期结束后进行，而利息支出从运营第 1 年开始计入成本。房地产开发商将承担部分利息，并提供租金减免和利息优惠。项目预计将使用 50%融资和 50%贷款，其中贷款期限为 5 年，贷款利率为 5.76%。

4）还款原则。计划每年等额还款，并在 5 年内还清全部贷款，每年的利息计入财务费用，本金由税后利润支付。

2. 收入来源

项目实行会员制度，以会费作为主要收入来源，并设置 VIP 会员升级机制，普通会员可通过满足条件或支付额外金额升级为 VIP 会员，同时针对资深客户提供年龄优惠政策。多元化服务包括餐饮、医疗供给、个性化照料以及教育培训服务（如计算机教学和舞蹈等课程），用来创造收入。此外，通过为保健品商家提供展销场所或与旅游商合作推广，还可以获得其他合法经营收入。

3. 投资成本估算

投资成本预算如表 10-15 所示。

表 10-15　投资成本估算表

项目	单价（元/平方米）	工程量（平方米）	总额（万元）
草地绿化	8	4 500	3.60
乔木灌木观赏草本植物			3
室外场所建设费			100
室内场所装修费			300
固定资产费用（包括电脑等办公用品、各种康乐设施等）			1 000
其他费用			101
总投资（50%融资和 50%贷款）			1 507.60

4. 收入预算

1）会员卡销售分析：会员卡包括月卡（150 元）、季卡（400 元）和年卡（1 200 元）。会员卡收入将根据销售的卡种和数量进行计算。

2）产品业务推广收益估计：通过允许与老年人相关产品的企业在活动中心举办促销活动，预计每月可产生 10 万元的收入，年度则为 120 万元。

表 10-16　收入预算表

单位：万元

项目分类	经营期				
	1	2	3	4	5
会员卡收入	952.65	1 032.04	1 111.43	1 190.81	1 270.20
产品业务推广	120	120	120	120	120
总收入	1 072.65	1 152.04	1 231.43	1 310.81	1 390.20

5. 成本估算

成本估算如表 10-17 所示。

表 10-17　成本预算表

单位:万元

项目分类	经营期				
	1	2	3	4	5
水、电费用	31	31	31	31	31
工资及福利	190	200	220	240	260
固定资产折旧(直线折旧法)	200	200	200	200	200
各种维护费	40	40	40	40	40
租金(单价 135 元/m^2,面积 20 000 m^2)	270	270	270	270	270
物业摊销	46	46	46	46	46
财务费用(银行利息)(贷款 753.8 万元)	43.42	34.74	26.05	17.37	8.68
不可预见费	8.80	8.80	8.80	8.80	8.80
总成本	829.22	830.54	841.85	853.17	864.48
经营成本	539.80	549.80	569.80	589.80	609.80

6. 现金流量表

现金流量表如表 10-18 所示。

表 10-18　现金流量表

单位:万元

	期初	1	2	3	4	5
经营活动现金流入		1 072.65	1 152.04	1 231.43	1 310.81	1 390.20
经营活动现金流出		539.80	549.80	569.80	589.80	609.80
投资活动现金流出	−1 507.60	0	0	0	0	0
筹资活动现金流出		43.42	34.74	26.05	17.37	8.68
期末现金余额	−1 507.60	489.43	567.50	635.58	703.64	771.72

7. 利润表

利润表如表 10-19 所示。

表 10-19　利润表

单位:万元

	1	2	3	4	5
营业收入	952.65	1032.04	1 111.43	1 190.81	1 270.20
营业成本	310	330	360	370	390
税金及附加(按 5%税率计算)	47.632 5	51.602	55.571 5	59.540 5	63.510 0

续表

	1	2	3	4	5
财务费用	43.42	34.74	26.05	17.37	8.68
管理费用	356.567 5	342.598 0	328.628 5	334.659 5	330.690 0
销售费用	62.80	62.80	62.80	62.80	62.80
营业利润	132.23	210.30	278.38	346.44	414.52
营业外收入	120	120	120	120	120
营业外支出	8.80	8.80	8.80	8.80	8.80
利润总额	243.43	321.50	389.58	457.64	525.72
所得税费用(按 25%税率计算)	60.857 5	80.375 0	97.395 0	114.41	131.43
净利润	182.572 5	241.125 0	292.185 0	343.230 0	394.290 0

8. 财务指标分析

财务指标分析表如表 10-20 所示。

表 10-20　财务指标分析表

	1	2	6	4	5
营业利润率	13.88%	20.38%	25.05%	29.09%	32.63%
成本费用利润率	29.67%	39.12%	46.77%	54.20%	61.44%

营业利润率逐步增加,表明公司的盈利能力在提高。成本费用利润率增加,说明公司在成本控制和费用管理方面做得越来越好,能够从每单位成本费用中创造更多的利润。总体来看,公司的财务健康状况在改善,尤其是在财务风险管理和成本控制方面表现良好。

9. 投资可行性分析

投资可行性分析如表 10-21 所示。

表 10-21　投资可行性分析表

基准收益率(贷款利率为 5.76%,风险溢价为 5%)	5.76%+5%=10.76%
净现值(万元)	795.14
内部收益率	28%
投资回收期(年)	5

从表 10-21 可知,本项目的 *NPV* 为 795.14 万元,是正值,说明项目在预期的时间范围内能够产生超出初始投资成本的净现金流量,表明该项目投资是有吸引力的。*IRR* 高于基准收益率,这表明投资的回报率超过投资者所要求的最低标准,对投资者来说是一个积极的信号。投资回收期为 5 年,根据企业的风险偏好和行业平均回收期, 5 年被认为是在可接受范围内,则项目是可行的。

10.7 本章小结

广为人知的全国“互联网+”大学生创新创业大赛的参赛项目中，需要确定该项目的固定资产、流动资金、递延资产等投资要素。本章详细阐述相关内容，提升学生把课程知识转化为解决项目中实际问题的能力，树立创新创业精神，培养良好的工程师职业素养。

商业计划书是创业者吸引投资家进行投资的一份报告性文件，所有的商业计划书都应该包括摘要、主体、附录三个部分。主体部分是整个商业计划书的核心，其中财务预测往往是一个需要花费相当多时间和精力来编写的部分。商业计划书中的财务预测包括收入预测、成本分析、利润预测和现金流量预测等。收入预测需要分析预期销售额，考虑市场容量、竞争环境、价格策略和产品需求等因素。成本分析则需要详细列出固定成本与变动成本，包括生产成本、营销费用和管理开支等。利润预测基于收入预测和成本分析，计算预期的毛利润、营业利润和净利润。现金流量预测需要评估企业的现金流入和流出，确保企业在任何给定时期内资金充足，能支持正常运营。

财务预测不仅需要展示企业的财务数据，更应展现企业对未来市场的洞察和应对策略。准确的财务预测能够为企业筹资活动提供强有力的支持，是获取投资的关键环节。通过本章内容的学习，读者应能够理解并运用这些原则和技术，以提高自己在实际工作中编写商业计划书财务预测部分的能力。

练习题

1. 单项选择题(在备选答案中选择 1 个正确的选项)

1)投资项目财务预算工作包括：①确定预算的内容和指标；②动态管理和调整；③制定预算时间段和频率。这些工作的正确顺序是(　　)。

A. ③①②　　B. ②①③　　C. ①②③　　D. ②③①

2)反映企业在某一特定日期财务状况的财务报表是(　　)。

A. 利润与利润分配表

B. 项目总投资使用计划与资金筹措表

C. 项目投资现金流量表

D. 资产负债表

3)在某改扩建项目的资产负债表中，改扩建第 1 年年末的相关数据如下：流动资产总额 500 万元，在建工程 1 000 万元，固定资产净值 2 000 万元，无形及其他资产净值 200 万元，流动负债总额 300 万元，建设投资借款 1 000 万元，流动资金借款 300 万元，所有者权益 2 100 万元，该年资产负债率(　　)。

A. 35.14%　　B. 43.24%　　C. 48.15%　　D. 59.26%

4)某企业 2023 年末的资产负债率为 80%，流动资产/资产总额=30%，长期负债/负债总额=70%，该企业 2023 年末的流动比率为(　　)。

A. 0.54　　B. 0.80　　C. 1.00　　D. 1.25

5）已知流动负债为 80 万元，存货为 120 万元，应收账款为 60 万元，无形资产净值为 35 万元，则流动比率是（　　）。

A. 2.69　　B. 2.25　　C. 1.50　　D. 1.19

6）某企业资产总额为 1 000 万元，其中流动资产占 40%。目前盘点得知企业现有存货价值 240 万元，现金 100 万元，现有 250 万元应付账款未付，则企业的速动比率是（　　）。

A. 64%　　B. 136%　　C. 40%　　D. 62.5%

2. 多项选择题（在备选答案中选择 2 个或 2 个以上正确的选项）

1）下列对速动比率指标的理解不正确的是（　　）。

A. 速动比率国际公认的标准是 2

B. 速动比率不如流动比率准确

C. 速动比率指标越低，说明偿还流动负债的能力越强

D. 速动比率指标过高，说明企业资金利用效率低，对企业的运营也不利

2）资产负债表中，所有者权益包括（　　）。

A. 实收资本　　B. 资本公积　　C. 应付账款　　D. 固定资产净值

E. 未分配利润

3）根据企业资产负债表的数据可以计算（　　）。

A. 借款偿还期　　B. 投资回收期　　C. 资产负债率　　D. 流动比率

E. 速动比率

4）某投资方案的基准收益率为 10%，内部收益率为 15%，则该方案（　　）。

A. 净现值大于零　　B. 该方案不可行　　C. 净现值小于零　　D. 该方案可行

E. 无法判断是否可行

5）投资可行性分析中的经济评价指标包括（　　）等。

A. 净现值　　B. 内部收益率　　C. 产权比率　　D. 资产负债率

E. 投资回收期

6）对一般企业盈利能力的分析，通常使用的指标主要有（　　）。

A. 营业利润率　　B. 总资产增长率　　C. 流动资产周转率　　D. 成本费用利润率

E. 总资产报酬率

3. 填空题

1）财务预算是指对企业未来一段时间内的资金（　　）和（　　）进行预测和计划，以便为企业进行决策提供参考。

2）财务报表通常包括（　　）、（　　）、（　　）三大基本报表，以及其他如股东权益变动表等辅助报表。

3）成本费用主要包括直接材料、直接人工、制造费用、管理费用、销售费用。其中直接材料、直接人工、制造费用预算的起点都是（　　）。

4）国际上公认的较好的资产负债率指标值是（　　）%。

5）偿债能力是指企业偿还（　　）债务的能力。按照债务到期时间的长短不同，偿债能力指标可分为（　　）偿债能力指标和（　　）偿债能力指标。

6）如果项目的 *IRR*（　　　）资本成本，那么项目的收益刚好能够覆盖其成本。在这种情况下，项目被认为是在边界上可行。

4. 判断题

1）收入预算是对销售额和其他收入的估计，包括确定产品或服务的销售价格、市场需求、市场份额和销售预期。（　　）

2）利润表是反映企业在一定时期内现金流入和流出的财务报表。（　　）

3）财务指标是企业或个人在财务管理过程中运用的各种量度标准，用于评估财务状况、经营成果和现金流量等。（　　）

4）常用来反映企业短期偿债能力的财务指标有流动比率、速动比率和现金比率三项。（　　）

5）现金流量表包括主表和补充资料两部分。主表部分揭示经营活动产生的现金流量、投资活动产生的现金流量、筹资活动产生的现金流量。（　　）

6）净现值（ *NPV* ）是一种用于评估投资项目的收益性的方法，可以帮助确定项目的实际收益率。（　　）

5. 简答题

1）什么是财务预算？

2）简述财务指标分析的分类并做解释。

3）什么是收入预算？商业计划书中收入预算编制的主要步骤是什么？

4）产权比率与资产负债率有什么区别？

5）什么是投资可行性分析？

扫码获取答案

扫码获取资料

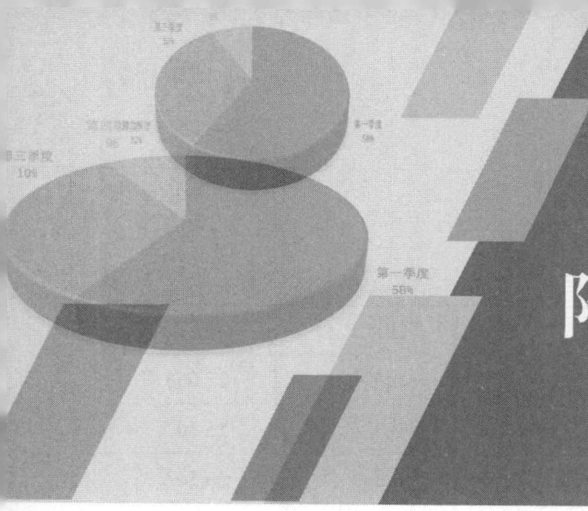

附　录

附表 1　复利系数表(i=1%)

n	$(F/P,i,n)$	$(P/F,i,n)$	$(F/A,i,n)$	$(A/F,i,n)$	$(A/P,i,n)$	$(P/A,i,n)$
1	1.010 0	0.990 1	1.000 0	1.000 0	1.010 0	0.990 1
2	1.020 1	0.980 3	2.010 0	0.497 5	0.507 5	1.970 4
3	1.030 3	0.970 6	3.030 1	0.330 0	0.340 0	2.941 0
4	1.040 6	0.961 0	4.060 4	0.246 3	0.256 3	3.902 0
5	1.051 0	0.951 5	5.101 0	0.196 0	0.206 0	4.853 4
6	1.061 5	0.942 0	6.152 0	0.162 5	0.172 5	5.795 5
7	1.072 1	0.932 7	7.213 5	0.138 6	0.148 6	6.728 2
8	1.082 9	0.923 5	8.285 7	0.120 7	0.130 7	7.651 7
9	1.093 7	0.914 3	9.368 5	0.106 7	0.116 7	8.566 0
10	1.104 6	0.905 3	10.462 2	0.095 6	0.105 6	9.471 3
11	1.115 7	0.896 3	11.566 8	0.086 5	0.096 5	10.367 6
12	1.126 8	0.887 4	12.682 5	0.078 8	0.088 8	11.255 1
13	1.138 1	0.878 7	13.809 3	0.072 4	0.082 4	12.133 7
14	1.149 5	0.870 0	14.947 4	0.066 9	0.076 9	13.003 7
15	1.161 0	0.861 3	16.096 9	0.062 1	0.072 1	13.865 1
16	1.172 6	0.852 8	17.257 9	0.057 9	0.067 9	14.717 9
17	1.184 3	0.844 4	18.430 4	0.054 3	0.064 3	15.562 3
18	1.196 1	0.836 0	19.614 7	0.051 0	0.061 0	16.398 3
19	1.208 1	0.827 7	20.810 9	0.048 1	0.058 1	17.226 0
20	1.220 2	0.819 5	22.019 0	0.045 4	0.055 4	18.045 6
21	1.232 4	0.811 4	23.239 2	0.043 0	0.053 0	18.857 0
22	1.244 7	0.803 4	24.471 6	0.040 9	0.050 9	19.660 4
23	1.257 2	0.795 4	25.716 3	0.038 9	0.048 9	20.455 8
24	1.269 7	0.787 6	26.973 5	0.037 1	0.047 1	21.243 4
25	1.282 4	0.779 8	28.243 2	0.035 4	0.045 4	22.023 2
26	1.295 3	0.772 0	29.525 6	0.033 9	0.043 9	22.795 2
27	1.308 2	0.764 4	30.820 9	0.032 4	0.042 4	23.559 6
28	1.321 3	0.756 8	32.129 1	0.031 1	0.041 1	24.316 4

续表

n	(F/P,i,n)	(P/F,i,n)	(F/A,i,n)	(A/F,i,n)	(A/P,i,n)	(P/A,i,n)
29	1.334 5	0.749 3	33.450 4	0.029 9	0.039 9	25.065 8
30	1.347 8	0.741 9	34.784 9	0.028 7	0.038 7	25.807 7
31	1.361 3	0.734 6	36.132 7	0.027 7	0.037 7	26.542 3
32	1.374 9	0.727 3	37.494 1	0.026 7	0.036 7	27.269 6
33	1.388 7	0.720 1	38.869 0	0.025 7	0.035 7	27.989 7
34	1.402 6	0.713 0	40.257 7	0.024 8	0.034 8	28.702 7
35	1.416 6	0.705 9	41.660 3	0.024 0	0.034 0	29.408 6
36	1.430 8	0.698 9	43.076 9	0.023 2	0.033 2	30.107 5
37	1.445 1	0.692 0	44.507 6	0.022 5	0.032 5	30.799 5
38	1.459 5	0.685 2	45.952 7	0.021 8	0.031 8	31.484 7
39	1.474 1	0.678 4	47.412 3	0.021 1	0.031 1	32.163 0
40	1.488 9	0.671 7	48.886 4	0.020 5	0.030 5	32.834 7
41	1.503 8	0.665 0	50.375 2	0.019 9	0.029 9	33.499 7
42	1.518 8	0.658 4	51.879 0	0.019 3	0.029 3	34.158 1
43	1.534 0	0.651 9	53.397 8	0.018 7	0.028 7	34.810 0
44	1.549 3	0.645 4	54.931 8	0.018 2	0.028 2	35.455 5
45	1.564 8	0.639 1	56.481 1	0.017 7	0.027 7	36.094 5
46	1.580 5	0.632 7	58.045 9	0.017 2	0.027 2	36.727 2
47	1.596 3	0.626 5	59.626 3	0.016 8	0.026 8	37.353 7
48	1.612 2	0.620 3	61.222 6	0.016 3	0.026 3	37.974 0
49	1.628 3	0.614 1	62.834 8	0.015 9	0.025 9	38.588 1
50	1.644 6	0.608 0	64.463 2	0.015 5	0.025 5	39.196 1

附表 2 复利系数表(i=2%)

n	(F/P,i,n)	(P/F,i,n)	(F/A,i,n)	(A/F,i,n)	(A/P,i,n)	(P/A,i,n)
1	1.020 0	0.980 4	1.000 0	1.000 0	1.020 0	0.980 4
2	1.040 4	0.961 2	2.020 0	0.495 0	0.515 0	1.941 6
3	1.061 2	0.942 3	3.060 4	0.326 8	0.346 8	2.883 9
4	1.082 4	0.923 8	4.121 6	0.242 6	0.262 6	3.807 7
5	1.104 1	0.905 7	5.204 0	0.192 2	0.212 2	4.713 5
6	1.126 2	0.888 0	6.308 1	0.158 5	0.178 5	5.601 4
7	1.148 7	0.870 6	7.434 3	0.134 5	0.154 5	6.472 0
8	1.171 7	0.853 5	8.583 0	0.116 5	0.136 5	7.325 5
9	1.195 1	0.836 8	9.754 6	0.102 5	0.122 5	8.162 2
10	1.219 0	0.820 3	10.949 7	0.091 3	0.111 3	8.982 6

续表

n	(F/P,i,n)	(P/F,i,n)	(F/A,i,n)	(A/F,i,n)	(A/P,i,n)	(P/A,i,n)
11	1.243 4	0.804 3	12.168 7	0.082 2	0.102 2	9.786 8
12	1.268 2	0.788 5	13.412 1	0.074 6	0.094 6	10.575 3
13	1.293 6	0.773 0	14.680 3	0.068 1	0.088 1	11.348 4
14	1.319 5	0.757 9	15.973 9	0.062 6	0.082 6	12.106 2
15	1.345 9	0.743 0	17.293 4	0.057 8	0.077 8	12.849 3
16	1.372 8	0.728 4	18.639 3	0.053 7	0.073 7	13.577 7
17	1.400 2	0.714 2	20.012 1	0.050 0	0.070 0	14.291 9
18	1.428 2	0.700 2	21.412 3	0.046 7	0.066 7	14.992 0
19	1.456 8	0.686 4	22.840 6	0.043 8	0.063 8	15.678 5
20	1.485 9	0.673 0	24.297 4	0.041 2	0.061 2	16.351 4
21	1.515 7	0.659 8	25.783 3	0.038 8	0.058 8	17.011 2
22	1.546 0	0.646 8	27.299 0	0.036 6	0.056 6	17.658 0
23	1.576 9	0.634 2	28.845 0	0.034 7	0.054 7	18.292 2
24	1.608 4	0.621 7	30.421 9	0.032 9	0.052 9	18.913 9
25	1.640 6	0.609 5	32.030 3	0.031 2	0.051 2	19.523 5
26	1.673 4	0.597 6	33.670 9	0.029 7	0.049 7	20.121 0
27	1.706 9	0.585 9	35.344 3	0.028 3	0.048 3	20.706 9
28	1.741 0	0.574 4	37.051 2	0.027 0	0.047 0	21.281 3
29	1.775 8	0.563 1	38.792 2	0.025 8	0.045 8	21.844 4
30	1.811 4	0.552 1	40.568 1	0.024 6	0.044 6	22.396 5
31	1.847 6	0.541 2	42.379 4	0.023 6	0.043 6	22.937 7
32	1.884 5	0.530 6	44.227 0	0.022 6	0.042 6	23.468 3
33	1.922 2	0.520 2	46.111 6	0.021 7	0.041 7	23.988 6
34	1.960 7	0.510 0	48.033 8	0.020 8	0.040 8	24.498 6
35	1.999 9	0.500 0	49.994 5	0.020 0	0.040 0	24.998 6
36	2.039 9	0.490 2	51.994 4	0.019 2	0.039 2	25.488 8
37	2.080 7	0.480 6	54.034 3	0.018 5	0.038 5	25.969 5
38	2.122 3	0.471 2	56.114 9	0.017 8	0.037 8	26.440 6
39	2.164 7	0.461 9	58.237 2	0.017 2	0.037 2	26.902 6
40	2.208 0	0.452 9	60.402 0	0.016 6	0.036 6	27.355 5
41	2.252 2	0.444 0	62.610 0	0.016 0	0.036 0	27.799 5
42	2.297 2	0.435 3	64.862 2	0.015 4	0.035 4	28.234 8
43	2.343 2	0.426 8	67.159 5	0.014 9	0.034 9	28.661 6
44	2.390 1	0.418 4	69.502 7	0.014 4	0.034 4	29.080 0
45	2.437 9	0.410 2	71.892 7	0.013 9	0.033 9	29.490 2

续表

n	(F/P,i,n)	(P/F,i,n)	(F/A,i,n)	(A/F,i,n)	(A/P,i,n)	(P/A,i,n)
46	2.486 6	0.402 2	74.330 6	0.013 5	0.033 5	29.892 3
47	2.536 3	0.394 3	76.817 2	0.013 0	0.033 0	30.286 6
48	2.587 1	0.386 5	79.353 5	0.042 6	0.032 6	30.673 1
49	2.638 8	0.379 0	81.940 6	0.012 2	0.032 2	31.052 1
50	2.691 6	0.371 5	84.579 4	0.011 8	0.031 8	31.423 6

附表 3　复利系数表(*i*=3%)

n	(F/P,i,n)	(P/F,i,n)	(F/A,i,n)	(A/F,i,n)	(A/P,i,n)	(P/A,i,n)
1	1.030 0	0.970 9	1.000 0	1.000 0	1.030 0	0.970 9
2	1.060 9	0.942 6	2.030 0	0.492 6	0.522 6	1.913 5
3	1.092 7	0.915 1	3.090 9	0.323 5	0.353 5	2.828 6
4	1.125 5	0.888 5	4.183 6	0.239 0	0.269 0	3.717 1
5	1.159 3	0.862 6	5.309 1	0.188 4	0.218 4	4.579 7
6	1.194 1	0.837 5	6.468 4	0.154 6	0.184 6	5.417 2
7	1.229 9	0.813 1	7.662 5	0.130 5	0.160 5	6.230 3
8	1.266 8	0.789 4	8.892 3	0.112 5	0.142 5	7.019 7
9	1.304 8	0.766 4	10.159 1	0.098 4	0.128 4	7.786 1
10	1.343 9	0.744 1	11.463 9	0.087 2	0.117 2	8.530 2
11	1.384 2	0.722 4	12.807 8	0.078 1	0.108 1	9.252 6
12	1.425 8	0.701 4	14.192 0	0.070 5	0.100 5	9.954 0
13	1.468 5	0.681 0	15.617 8	0.064 0	0.094 0	10.635 0
14	1.512 6	0.661 1	17.086 3	0.058 5	0.088 5	11.296 1
15	1.558 0	0.641 9	18.598 9	0.053 8	0.083 8	11.937 9
16	1.604 7	0.623 2	20.156 9	0.049 6	0.079 6	12.561 1
17	1.652 8	0.605 0	21.761 6	0.046 0	0.076 0	13.166 1
18	1.702 4	0.587 4	23.414 4	0.042 7	0.072 7	13.753 5
19	1.753 5	0.570 3	25.116 9	0.039 8	0.069 8	14.323 8
20	1.806 1	0.553 7	26.870 4	0.037 2	0.067 2	14.877 5
21	1.860 3	0.537 5	28.676 5	0.034 9	0.064 9	15.415 0
22	1.916 1	0.521 9	30.536 8	0.032 7	0.062 7	15.936 9
23	1.973 6	0.506 7	32.452 9	0.030 8	0.060 8	16.443 6
24	2.032 8	0.491 9	34.426 5	0.029 0	0.059 0	16.935 5
25	2.093 8	0.477 6	36.459 3	0.027 4	0.057 4	17.413 1
26	2.156 6	0.463 7	38.553 0	0.025 9	0.055 9	17.876 8
27	2.221 3	0.450 2	40.709 6	0.024 6	0.054 6	18.327 0

续表

n	(F/P,i,n)	(P/F,i,n)	(F/A,i,n)	(A/F,i,n)	(A/P,i,n)	(P/A,i,n)
28	2.287 9	0.437 1	42.930 9	0.023 3	0.053 3	18.764 1
29	2.356 6	0.424 3	45.218 9	0.022 1	0.052 1	19.188 5
30	2.427 3	0.412 0	47.575 4	0.021 0	0.051 0	19.600 4
31	2.500 1	0.400 0	50.002 7	0.020 0	0.050 0	20.000 4
32	2.575 1	0.388 3	52.502 8	0 0190	0.049 0	20.388 8
33	2.652 3	0.377 0	55.077 8	0.018 2	0.048 2	20.765 8
34	2.731 9	0.366 0	57.730 2	0.017 3	0.047 3	21.131 8
35	2.813 9	0.355 4	60.462 1	0.016 5	0.046 5	21.487 2
36	2.898 3	0.345 0	63.275 9	0.015 8	0.045 8	21.832 3
37	2.985 2	0.335 0	66.174 2	0.015 1	0.045 1	22.167 2
38	3.074 8	0.325 2	69.159 4	0.014 5	0.044 5	22.492 5
39	3.167 0	0.315 8	72.234 2	0.013 8	0.043 8	22.808 2
40	3.262 0	0.306 6	75.401 3	0.013 3	0.043 3	23.114 8
41	3.359 9	0.297 6	78.663 3	0.012 7	0.042 7	23.412 4
42	3.460 7	0.289 0	82.023 2	0.012 2	0.042 2	23.701 4
43	3.564 5	0.280 5	85.483 9	0.011 7	0.041 7	23.981 9
44	3.671 5	0.272 4	89.048 4	0.011 2	0.041 2	24.254 3
45	3.781 6	0.264 4	92.719 9	0.010 8	0.040 8	24.518 7
46	3.895 0	0.256 7	96.501 5	0.010 4	0.040 4	24.775 4
47	4.011 9	0.249 3	100.396 5	0.010 0	0.040 0	25.024 7
48	4.132 3	0.242 0	104.408 4	0.009 6	0.039 6	25.266 7
49	4.256 2	0.235 0	108.540 6	0.009 2	0.039 2	25.501 7
50	4.383 9	0.228 1	112.796 9	0.008 9	0.038 9	25.729 8

附表 4 复利系数表(i=4%)

n	(F/P,i,n)	(P/F,i,n)	(F/A,i,n)	(A/F,i,n)	(A/P,i,n)	(P/A,i,n)
1	1.040 0	0.961 5	1.000 0	1.000 0	1.040 0	0.961 5
2	1.081 6	0.924 6	2.040 0	0.490 2	0.530 2	1.886 1
3	1.124 9	0.889 0	3.121 6	0.320 3	0.360 3	2.775 1
4	1.169 9	0.854 8	4.246 5	0.235 5	0.275 5	3.629 9
5	1.216 7	0.821 9	5.416 3	0.184 6	0.224 6	4.451 8
6	1.265 3	0.790 3	6.633 0	0.150 8	0.190 8	5.242 1
7	1.315 9	0.759 9	7.898 3	0.126 6	0.166 6	6.002 1
8	1.368 6	0.730 7	9.214 2	0.108 5	0.148 5	6.732 7
9	1.423 3	0.702 6	10.582 8	0.094 5	0.134 5	7.435 3

续表

n	(F/P,i,n)	(P/F,i,n)	(F/A,i,n)	(A/F,i,n)	(A/P,i,n)	(P/A,i,n)
10	1 480 2	0.675 6	12.006 1	0.083 3	0.123 3	8.110 9
11	1.539 5	0.649 6	13.486 4	0.074 1	0.114 1	8.760 5
12	1.601 0	0.624 6	15.025 8	0.066 6	0.106 6	9.385 1
13	1.665 1	0.600 6	16.626 8	0.060 1	0.100 1	9.985 6
14	1.731 7	0.577 5	18.291 9	0.054 7	0.094 7	10.563 1
15	1.800 9	0.555 3	20.023 6	0.049 9	0.089 9	11.118 4
16	1.873 0	0.533 9	21.824 5	0.045 8	0.085 8	11.652 3
17	1.947 9	0.513 4	23.697 5	0.042 2	0.082 2	12.165 7
18	2.025 8	0.493 6	25.645 4	0.039 0	0.079 0	12.659 3
19	2.106 8	0.474 6	27.671 2	0.036 1	0.076 1	13.133 9
20	2.191 1	0.456 4	29.778 1	0.033 6	0.073 6	13.590 3
21	2.278 8	0.438 8	31.969 2	0.031 3	0.071 3	14.029 2
22	2.369 9	0.422 0	34.248 0	0.029 2	0.069 2	14.451 1
23	2.464 7	0.405 7	36.617 9	0.027 3	0.067 3	14.856 8
24	2.563 3	0.390 1	39.082 6	0.025 6	0.065 6	15.247 0
25	2.665 8	0.375 1	41.645 9	0.024 0	0.064 0	15.622 1
26	2.772 5	0.360 7	44.311 7	0.022 6	0.062 6	15.982 8
27	2.883 4	0.346 8	47.084 2	0.021 2	0.061 2	16.329 6
28	2.998 7	0.333 5	49.967 6	0.020 0	0.060 0	16.663 1
29	3.118 7	0.320 7	52.966 3	0.018 9	0.058 9	16.983 7
30	3.243 4	0.308 3	56.084 9	0.017 8	0.057 8	17.292 0
31	3.373 1	0.296 5	59.328 3	0.016 9	0.056 9	17.588 5
32	3.508 1	0.285 1	62.701 5	0.015 9	0.055 9	17.873 6
33	3.648 4	0.274 1	66.209 5	0.015 1	0.055 1	18.147 6
34	3.794 3	0.263 6	69.857 9	0.014 3	0.054 3	18.411 2
35	3.946 1	0.253 4	73.652 2	0.013 6	0.053 6	18.664 6
36	4.103 9	0.243 7	77.598 3	0.012 9	0.052 9	18.908 3
37	4.268 1	0.234 3	81.702 2	0.012 2	0.052 2	19.142 6
38	4.438 8	0.225 3	85.970 3	0.011 6	0.051 6	19.367 9
39	4.616 4	0.216 6	90.409 1	0.011 1	0.051 1	19.584 5
40	4.801 0	0.208 3	95.025 5	0.010 5	0.050 5	19.792 8
41	4.993 1	0.200 3	99.826 5	0.010 0	0.050 0	19.993 1
42	5.192 8	0.192 6	104.819 6	0.009 5	0.049 5	20.185 6
43	5.400 5	0.185 2	110.012 4	0.009 1	0.049 1	20.370 8
44	5.616 5	0.178 0	115.412 9	0.008 7	0.048 7	20.548 8

续表

n	(F/P,i,n)	(P/F,i,n)	(F/A,i,n)	(A/F,i,n)	(A/P,i,n)	(P/A,i,n)
45	5.841 2	0.171 2	121.029 4	0.008 3	0.048 3	20.720 0
46	6.074 8	0.164 6	126.870 6	0.007 9	0.047 9	20.884 7
47	6.317 8	0.158 3	132.945 4	0.007 5	0.047 5	21.042 9
48	6.570 5	0.152 2	139.263 2	0.007 2	0.047 2	21.195 1
49	6.833 3	0.146 3	145.833 7	0.006 9	0.046 9	21.341 5
50	7.106 7	0.140 7	152.667 1	0.006 6	0.046 6	21.482 2

附表 5 复利系数表(i=5%)

n	(F/P,i,n)	(P/F,i,n)	(F/A,i,n)	(A/F,i,n)	(A/P,i,n)	(P/A,i,n)
1	1.050 0	0.952 4	1.000 0	1.000 0	1.050 0	0.952 4
2	1.102 5	0.907 0	2.050 0	0.487 8	0.537 8	1.859 4
3	1.157 6	0.863 8	3.152 5	0.317 2	0.367 2	2.723 2
4	1.215 5	0.822 7	4.310 1	0.232 0	0.282 0	3.546 0
5	1.276 3	0.783 5	5.525 6	0.181 0	0.231 0	4.329 5
6	1.340 1	0.746 2	6.801 9	0.147 0	0.197 0	5.075 7
7	1.407 1	0.710 7	8.142 0	0.122 8	0.172 8	5.786 4
8	1.477 5	0.676 8	9.549 1	0.104 7	0.154 7	6.463 2
9	1.551 3	0.644 6	11.026 6	0.090 7	0.140 7	7.107 8
10	1.628 9	0.613 9	12.577 9	0.079 5	0.129 5	7.721 7
11	1.710 3	0.584 7	14.206 8	0.070 4	0.120 4	8.306 4
12	1.795 9	0.556 8	15.917 1	0.062 8	0.112 8	8.863 3
13	1.885 6	0.530 3	17.713 0	0.056 5	0.106 5	9.393 6
14	1.979 9	0.505 1	19.598 6	0.051 0	0.101 0	9.898 6
15	2.078 9	0.481 0	21.578 6	0.046 3	0.096 3	10.379 7
16	2.182 9	0.458 1	23.657 5	0.042 3	0.092 3	10.837 8
17	2.292 0	0.436 3	25.840 4	0.038 7	0.088 7	11.274 1
18	2.406 6	0.415 5	28.132 4	0.035 5	0.085 5	11.689 6
19	2.527 0	0.395 7	30.539 0	0.032 7	0.082 7	12.085 3
20	2.653 3	0.376 9	33.066 0	0.030 2	0.080 2	12.462 2
21	2.786 0	0.358 9	35.719 3	0.028 0	0.078 0	12.821 2
22	2.925 3	0.341 8	38.505 2	0.026 0	0.076 0	13.163 0
23	3.071 5	0.325 6	41.430 5	0.024 1	0.074 1	13.488 6
24	3.225 1	0.310 1	44.502 0	0 0225	0.072 5	13.798 6
25	3.386 4	0.295 3	47.727 1	0.021 0	0.071 0	14.093 9
26	3.555 7	0.281 2	51.113 5	0.019 6	0.069 6	14.375 2

续表

n	(F/P,i,n)	(P/F,i,n)	(F/A,i,n)	(A/F,i,n)	(A/P,i,n)	(P/A,i,n)
27	3.733 5	0.267 8	54.669 1	0.018 3	0.068 3	14.643 0
28	3.920 1	0.255 1	58.402 6	0.017 1	0.067 1	14.898 1
29	4.116 1	0.242 9	62.322 7	0.016 0	0.066 0	15.141 1
30	4.321 9	0.231 4	66.438 8	0.015 1	0.065 1	15.372 5
31	4.538 0	0.220 4	70.760 8	0.014 1	0.064 1	15.592 8
32	4.764 9	0.209 9	75.298 8	0.013 3	0.063 3	15.802 7
33	5.003 2	0.199 9	80.063 8	0.012 5	0.062 5	16.002 5
34	5.253 3	0.190 4	85.067 0	0.011 8	0.061 8	16.192 9
35	5.516 0	0.181 3	90.320 3	0.011 1	0.061 1	16.374 2
36	5.791 8	0.172 7	95.836 3	0.010 4	0.060 4	16.546 9
37	6.081 4	0.164 4	101.628 1	0.009 8	0.059 8	16.711 3
38	6.385 5	0.156 6	107.709 5	0.009 3	0.059 3	16.867 9
39	6.704 8	0.149 1	114.095 0	0.008 8	0.058 8	17.017 0
40	7.040 0	0.142 0	120.799 8	0.008 3	0.058 3	17.159 1
41	7.392 0	0.135 3	127.839 8	0.007 8	0.057 8	17.294 4
42	7.761 6	0.128 8	135.231 8	0.007 4	0.057 4	17.423 2
43	8.149 7	0.122 7	142.993 3	0.007 0	0.057 0	17.545 9
44	8.557 2	0.116 9	151.143 0	0.006 6	0.056 6	17.662 8
45	8.985 0	0.111 3	159.700 2	0.006 3	0.056 3	17.774 1
46	9.434 3	0.106 0	168.685 2	0.005 9	0.055 9	17.880 1
47	9.906 0	0.100 9	178.119 4	0.005 6	0.055 6	17.981 0
48	10.401 3	0.096 1	188.025 4	0.005 3	0.055 3	18.077 2
49	10.921 3	0.091 6	198.426 7	0.005 0	0.055 0	18.168 7
50	11.467 4	0.087 2	209.348 0	0.004 8	0.054 8	18.255 9

附表 6　复利系数表(i=6%)

n	(F/P,i,n)	(P/F,i,n)	(F/A,i,n)	(A/F,i,n)	(A/P,i,n)	(P/A,i,n)
1	1.060 0	0.943 4	1.000 0	1.000 0	1.060 0	0.943 4
2	1.123 6	0.890 0	2.060 0	0.485 4	0.545 4	1.833 4
3	1.191 0	0.839 6	3.183 6	0.314 1	0.374 1	2.673 0
4	1.262 5	0.792 1	4.374 6	0.228 6	0.288 6	3.465 1
5	1.338 2	0.747 3	5.637 1	0.177 4	0.237 4	4.212 4
6	1.418 5	0.705 0	6.975 3	0.143 4	0.203 4	4.917 3
7	1.503 6	0.665 1	8.393 8	0.119 1	0.179 1	5.582 4
8	1.593 8	0.627 4	9.897 5	0.101 0	0.161 0	6.209 8

续表

n	(F/P,i,n)	(P/F,i,n)	(F/A,i,n)	(A/F,i,n)	(A/P,i,n)	(P/A,i,n)
9	1.689 5	0.591 9	11.491 3	0.087 0	0.147 0	6.801 7
10	1.790 8	0.558 4	13.180 8	0.075 9	0.135 9	7.360 1
11	1.898 3	0.526 8	14.971 6	0.066 8	0.126 8	7.886 9
12	2.012 2	0.497 0	16.869 9	0.059 3	0.119 3	8.383 8
13	2.132 9	0.468 8	18.882 1	0.053 0	0.113 0	8.852 7
14	2.260 9	0.442 3	21.015 1	0.047 6	0.107 6	9.295 0
15	2.396 6	0.417 3	23.276 0	0.043 0	0.103 0	9.712 2
16	2.540 4	0.393 6	25.672 5	0.039 0	0.099 0	10.105 9
17	2.692 8	0.371 4	28.212 9	0.035 4	0.095 4	10.477 3
18	2.854 3	0.350 3	30.905 7	0.032 4	0.092 4	10.827 6
19	3.025 6	0.330 5	33.760 0	0.029 6	0.089 6	11.158 1
20	3.207 1	0.311 8	36.785 6	0.027 2	0.087 2	11.469 9
21	3.399 6	0.294 2	39.992 7	0.025 0	0.085 0	11.764 1
22	3.603 5	0.277 5	43.392 3	0.023 0	0.083 0	12.041 6
23	3.819 7	0.261 8	46.995 8	0.021 3	0.081 3	12.303 4
24	4.048 9	0.247 0	50.815 6	0.019 7	0.079 7	12.550 4
25	4.291 9	0.233 0	54.864 5	0.018 2	0.078 2	12.783 4
26	4.549 4	0.219 8	59.156 4	0.016 9	0.076 9	13.003 2
27	4.822 3	0.207 4	63.705 8	0.015 7	0.075 7	13.210 5
28	5.111 7	0.195 6	68.528 1	0.014 6	0.074 6	13.406 2
29	5.418 4	0.184 6	73.639 8	0.013 6	0.073 6	13.590 7
30	5.743 5	0.174 1	79.058 2	0.012 6	0.072 6	13.764 8
31	6.088 1	0.164 3	84.801 7	0.011 8	0.071 8	13.929 1
32	6.453 4	0.155 0	90.889 8	0.011 0	0.071 0	14.084 0
33	6.840 6	0.146 2	97.343 2	0.010 3	0.070 3	14.230 2
34	7.251 0	0.137 9	104.183 8	0.009 6	0.069 6	14.368 1
35	7.686 1	0.130 1	111.434 8	0.009 0	0.069 0	14.498 2
36	8.147 3	0.122 7	119.120 9	0.008 4	0.068 4	14.621 0
37	8.636 1	0.115 8	127.268 1	0.007 9	0.067 9	14.736 8
38	9.154 3	0.109 2	135.904 2	0.007 4	0.067 4	14.846 0
39	9.703 5	0.103 1	145.058 5	0.006 9	0.066 9	14.949 1
40	10.285 7	0.097 2	154.762 0	0.006 5	0.066 5	15.046 3
41	10.902 9	0.091 7	165.047 7	0.006 1	0.066 1	15.138 0
42	11.557 0	0.086 5	175.950 5	0.005 7	0.065 7	15.224 5
43	12.250 5	0.081 6	187.507 6	0.005 3	0.065 3	15.306 2

续表

n	(F/P,i,n)	(P/F,i,n)	(F/A,i,n)	(A/F,i,n)	(A/P,i,n)	(P/A,i,n)
44	12.985 5	0.077 0	199.758 0	0.005 0	0.065 0	15.383 2
45	13.764 6	0.072 7	212.743 5	0.004 7	0.064 7	15.455 8
46	14.590 5	0.068 5	226.508 1	0.004 4	0.064 4	15.524 4
47	15.465 9	0.064 7	241.098 6	0.004 1	0.064 1	15.589 0
48	16.393 9	0.061 0	256.564 5	0.003 9	0.063 9	15.650 0
49	17.377 5	0.057 5	272.958 4	0.003 7	0.063 7	15.707 6
50	18.420 2	0.054 3	290.335 9	0.003 4	0.063 4	15.761 9

附表 7　复利系数表(i=7%)

n	(F/P,i,n)	(P/F,i,n)	(F/A,i,n)	(A/F,i,n)	(A/P,i,n)	(P/A,i,n)
1	1.070 0	0.934 6	1.000 0	1.000 0	1.070 0	0.934 6
2	1.144 9	0.873 4	2.070 0	0.483 1	0.553 1	1.808 0
3	1.225 0	0.816 3	3.214 9	0.311 1	0.381 1	2.624 3
4	1.310 8	0.762 9	4.439 9	0.225 2	0.295 2	3.387 2
5	1.402 6	0.713 0	5.750 7	0.173 9	0.243 9	4.100 2
6	1.500 7	0.666 3	7.153 3	0.139 8	0.209 8	4.766 5
7	1.605 8	0.622 7	8.654 0	0.115 6	0.185 6	5.389 3
8	1.718 2	0.582 0	10.259 8	0.097 5	0.167 5	5.971 3
9	1.838 5	0.543 9	11.978 0	0.083 5	0.153 5	6.515 2
10	1.967 2	0.508 3	13.816 4	0.072 4	0.142 4	7.023 6
11	2.104 9	0.475 1	15.783 6	0.063 4	0.133 4	7.498 7
12	2.252 2	0.444 0	17.888 5	0.055 9	0.125 9	7.942 7
13	2.409 8	0.415 0	20.140 6	0.049 7	0.119 7	8.357 7
14	2.578 5	0.387 8	22.550 5	0.044 3	0.114 3	8.745 5
15	2.759 0	0.362 4	25.129 0	0.039 8	0.109 8	9.107 9
16	2.952 2	0.338 7	27.888 1	0.035 9	0.105 9	9.446 6
17	3.158 8	0.316 6	30.840 2	0.032 4	0.102 4	9.763 2
18	3.379 9	0.295 9	33.999 0	0.029 4	0.099 4	10.059 1
19	3.616 5	0.276 5	37.379 0	0.026 8	0.096 8	10.335 6
20	3.869 7	0.258 4	40.995 5	0.024 4	0.094 4	10.594 0
21	4.140 6	0.241 5	44.865 2	0.022 3	0.092 3	10.835 5
22	4.430 4	0.225 7	49.005 7	0.020 4	0.090 4	11.061 2
23	4.740 5	0.210 9	53.436 1	0.018 7	0.088 7	11.272 2
24	5.072 4	0.197 1	58.176 7	0.017 2	0.087 2	11.469 3
25	5.427 4	0.184 2	63.249 0	0.015 8	0.085 8	11.653 6

续表

n	(F/P,i,n)	(P/F,i,n)	(F/A,i,n)	(A/F,i,n)	(A/P,i,n)	(P/A,i,n)
26	5.807 4	0.172 2	68.676 5	0.014 6	0.084 6	11.825 8
27	6.213 9	0.160 9	74.483 8	0.013 4	0.083 4	11.986 7
28	6.648 8	0.150 4	80.697 7	0.012 4	0.082 4	12.137 1
29	7.114 3	0.140 6	87.346 5	0.011 4	0.081 4	12.277 7
30	7.612 3	0.131 4	94.460 8	0.010 6	0.080 6	12.409 0
31	8.145 1	0.122 8	102.073 0	0.009 8	0.079 8	12.531 8
32	8.715 3	0.114 7	110.218 2	0.009 1	0.079 1	12.646 6
33	9.325 3	0.107 2	118.933 4	0.008 4	0.078 4	12.753 8
34	9.978 1	0.100 2	128.258 8	0.007 8	0.077 8	12.854 0
35	10.676 6	0.093 7	138.236 9	0.007 2	0.077 2	12.947 7
36	11.423 9	0.087 5	148.913 5	0.006 7	0.076 7	13.035 2
37	12.223 6	0.081 8	160.337 4	0.006 2	0.076 2	13.117 0
38	13.079 3	0.076 5	172.561 0	0.005 8	0.075 8	13.193 5
39	13.994 8	0.071 5	185.640 3	0.005 4	0.075 4	13.264 9
40	14.974 5	0.066 8	199.635 1	0.005 0	0.075 0	13.331 7
41	16.022 7	0.062 4	214.609 6	0.004 7	0.074 7	13.394 1
42	17.144 3	0.058 3	230.632 2	0.004 3	0.074 3	13.452 4
43	18.344 4	0.054 5	247.776 5	0.004 0	0.074 0	13.507 0
44	19.628 5	0.050 9	266.120 9	0.003 8	0.073 8	13.557 9
45	21.002 5	0.047 6	285.749 3	0.003 5	0.073 5	13.605 5
46	22.472 6	0.044 5	306.751 8	0.003 3	0.073 3	13.650 0
47	24.045 7	0.041 6	329.224 4	0.003 0	0.073 0	13.691 6
48	25.728 9	0.038 9	353.270 1	0.002 8	0.072 8	13.730 5
49	27.529 9	0.036 3	378.999 0	0.002 6	0.072 6	13.766 8
50	29.457 0	0.033 9	406.528 9	0.002 5	0.072 5	13.800 7

附表 8 复利系数表(i=8%)

n	(F/P,i,n)	(P/F,i,n)	(F/A,i,n)	(A/F,i,n)	(A/P,i,n)	(P/A,i,n)
1	1.080 0	0.925 9	1.000 0	1.000 0	1.080 0	0.925 9
2	1.166 4	0.857 3	2.080 0	0.480 8	0.560 8	1.783 3
3	1.259 7	0.793 8	3.246 4	0.308 0	0.388 0	2.577 1
4	1.360 5	0.735 0	4.506 1	0.221 9	0.301 9	3.312 1
5	1.469 3	0.680 6	5.866 6	0.170 5	0.250 5	3.992 7
6	1.586 9	0.630 2	7.335 9	0.136 3	0.216 3	4.622 9
7	1.713 8	0.583 5	8.922 8	0.112 1	0.192 1	5.206 4

续表

n	(F/P,i,n)	(P/F,i,n)	(F/A,i,n)	(A/F,i,n)	(A/P,i,n)	(P/A,i,n)
8	1.850 9	0.540 3	10.636 6	0.094 0	0.174 0	5.746 6
9	1.999 0	0.500 2	12.487 6	0.080 1	0.160 1	6.246 9
10	2.158 9	0.463 2	14.486 6	0.069 0	0.149 0	6.710 1
11	2.331 6	0.428 9	16.645 5	0.060 1	0.140 1	7.139 0
12	2.518 2	0.397 1	18.977 1	0.052 7	0.132 7	7.536 1
13	2.719 6	0.367 7	21.495 3	0.046 5	0.126 5	7.903 8
14	2.937 2	0.340 5	24.214 9	0.041 3	0.121 3	8.244 2
15	3.172 2	0.315 2	27.152 1	0.036 8	0.116 8	8.559 5
16	3.425 9	0.291 9	30.324 3	0.033 0	0.113 0	8.851 4
17	3.700 0	0.270 3	33.750 2	0.029 6	0.109 6	9.121 6
18	3.996 0	0.250 2	37.450 2	0.026 7	0.106 7	9.371 9
19	4.315 7	0.231 7	41.446 3	0.024 1	0.104 1	9.603 6
20	4.661 0	0.214 5	45.762 0	0.021 9	0.101 9	9.818 1
21	5.033 8	0.198 7	50.422 9	0.019 8	0.099 8	10.016 8
22	5.436 5	0.183 9	55.456 8	0.018 0	0.098 0	10.200 7
23	5.871 5	0.170 3	60.893 3	0.016 4	0.096 4	10.371 1
24	6.341 2	0.157 7	66.764 8	0.015 0	0.095 0	10.528 8
25	6.848 5	0.146 0	73.105 9	0.013 7	0.093 7	10.674 8
26	7.396 4	0.135 2	79.954 4	0.012 5	0.092 5	10.810 0
27	7.988 1	0.125 2	87.350 8	0.011 4	0.091 4	10.935 2
28	8.627 1	0.115 9	95.338 8	0.010 5	0.090 5	11.051 1
29	9.317 3	0.107 3	103.965 9	0.009 6	0.089 6	11.158 4
30	10.062 7	0.099 4	113.283 2	0.008 8	0.088 8	11.257 8
31	10.867 7	0.092 0	123.345 9	0.008 1	0.088 1	11.349 8
32	11.737 1	0.085 2	134.213 5	0.007 5	0.087 5	11.435 0
33	12.676 0	0.078 9	145.950 6	0.006 9	0.086 9	11.513 9
34	13.690 1	0.073 0	158.626 7	0.006 3	0.086 3	11.586 9
35	14.785 3	0.067 6	172.316 8	0.005 8	0.085 8	11.654 6
36	15.968 2	0.062 6	187.102 1	0.005 3	0.085 3	11.717 2
37	17.245 6	0.058 0	203.070 3	0.004 9	0.084 9	11.775 2
38	18.625 3	0.053 7	220.315 9	0.004 5	0.084 5	11.828 9
39	20.115 3	0.049 7	238.941 2	0.004 2	0.084 2	11.878 6
40	21.724 5	0.046 0	259.056 5	0.003 9	0.083 9	11.924 6
41	23.462 5	0.042 6	280.781 0	0.003 6	0.083 6	11.967 2
42	25.339 5	0.039 5	304.243 5	0.003 3	0.083 3	12.006 7

续表

n	(F/P,i,n)	(P/F,i,n)	(F/A,i,n)	(A/F,i,n)	(A/P,i,n)	(P/A,i,n)
43	27.366 6	0.036 5	329.583 0	0.003 0	0.083 0	12.043 2
44	29.556 0	0.033 8	356.949 6	0.002 8	0.082 8	12.077 1
45	31.920 4	0.031 3	386.505 6	0.002 6	0.082 6	12.108 4
46	34.474 1	0.029 0	418.426 1	0.002 4	0.082 4	12.137 4
47	37.232 0	0.026 9	452.900 2	0.002 2	0.082 2	12.164 3
48	40.210 6	0.024 9	490.132 2	0.002 0	0.082 0	12.189 1
49	43.427 4	0.023 0	530.342 7	0.001 9	0.081 9	12.212 2
50	46.901 6	0.021 3	573.770 2	0.001 7	0.081 7	12.233 5

附表 9 复利系数表(i=9%)

n	(F/P,i,n)	(P/F,i,n)	(F/A,i,n)	(A/F,i,n)	(A/P,i,n)	(P/A,i,n)
1	1.090 0	0.917 4	1.000 0	1.000 0	1.090 0	0.917 4
2	1.188 1	0.841 7	2.090 0	0.478 5	0.568 5	1.759 1
3	1.295 0	0.772 2	3.278 1	0.305 1	0.395 1	2.531 3
4	1.411 6	0.708 4	4.573 1	0.218 7	0.308 7	3.239 7
5	1.538 6	0.649 9	5.984 7	0.167 1	0.257 1	3.889 7
6	1.677 1	0.596 3	7.523 3	0.132 9	0.222 9	4.485 9
7	1.828 0	0.547 0	9.200 4	0.108 7	0.198 7	5.033 0
8	1.992 6	0.501 9	11.028 5	0.090 7	0.180 7	5.534 8
9	2.171 9	0.460 4	13.021 0	0.076 8	0.166 8	5.995 2
10	2.367 4	0.422 4	15.192 9	0.065 8	0.155 8	6.417 7
11	2.580 4	0.387 5	17.560 3	0.056 9	0.146 9	6.805 2
12	2.812 7	0.355 5	20.140 7	0.049 7	0.139 7	7.160 7
13	3.065 8	0.326 2	22.953 4	0.043 6	0.133 6	7.486 9
14	3.341 7	0.299 2	26.019 2	0.038 4	0.128 4	7.786 2
15	3.642 5	0.274 5	29.360 9	0.034 1	0.124 1	8.060 7
16	3.970 3	0.251 9	33.003 4	0.030 3	0.120 3	8.312 6
17	4.327 6	0.231 1	36.973 7	0.027 0	0.117 0	8.543 6
18	4.717 1	0.212 0	41.301 3	0.024 2	0.114 2	8.755 6
19	5.141 7	0.194 5	46.018 5	0.021 7	0.111 7	8.950 1
20	5.604 4	0.178 4	51.160 1	0.019 5	0.109 5	9.128 5
21	6.108 8	0.163 7	56.764 5	0.017 6	0.107 6	9.292 2
22	6.658 6	0.150 2	62.873 3	0.015 9	0.105 9	9.442 4
23	7.257 9	0.137 8	69.531 9	0.014 4	0.104 4	9.580 2
24	7.911 1	0.126 4	76.789 8	0.013 0	0.103 0	9.706 6

续表

n	(F/P,i,n)	(P/F,i,n)	(F/A,i,n)	(A/F,i,n)	(A/P,i,n)	(P/A,i,n)
25	8.623 1	0.116 0	84.700 9	0.011 8	0.101 8	9.822 6
26	9.399 2	0.106 4	93.324 0	0.010 7	0.100 7	9.929 0
27	10.245 1	0.097 6	102.723 1	0.009 7	0.099 7	10.026 6
28	11. 1671	0.089 5	112.968 2	0.008 9	0.098 9	10.116 1
29	12.172 2	0.082 2	124.135 4	0.008 1	0.098 1	10.198 3
30	13.267 7	0.075 4	136.307 5	0.007 3	0.097 3	10.273 7
31	14.461 8	0.069 1	149.575 2	0.006 7	0.096 7	10.342 8
32	15.763 3	0.063 4	164.037 0	0.006 1	0.096 1	10.406 2
33	17.182 0	0.058 2	179.800 3	0.005 6	0.095 6	10.464 4
34	18.728 4	0.053 4	196.982 3	0.005 1	0.095 1	10.517 8
35	20.414 0	0.049 0	215.710 8	0.004 6	0.094 6	10.566 8
36	22.251 2	0.044 9	236.124 7	0.004 2	0.094 2	10.611 8
37	24.253 8	0.041 2	258.375 9	0.003 9	0.093 9	10.653 0
38	26.436 7	0.037 8	282.629 8	0.003 5	0.093 5	10.690 8
39	28.816 0	0.034 7	309.066 5	0.003 2	0.093 2	10.725 5
40	31.409 4	0.031 8	337.882 4	0.003 0	0.093 0	10.757 4
41	34.236 3	0.029 2	369.291 9	0.002 7	0.092 7	10.786 6
42	37.317 5	0.026 8	403.528 1	0.002 5	0.092 5	10.813 4
43	40.676 1	0.024 6	440.845 7	0.002 3	0.092 3	10.838 0
44	44.337 0	0.022 6	481.521 8	0.002 1	0.092 1	10.860 5
45	48.327 3	0.020 7	525.858 7	0.001 9	0.091 9	10.881 2
46	52.676 7	0.019 0	574.186 0	0.001 7	0.091 7	10.900 2
47	57.417 6	0.017 4	626.862 8	0.001 6	0.091 6	10.917 6
48	62.585 2	0.016 0	684.280 4	0.001 5	0.091 5	10.933 6
49	68.217 9	0.014 7	746.865 6	0.001 3	0.091 3	10.948 2
50	74.357 5	0.013 4	815.083 6	0.001 2	0.091 2	10.961 7

附表 10　复利系数表（*i*=10%）

n	(F/P,i,n)	(P/F,i,n)	(F/A,i,n)	(A/F,i,n)	(A/P,i,n)	(P/A,i,n)
1	1.100 0	0.909 1	1.000 0	1.000 0	1.100 0	0.909 1
2	1.210 0	0.826 4	2.100 0	0.476 2	0.576 2	1.735 5
3	1.331 0	0.751 3	3.310 0	0.302 1	0.402 1	2.486 9
4	1.464 1	0.683 0	4.641 0	0.215 5	0.315 5	3.169 9
5	1.610 5	0.620 9	6.105 1	0.163 8	0.263 8	3.790 8
6	1.771 6	0.564 5	7.715 6	0.129 6	0.229 6	4.355 3

续表

n	(F/P,i,n)	(P/F,i,n)	(F/A,i,n)	(A/F,i,n)	(A/P,i,n)	(P/A,i,n)
7	1.948 7	0.513 2	9.487 2	0.105 4	0.205 4	4.868 4
8	2.143 6	0.466 5	11.435 9	0.087 4	0.187 4	5.334 9
9	2.357 9	0.424 1	13.579 5	0.073 6	0.173 6	5.759 0
10	2.593 7	0.385 5	15.937 4	0.062 7	0.162 7	6.144 6
11	2.853 1	0.350 5	18.531 2	0.054 0	0.154 0	6.495 1
12	3.138 4	0.318 6	21.384 3	0.046 8	0.146 8	6.813 7
13	3.452 3	0.289 7	24.522 7	0.040 8	0.140 8	7.103 4
14	3.797 5	0.263 3	27.975 0	0.035 7	0.135 7	7.366 7
15	4.177 2	0.239 4	31.772 5	0.031 5	0.131 5	7.606 1
16	4.595 0	0.217 6	35.949 7	0.027 8	0.127 8	7.823 7
17	5.054 5	0.197 8	40.544 7	0.024 7	0.124 7	8.021 6
18	5.559 9	0.179 9	45.599 2	0.021 9	0.121 9	8.201 4
19	6.115 9	0.163 5	51.159 1	0.019 5	0.119 5	8.364 9
20	6.727 5	0.148 6	57.275 0	0.017 5	0.117 5	8.513 6
21	7.400 2	0.135 1	64.002 5	0.015 6	0.115 6	8.648 7
22	8.140 3	0.122 8	71.402 7	0.014 0	0.114 0	8.771 5
23	8.954 3	0.111 7	79.543 0	0.012 6	0.112 6	8.883 2
24	9.849 7	0.101 5	88.497 3	0.011 3	0.111 3	8.984 7
25	10.834 7	0.092 3	98.347 1	0.010 2	0.110 2	9.077 0
26	11.918 2	0.083 9	109.181 8	0.009 2	0.109 2	9.160 9
27	13.110 0	0.076 3	121.099 9	0.008 3	0.108 3	9.237 2
28	14.421 0	0.069 3	134.209 9	0.007 5	0.107 5	9.306 6
29	15.863 1	0.063 0	148.630 9	0.006 7	0.106 7	9.369 6
30	17.449 4	0.057 3	164.494 0	0.006 1	0.106 1	9.426 9
31	19.194 3	0.052 1	181.943 4	0.005 5	0.105 5	9.479 0
32	21.113 8	0.047 4	201.137 8	0.005 0	0.105 0	9.526 4
33	23.225 2	0.043 1	222.251 5	0.004 5	0.104 5	9.569 4
34	25.547 7	0.039 1	245.476 7	0.004 1	0.104 1	9.608 6
35	28.102 4	0.035 6	271.024 4	0.003 7	0.103 7	9.644 2
36	30.912 7	0.032 3	299.126 8	0.003 3	0.103 3	9.676 5
37	34.003 9	0.029 4	330.039 5	0.003 0	0.103 0	9.705 9
38	37.404 3	0.026 7	364.043 4	0.002 7	0.102 7	9.732 7
39	41.144 8	0.024 3	401.447 8	0.002 5	0.102 5	9.757 0
40	45.259 3	0.022 1	442.592 6	0.002 3	0.102 3	9.779 1
41	49.785 2	0.020 1	487.851 8	0.002 0	0.102 0	9.799 1

续表

n	(F/P,i,n)	(P/F,i,n)	(F/A,i,n)	(A/F,i,n)	(A/P,i,n)	(P/A,i,n)
42	54.763 7	0.018 3	537.637 0	0.001 9	0.101 9	9.817 4
43	60.240 1	0.016 6	592.400 7	0.001 7	0.101 7	9.834 0
44	66.264 1	0.015 1	652.640 8	0.001 5	0.101 5	9.849 1
45	72.890 5	0.013 7	718.904 8	0.001 4	0.101 4	9.862 8
46	80.179 5	0.012 5	791.795 3	0.001 3	0.101 3	9.875 3
47	88.197 5	0.011 3	871.974 9	0.001 1	0.101 1	9.886 6
48	97.017 2	0.010 3	960.172 3	0.001 0	0.101 0	9.896 9
49	106.719 0	0.009 4	1 057.189 6	0.000 9	0.100 9	9.906 3
50	117.390 9	0.008 5	1 163.908 5	0.000 9	0.100 9	9.914 8

附表 11　复利系数表(i=12%)

n	(F/P,i,n)	(P/F,i,n)	(F/A,i,n)	(A/F,i,n)	(A/P,i,n)	(P/A,i,n)
1	1.120 0	0.892 9	1.000 0	1.000 0	1.120 0	0.892 9
2	1.254 4	0.797 2	2.120 0	0.471 7	0.591 7	1.690 1
3	1.404 9	0.711 8	3.374 4	0.296 3	0.416 3	2.401 8
4	1.573 5	0.635 5	4.779 3	0.209 2	0.329 2	3.037 3
5	1.762 3	0.567 4	6.352 8	0.157 4	0.277 4	3.604 8
6	1.973 8	0.506 6	8.115 2	0.123 2	0.243 2	4.111 4
7	2.210 7	0.452 3	10.089 0	0.099 1	0.219 1	4.563 8
8	2.476 0	0.403 9	12.299 7	0.081 3	0.201 3	4.967 6
9	2.773 1	0.360 6	14.775 7	0.067 7	0.187 7	5.328 2
10	3.105 8	0.322 0	17.548 7	0.057 0	0.177 0	5.650 2
11	3.478 5	0.287 5	20.654 6	0.048 4	0.168 4	5.937 7
12	3.896 0	0.256 7	24.133 1	0.041 4	0.161 4	6.194 4
13	4.363 5	0.229 2	28.029 1	0.035 7	0.155 7	6.423 5
14	4.887 1	0.204 6	32.392 6	0.030 9	0.150 9	6.628 2
15	5.473 6	0.182 7	37.279 7	0.026 8	0.146 8	6.810 9
16	6.130 4	0.163 1	42.753 3	0.023 4	0.143 4	6.974 0
17	6.866 0	0.145 6	48.883 7	0.020 5	0.140 5	7.119 6
18	7.690 0	0.130 0	55.749 7	0.017 9	0.137 9	7.249 7
19	8.612 8	0.116 1	63.439 7	0.015 8	0.135 8	7.365 8
20	9.646 3	0.103 7	72.052 4	0.013 9	0.133 9	7.469 4
21	10.803 8	0.092 6	81.698 7	0.012 2	0.132 2	7.562 0
22	12.100 3	0.082 6	92.502 6	0.010 8	0.130 8	7.644 6
23	13.552 3	0.073 8	104.602 9	0.009 6	0.129 6	7.718 4

续表

n	(F/P,i,n)	(P/F,i,n)	(F/A,i,n)	(A/F,i,n)	(A/P,i,n)	(P/A,i,n)
24	15.178 6	0.065 9	118.155 2	0.008 5	0.128 5	7.784 3
25	17.000 1	0.058 8	133.333 9	0.007 5	0.127 5	7.843 1
26	19.040 1	0.052 5	150.333 9	0.006 7	0.126 7	7.895 7
27	21.324 9	0.046 9	169.374 0	0.005 9	0.125 9	7.942 6
28	23.883 9	0.041 9	190.698 9	0.005 2	0.125 2	7.984 4
29	26.749 9	0.037 4	214.582 8	0.004 7	0.124 7	8.021 8
30	29.959 9	0.033 4	241.332 7	0.004 1	0.124 1	8.055 2
31	33.555 1	0.029 8	271.292 6	0.003 7	0.123 7	8.085 0
32	37.581 7	0.026 6	304.847 7	0.003 3	0.123 3	8.111 6
33	42.091 5	0.023 8	342.429 4	0.002 9	0.122 9	8.135 4
34	47.142 5	0.021 2	384.521 0	0.002 6	0.122 6	8.156 6
35	52.799 6	0.018 9	431.663 5	0.002 3	0.122 3	8.175 5
36	59.135 6	0.016 9	484.463 1	0.002 1	0.122 1	8.192 4
37	66.231 8	0.015 1	543.598 7	0.001 8	0.121 8	8.207 5
38	74.179 7	0.013 5	609.830 5	0.001 6	0.121 6	8.221 0
39	83.081 2	0.012 0	684.010 2	0.001 5	0.121 5	8.233 0
40	93.051 0	0.010 7	767.091 4	0.001 3	0.121 3	8.243 8
41	104.217 1	0.009 6	860.142 4	0.001 2	0.121 2	8.253 4
42	116.723 1	0.008 6	964.359 5	0.001 0	0.121 0	8.261 9
43	130.729 9	0.007 6	1 081.082 6	0.000 9	0.120 9	8.269 6
44	146.417 5	0.006 8	1 211.812 5	0.000 8	0.120 8	8.276 4
45	163.987 6	0.006 1	1 358.230 0	0.000 7	0.120 7	8.282 5
46	183.666 1	0.005 4	1 522.217 6	0.000 7	0.120 7	8.288 0
47	205.706 1	0.004 9	1 705.883 8	0.000 6	0.120 6	8.292 8
48	230.390 8	0.004 3	1 911.589 8	0.000 5	0.120 5	8.297 2
49	258.037 7	0.003 9	2 141.980 6	0.000 5	0.120 5	8.301 0
50	289.002 2	0.003 5	2 400.018 2	0.000 4	0.120 4	8.304 5

附表 12 复利系数表(i=15%)

n	(F/P,i,n)	(P/F,i,n)	(F/A,i,n)	(A/F,i,n)	(A/P,i,n)	(P/A,i,n)
1	1.150 0	0.869 6	1.000 0	1.000 0	1.150 0	0.869 6
2	1.322 5	0.756 1	2.150 0	0.465 1	0.615 1	1.625 7
3	1.520 9	0.657 5	3.472 5	0.288 0	0.438 0	2.283 2
4	1.749 0	0.571 8	4.993 4	0.200 3	0.350 3	2.855 0
5	2.011 4	0.497 2	6.742 4	0.148 3	0.298 3	3.352 2

续表

n	$(F/P,i,n)$	$(P/F,i,n)$	$(F/A,i,n)$	$(A/F,i,n)$	$(A/P,i,n)$	$(P/A,i,n)$
6	2.313 1	0.432 3	8.753 7	0.114 2	0.264 2	3.784 5
7	2.660 0	0.375 9	11.066 8	0.090 4	0.240 4	4.160 4
8	3.059 0	0.326 9	13.726 8	0.072 9	0.222 9	4.487 3
9	3.517 9	0.284 3	16.785 8	0.059 6	0.209 6	4.771 6
10	4.045 6	0.247 2	20.303 7	0.049 3	0.199 3	5.018 8
11	4.652 4	0.214 9	24.349 3	0.041 1	0.191 1	5.233 7
12	5.350 3	0.186 9	29.001 7	0.034 5	0.184 5	5.420 6
13	6.152 8	0.162 5	34.351 9	0.029 1	0.179 1	5.583 1
14	7.075 7	0.141 3	40.504 7	0.024 7	0.174 7	5.724 5
15	8.137 1	0.122 9	47.580 4	0.021 0	0.171 0	5.847 4
16	9.357 6	0.106 9	55.717 5	0.017 9	0.167 9	5.954 2
17	10.761 3	0.092 9	65.075 1	0.015 4	0.165 4	6.047 2
18	12.375 5	0.080 8	75.836 4	0.013 2	0.163 2	6.128 0
19	14.231 8	0.070 3	88.211 8	0.011 3	0.161 3	6.198 2
20	16.366 5	0.061 1	102.443 6	0.009 8	0.159 8	6.259 3
21	18.821 5	0.053 1	118.810 1	0.008 4	0.158 4	6.312 5
22	21.644 7	0.046 2	137.631 6	0.007 3	0.157 3	6.358 7
23	24.891 5	0.040 2	159.276 4	0.006 3	0.156 3	6.398 8
24	28.625 2	0.034 9	184.167 8	0.005 4	0.155 4	6.433 8
25	32.919 0	0.030 4	212.793 0	0.004 7	0.154 7	6.464 1
26	37.856 8	0.026 4	245.712 0	0.004 1	0.154 1	6.490 6
27	43.535 3	0.023 0	283.568 8	0.003 5	0.153 5	6.513 5
28	50.065 6	0.020 0	327.104 1	0.003 1	0.153 1	6.533 5
29	57.575 5	0.017 4	377.169 7	0.002 7	0.152 7	6.550 9
30	66.211 8	0.015 1	434.745 1	0.002 3	0.152 3	6.566 0
31	76.143 5	0.013 1	500.956 9	0.002 0	0.152 0	6.579 1
32	87.565 1	0.011 4	577.100 5	0.001 7	0.151 7	6.590 5
33	100.699 8	0.009 9	664.665 5	0.001 5	0.151 5	6.600 5
34	115.804 8	0.008 6	765.365 4	0.001 3	0.151 3	6.609 1
35	133.175 5	0.007 5	881.170 2	0.001 1	0.151 1	6.616 6
36	153.151 9	0.006 5	1 014.345 7	0.001 0	0.151 0	6.623 1
37	176.124 6	0.005 7	1 167.497 5	0.000 9	0.150 9	6.628 8
38	202.543 3	0.004 9	1 343.622 2	0.000 7	0.150 7	6.633 8
39	232.924 8	0.004 3	1 546.165 5	0.000 6	0.150 6	6.638 0
40	267.863 5	0.003 7	1 779.090 3	0.000 6	0.150 6	6.641 8

续表

n	(F/P,i,n)	(P/F,i,n)	(F/A,i,n)	(A/F,i,n)	(A/P,i,n)	(P/A,i,n)
41	308.043 1	0.003 2	2 046.953 9	0.000 5	0.150 5	6.645 0
42	354.249 5	0.002 8	2 354.996 9	0.000 4	0.150 4	6.647 8
43	407.387 0	0.002 5	2 709.246 5	0.000 4	0.150 4	6.650 3
44	468.495 0	0.002 1	3 116.633 4	0.000 3	0.150 3	6.652 4
45	538.769 3	0.001 9	3 585.128 5	0.000 3	0.150 3	6.654 3
46	619.584 7	0.001 6	4 123.897 7	0.000 2	0.150 2	6.655 9
47	712.522 4	0.001 4	4 743.482 4	0.000 2	0.150 2	6.657 3
48	819.400 7	0.001 2	5 456.004 7	0.000 2	0.150 2	6.658 5
49	942.310 8	0.001 1	6 275.405 5	0.000 2	0.150 2	6.659 6
50	1 083.657 0	0.000 9	7 217.716 3	0.000 1	0.150 1	6.660 5

附表 13　复利系数表(*i*=20%)

n	(F/P,i,n)	(P/F,i,n)	(F/A,i,n)	(A/F,i,n)	(A/P,i,n)	(P/A,i,n)
1	1.200 0	0.833 3	1.000 0	1.000 0	1.200 0	0.833 3
2	1.440 0	0.694 4	2.200 0	0.454 5	0.654 5	1.527 8
3	1.728 0	0.578 7	3.640 0	0.274 7	0.474 7	2.106 5
4	2.073 6	0.482 3	5.368 0	0.186 3	0.386 3	2.588 7
5	2.488 3	0.401 9	7.441 6	0.134 4	0.334 4	2.990 6
6	2.986 0	0.334 9	9.929 9	0.100 7	0.300 7	3.325 5
7	3.583 2	0.279 1	12.915 9	0.077 4	0.277 4	3.604 6
8	4.299 8	0.232 6	16.499 1	0.060 6	0.260 6	3.837 2
9	5.159 8	0.193 8	20.798 9	0.048 1	0.248 1	4.031 0
10	6.191 7	0.161 5	25.958 7	0.038 5	0.238 5	4.192 5
11	7.430 1	0.134 6	32.150 4	0.031 1	0.231 1	4.327 1
12	8.916 1	0.112 2	39.580 5	0.025 3	0.225 3	4.439 2
13	10.699 3	0.093 5	48.496 6	0.020 6	0.220 6	4.532 7
14	12.839 2	0.077 9	59.195 9	0.016 9	0.216 9	4.610 6
15	15.407 0	0.064 9	72.035 1	0.013 9	0.213 9	4.675 5
16	18.488 4	0.054 1	87.442 1	0.011 4	0.211 4	4.729 6
17	22. 1861	0.045 1	105.930 6	0.009 4	0.209 4	4.774 6
18	26.623 3	0.037 6	128.116 7	0.007 8	0.207 8	4.812 2
19	31.948 0	0.031 3	154.740 0	0.006 5	0.206 5	4.843 5
20	38.337 6	0.026 1	186.688 0	0.005 4	0.205 4	4.869 6
21	46.005 1	0.021 7	225.025 6	0.004 4	0.204 4	4.891 3
22	55.206 1	0.018 1	271.030 7	0.003 7	0.203 7	4.909 4

续表

n	(F/P,i,n)	(P/F,i,n)	(F/A,i,n)	(A/F,i,n)	(A/P,i,n)	(P/A,i,n)
23	66.247 4	0.015 1	326.236 9	0.003 1	0.203 1	4.924 5
24	79.496 8	0.012 6	392.484 2	0.002 5	0.202 5	4.937 1
25	95.396 2	0.010 5	471.981 1	0.002 1	0.202 1	4.947 6
26	114.475 5	0.008 7	567.377 3	0.001 8	0.201 8	4.956 3
27	137.370 6	0.007 3	681.852 8	0.001 5	0.201 5	4.963 6
28	164.844 7	0.006 1	819.223 3	0.001 2	0.201 2	4.969 7
29	197.813 6	0.005 1	984.068 0	0.001 0	0.201 0	4.974 7
30	237.376 3	0.004 2	1 181.881 6	0.000 8	0.200 8	4.978 9
31	284.851 6	0.003 5	1 419.257 9	0.000 7	0.200 7	4.982 4
32	341.821 9	0.002 9	1 704.109 5	0.000 6	0.200 6	4.985 4
33	410.186 3	0.002 4	2 045.931 4	0.000 5	0.200 5	4.987 8
34	492.223 5	0.002 0	2 456.117 6	0.000 4	0.200 4	4.989 8
35	590.668 2	0.001 7	2 948.341 1	0.000 3	0.200 3	4.991 5
36	708.801 9	0.001 4	3 539.009 4	0.000 3	0.200 3	4.992 9
37	850.562 2	0.001 2	4 247.811 2	0.000 2	0.200 2	4.994 1
38	1 020.674 0	0.001 0	5 098.373 5	0.000 2	0.200 2	4.995 1
39	1 224.809 0	0.000 8	6 119.048 2	0.000 2	0.200 2	4.995 9
40	1 469.771 0	0.000 7	7 343.857 8	0.000 1	0.200 1	4.996 6
41	1 763.725 0	0.000 6	8 813.629 4	0.000 1	0.200 1	4.997 2
42	2 116.471 0	0.000 5	10 577.355 3	0.000 1	0.200 1	4.997 6
43	2 539.765 0	0.000 4	12 693.826 3	0.000 1	0.200 1	4.998 0
44	3 047.718 0	0.000 3	15 233.591 6	0.000 1	0.200 1	4.998 4
45	3 657.262 0	0.000 3	18 281.309 9	0.000 1	0.200 1	4.998 6
46	4 388.714 0	0.000 2	21 938.571 9	0.000 0	0.200 0	4.998 9
47	5 266.457 0	0.000 2	26 327.286 3	0.000 0	0.200 0	4.999 1
48	6 319.748 0	0 0002	31 593.743 6	0.000 0	0.200 0	4.999 2
49	7 583.698 0	0.000 1	37 913.492 3	0.000 0	0.200 0	4.999 3
50	9 100.438 0	0.000 1	45 497.190 8	0.000 0	0.200 0	4.999 5

附表 14　复利系数表(**i=25%**)

n	(F/P,i,n)	(P/F,i,n)	(F/A,i,n)	(A/F,i,n)	(A/P,i,n)	(P/A,i,n)
1	1.250 0	0.800 0	1.000 0	1.000 0	1.250 0	0.800 0
2	1.562 5	0.640 0	2.250 0	0.444 4	0.694 4	1.440 0
3	1.953 1	0.512 0	3.812 5	0.262 3	0.512 3	1.952 0
4	2.441 4	0.409 6	5.765 6	0.173 4	0.423 4	2.361 6

续表

n	(F/P,i,n)	(P/F,i,n)	(F/A,i,n)	(A/F,i,n)	(A/P,i,n)	(P/A,i,n)
5	3.051 8	0.327 7	8.207 0	0.121 8	0.371 8	2.689 3
6	3.814 7	0.262 1	11.258 8	0.088 8	0.338 8	2.951 4
7	4.768 4	0.209 7	15.073 5	0.066 3	0.316 3	3.161 1
8	5.960 5	0.167 8	19.841 9	0.050 4	0.300 4	3.328 9
9	7.450 6	0.134 2	25.802 3	0.038 8	0.288 8	3.463 1
10	9.313 2	0.107 4	33.252 9	0.030 1	0.280 1	3.570 5
11	11.641 5	0.085 9	42.566 1	0.023 5	0.273 5	3.656 4
12	14.551 9	0.068 7	54.207 7	0.018 4	0.268 4	3.725 1
13	18.189 9	0.055 0	68.759 6	0.014 5	0.264 5	3.780 1
14	22.737 4	0.044 0	86.949 5	0.011 5	0.261 5	3.824 1
15	28.421 7	0.035 2	109.686 8	0.009 1	0.259 1	3.859 3
16	35.527 1	0.028 1	138.108 5	0.007 2	0.257 2	3.887 4
17	44.408 9	0.022 5	173.635 7	0.005 8	0.255 8	3.909 9
18	55.511 2	0.018 0	218.044 6	0.004 6	0.254 6	3.927 9
19	69.388 9	0.014 4	273.555 8	0.003 7	0.253 7	3.942 4
20	86.736 2	0.011 5	342.944 7	0.002 9	0.252 9	3.953 9
21	108.420 2	0.009 2	429.680 9	0.002 3	0.252 3	3.963 1
22	135.525 3	0.007 4	538.101 1	0.001 9	0.251 9	3.970 5
23	169.406 6	0.005 9	673.626 4	0.001 5	0.251 5	3.976 4
24	211.758 2	0.004 7	843.032 9	0.001 2	0.251 2	3.981 1
25	264.697 8	0.003 8	1 054.791 2	0.000 9	0.250 9	3.984 9
26	330.872 2	0.003 0	1 319.489 0	0.000 8	0.250 8	3.987 9
27	413.590 3	0.002 4	1 650.361 2	0.000 6	0.250 6	3.990 3
28	516.987 9	0.001 9	2 063.951 5	0.000 5	0.250 5	3.992 3
29	646.234 9	0.001 5	2 580.939 4	0.000 4	0.250 4	3.993 8
30	807.793 6	0.001 2	3 227.174 3	0.000 3	0.250 3	3.995 0
31	1 009.742 0	0.001 0	4 034.967 8	0.000 2	0.250 2	3.996 0
32	1 262.177 0	0.000 8	5 044.709 8	0.000 2	0.250 2	3.996 8
33	1 577.721 0	0.000 6	6 306.887 2	0.000 2	0.250 2	3.997 5
34	1 972.152 0	0.000 5	7 884.609 1	0.000 1	0.250 1	3.998 0
35	2 465.190 0	0.000 4	9 856.761 3	0.000 1	0.250 1	3.998 4
36	3 081.487 0	0.000 3	12 321.951 6	0.000 1	0.250 1	3.998 7
37	3 851.859 0	0.000 3	15 403.439 6	0.000 1	0.250 1	3.999 0
38	4 814.824 0	0.000 2	19 255.299 4	0.000 1	0.250 1	3.999 2
39	6 018.531 0	0.000 2	24 070.124 3	0.000 0	0.250 0	3.999 3

续表

n	(F/P,i,n)	(P/F,i,n)	(F/A,i,n)	(A/F,i,n)	(A/P,i,n)	(P/A,i,n)
40	7 523.163 0	0.000 1	30 088.655 4	0.000 0	0.250 0	3.999 5
41	9 403.954 0	0.000 1	37 611.819 2	0.000 0	0.250 0	3.999 6
42	11 754.940 0	0.000 1	47 015.774 0	0.000 0	0.250 0	3.999 7
43	14 693.670 0	0.000 1	58 770.717 5	0.000 0	0.250 0	3.999 7
44	18 367.090 0	0.000 1	73 464.396 9	0.000 0	0.250 0	3.999 8
45	22 958.870 0	0.000 0	91 831.496 2	0.000 0	0.250 0	3.999 8
46	28 698.590 0	0.000 0	114 790.370 2	0.000 0	0.250 0	3.999 9
47	35 873.240 0	0.000 0	143 488.962 7	0.000 0	0.250 0	3.999 9
48	44 841.550 0	0.000 0	179 362.203 4	0.000 0	0.250 0	3.999 9
49	56 051.930 0	0.000 0	224 203.754 3	0.000 0	0.250 0	3.999 9
50	70 064.920 0	0.000 0	280 255.692 9	0.000 0	0.250 0	3.999 9

附表 15　复利系数表(i=30%)

n	(F/P,i,n)	(P/F,i,n)	(F/A,i,n)	(A/F,i,n)	(A/P,i,n)	(P/A,i,n)
1	1.300 0	0.769 2	1.000 0	1.000 0	1.300 0	0.769 2
2	1.690 0	0.591 7	2.300 0	0.434 8	0.734 8	1.360 9
3	2.197 0	0.455 2	3.990 0	0.250 6	0.550 6	1.816 1
4	2.856 1	0.350 1	6.187 0	0.161 6	0.461 6	2.166 2
5	3.712 9	0.269 3	9.043 1	0.110 6	0.410 6	2.435 6
6	4.826 8	0.207 2	12.756 0	0.078 4	0.378 4	2.642 7
7	6.274 9	0.159 4	17.582 8	0.056 9	0.356 9	2.802 1
8	8.157 3	0.122 6	23.857 7	0.041 9	0.341 9	2.924 7
9	10.604 5	0.094 3	32.015 0	0.031 2	0.331 2	3.019 0
10	13.785 8	0.072 5	42.619 5	0.023 5	0.323 5	3.091 5
11	17.921 6	0.055 8	56.405 3	0.017 7	0.317 7	3.147 3
12	23.298 1	0.042 9	74.327 0	0.013 5	0.313 5	3.190 3
13	30.287 5	0.033 0	97.625 0	0.010 2	0.310 2	3.223 3
14	39.373 8	0.025 4	127.912 5	0.007 8	0.307 8	3.248 7
15	51.185 9	0.019 5	167.286 3	0.006 0	0.306 0	3.268 2
16	66.541 7	0.015 0	218.472 2	0.004 6	0.304 6	3.283 2
17	86.504 2	0.011 6	285.013 9	0.003 5	0.303 5	3.294 8
18	112.455 4	0.008 9	371.518 0	0.002 7	0.302 7	3.303 7
19	146.192 0	0.006 8	483.973 4	0.002 1	0.302 1	3.310 5
20	190.049 6	0.005 3	630.165 5	0.001 6	0.301 6	3.315 8
21	247.064 5	0.004 0	820.215 1	0.001 2	0.301 2	3.319 8

续表

n	(F/P,i,n)	(P/F,i,n)	(F/A,i,n)	(A/F,i,n)	(A/P,i,n)	(P/A,i,n)
22	321.183 9	0.003 1	1 067.279 6	0.000 9	0.300 9	3.323 0
23	417.539 1	0.002 4	1 388.463 5	0.000 7	0.300 7	3.325 4
24	542.800 8	0.001 8	1 806.002 6	0.000 6	0.300 6	3.327 2
25	705.641 0	0.001 4	2 348.803 3	0.000 4	0.300 4	3.328 6
26	917.333 3	0.001 1	3 054.444 3	0.000 3	0.300 3	3.329 7
27	1 192.533 0	0.000 8	3 971.777 6	0.000 3	0.300 3	3.330 5
28	1 550.293 0	0.000 6	5 164.310 9	0.000 2	0.300 2	3.331 2
29	2 015.381 0	0.000 5	6 714.604 2	0.000 1	0.300 1	3.331 7
30	2 619.995 0	0.000 4	8 729.985 5	0.000 1	0.300 L	3.332 1
31	3 405.994 0	0.000 3	11 349.981 1	0.000 1	0.300 1	3.332 4
32	4 427.792 0	0.000 2	14 755.975 5	0.000 1	0.300 1	3.332 6
33	5 756.130 0	0.000 2	19 183.768 1	0.000 1	0.300 1	3.332 8
34	7 482.969 0	0.000 1	24 939.898 5	0.000 0	0.300 0	3.332 9
35	9 727.860 0	0.000 1	32 422.868 1	0.000 0	0.300 0	3.333 0
36	12 646.210 0	0.000 1	42 150.728 5	0.000 0	0.300 0	3.333 1
37	16 440.080 0	0.000 1	54 796.947 1	0.000 0	0.300 0	3.333 1
38	21 372.100 0	0.000 0	71 237.031 2	0.000 0	0.300 0	3.333 2
39	27 783.740 0	0.000 0	92 609.140 5	0.000 0	0.300 0	3.333 2
40	36 118.860 0	0.000 0	120 392.882 7	0.000 0	0.300 0	3.333 2

附表 16　复利系数表（i=35%）

n	(F/P,i,n)	(P/F,i,n)	(F/A,i,n)	(A/F,i,n)	(A/P,i,n)	(P/A,i,n)
1	1.350 0	0.740 7	1.000 0	1.000 0	1.350 0	0.740 7
2	1.822 5	0.548 7	2.350 0	0.425 5	0.775 5	1.289 4
3	2.460 4	0.406 4	4.172 5	0.239 7	0.589 7	1.695 9
4	3.321 5	0.301 1	6.632 9	0.150 8	0.500 8	1.996 9
5	4.484 0	0.223 0	9.954 4	0.100 5	0.450 5	2.220 0
6	6.053 4	0.165 2	14.438 4	0.069 3	0.419 3	2.385 2
7	8.172 2	0.122 4	20.491 9	0.048 8	0.398 8	2.507 5
8	11.032 4	0.090 6	28.664 0	0.034 9	0.384 9	2.598 2
9	14.893 7	0.067 1	39.696 4	0.025 2	0.375 2	2.665 3
10	20.106 6	0.049 7	54.590 2	0.018 3	0.368 3	2.715 0
11	27.143 9	0.036 8	74.696 7	0.013 4	0.363 4	2.751 9
12	36.644 2	0.027 3	101.840 6	0.009 8	0.359 8	2.779 2
13	49.469 7	0.020 2	138.484 8	0.007 2	0.357 2	2.799 4

续表

n	(F/P,i,n)	(P/F,i,n)	(F/A,i,n)	(A/F,i,n)	(A/P,i,n)	(P/A,i,n)
14	66.784 1	0.015 0	187.954 4	0.005 3	0.355 3	2.814 4
15	90.158 5	0.011 1	254.738 5	0.003 9	0.353 9	2.825 5
16	121.713 9	0.008 2	344.897 0	0.002 9	0.352 9	2.833 7
17	164.313 8	0.006 1	466.610 9	0.002 1	0.352 1	2.839 8
18	221.823 6	0.004 5	630.924 7	0.001 6	0.351 6	2.844 3
19	299.461 9	0.003 3	852.748 3	0.001 2	0.351 2	2.847 6
20	404.273 6	0.002 5	1 152.210 3	0.000 9	0.350 9	2.850 1

附表 17 复利系数表(i=40%)

n	(F/P,i,n)	(P/F,i,n)	(F/A,i,n)	(A/F,i,n)	(A/P,i,n)	(P/A,i,n)
1	1.400 0	0.714 3	1.000 0	1.000 0	1.400 0	0.714 3
2	1.960 0	0510 2	2.400 0	0.416 7	0.816 7	1.224 5
3	2.744 0	0.364 4	4.360 0	0.229 4	0.629 4	1.588 9
4	3.841 6	0.260 3	7.104 0	0.229 4	0.540 8	1.849 2
5	5.378 2	0.185 9	10.945 6	0.091 4	0.491 4	2.035 2
6	7.529 5	0.132 8	16.323 8	0.061 3	0.461 3	2.168 0
7	10.541 4	0.094 9	23.853 4	0.041 9	0.441 9	2.262 8
8	14.757 9	0.067 8	34.394 7	0.029 1	0.429 1	2.330 6
9	20.661 0	0.048 4	49.152 6	0.020 3	0.420 3	2.379 0
10	28.925 5	0.034 6	69.813 7	0.014 3	0.414 3	2.413 6
11	40.495 7	0.024 7	98.739 1	0.010 1	0.410 1	2.438 3
12	56.693 9	0.017 6	139.234 8	0.007 2	0.407 2	2.455 9
13	79.371 5	0.012 6	195.928 7	0.005 1	0.405 1	2.468 5
14	111.120 1	0.009 0	275.300 2	0.003 6	0.403 6	2.477 5
15	155.568 1	0.006 4	386.420 2	0.002 6	0.402 6	2.483 9
16	217.795 3	0.004 6	541.988 3	0.001 8	0.401 8	2.488 5
17	304.913 5	0.003 3	759.783 7	0.001 3	0.401 3	2.491 8
18	426.878 9	0.002 3	1 064.697 1	0.000 9	0.400 9	2.494 1
19	597.630 4	0.001 7	1 491.576 0	0.000 7	0.400 7	2.495 8
20	836.682 6	0.001 2	2 089.206 4	0.000 5	0.400 5	2.497 0

参考文献

[1] 程正中. 工程经济学课程案例教学中的思政元素研究：以某公共工程经济评价为例[J]. 教育观察，2022，11（34）：57-59，78.

[2] 单永娟，都沁军，邢秀青，等."工程经济学"课程思政教改设计与实施路径研究[J]. 河北地质大学学报，2023，46（2）：128-134.

[3] 刘诚斌，张健，付天新."工程经济学"融入课程思政的实践探索：以北京农业职业学院为例[J]. 北京农业职业学院学报，2022，36（3）：5-11.

[4] 邵文帅，陈沫，于海龙，等. 工程经济学课程思政教学探索[J]. 投资与合作，2022（1）：160-162.

[5] 高丽丽. 工科专业课程思政建设探索与实践：以工程经济学课程为例[J]. 安阳师范学院学报，2023（2）：130-134.

[6] 李妍，刘小岩. 混合教学模式下课程思政实践探索：以凯里学院工程经济学课程为例[J]. 凯里学院学报，2023，41（6）：85-89.

[7] 潘显威，王刘文，杨胜辉，等. 基于逻辑框架法的废弃煤矿酸性废水治理项目可行性研究阶段决策分析[J]. 西部资源，2024（1）：30-32.

[8] 张良陈. 基于价值工程的高速公路路线方案比选方法研究[J]. 公路工程，2024，49（1）：82-88，97.

[9] 胡守旺，喻鹏，田俊，等. 课程思政融入下路桥工程应用创新人才培养课程改革研究[J]. 东莞理工学院学报，2022,29（3）：120-125.

[10] 张树永，宋淑娥. 将腐蚀与防护实验和国家重大工程衔接的课程思政案例设计[J]. 大学化学，2024，39（2）：57-60.

[11] 刘君. 税制改革背景下税法课程思政教学改革路径探索[J]. 才智，2024,（12）：93-96.

[12] 任晓宇,张晨斐. 新工科背景下工程经济与项目评价课程思政示范课程实践改革[J]. 中国现代教育装备,2024（3）:139-141，145.

[13] 左鹏飞,陈静. 加快推动共建"一带一路"数字经济高质量发展[J]. 中国外汇，2023（23）:54-56.

[14] 段永辉,张玉佩. 民办养老院投资多因素变化敏感性分析：基于郑州市航空港区养老院案例[J]. 工程经济,2019,29（8）:39-42.

[15] 程书萍，邱聿旻. 重大基础设施工程红利研究[M]. 南京：南京大学出版社，2023.

[16] 张验科，万飚. 水利工程经济学[M]. 北京：中国水利水电出版社，2021.

[17] 黄有亮，徐向阳，谈飞，等. 工程经济学[M]. 4 版. 南京：东南大学出版社，2021.

[18] 杜春燕，唐菁菁，周迎. 工程经济学[M]. 2 版. 北京：机械工业出版社，2024.

[19] 程正中，齐园，刁昳. 工程经济学[M]. 北京：机械工业出版社，2023.

[20] 佘渝娟，李大华. 工程经济学[M]. 2 版. 重庆：重庆大学出版社，2023.
[21] 王贵春. 工程经济学[M]. 5 版. 重庆：重庆大学出版社，2022.
[22] 刘贵文. 工程经济学[M]. 重庆：重庆大学出版社，2023.
[23] 杜葵. 工程经济学[M]. 4 版. 重庆：重庆大学出版社，2021.
[24] 于立君，郝利光. 工程经济学[M]. 4 版. 北京：机械工业出版社，2022.
[25] 郭献芳，申淑娟. 工程经济学[M]. 3 版. 北京：机械工业出版社，2022.
[26] 杨晓东. 工程经济与项目评价[M]. 北京：机械工业出版社，2021.
[27] 宋国防，贾湖. 工程经济学[M]. 天津：天津大学出版社，2000.
[28] 陈中柘，李海庆. 工程经济学[M]. 北京：机械工业出版社，2020.
[29] 吴锋，叶锋. 工程经济学[M]. 2 版. 北京：机械工业出版社，2015.
[30] 于立君. 工程经济学学习指导与习题[M]. 北京：机械工业出版社，2010.
[31] 黄有亮. 工程经济学习题集及解析[M]. 南京：东南大学出版社，2016.
[32] 刘晓君，张炜，李玲燕. 工程经济学[M]. 4 版. 北京：中国建筑工业出版社，2020.
[33] 李南，楚岩枫，周志鹏，等. 工程经济学[M]. 6 版. 北京：科学出版社，2024.